utb 5851

AF156316

Eine Arbeitsgemeinschaft der Verlage

Brill | Schöningh – Fink · Paderborn
Brill | Vandenhoeck & Ruprecht · Göttingen – Böhlau Verlag · Wien · Köln
Verlag Barbara Budrich · Opladen · Toronto
facultas · Wien
Haupt Verlag · Bern
Verlag Julius Klinkhardt · Bad Heilbrunn
Mohr Siebeck · Tübingen
Narr Francke Attempto Verlag – expert verlag · Tübingen
Psychiatrie Verlag · Köln
Ernst Reinhardt Verlag · München
transcript Verlag · Bielefeld
Verlag Eugen Ulmer · Stuttgart
UVK Verlag · München
Waxmann · Münster · New York
wbv Publikation · Bielefeld
Wochenschau Verlag · Frankfurt am Main

Tobias Jammerthal, David Burkhart Janssen,
Jonathan Reinert und Susanne Schuster

Methodik der Kirchengeschichte

Ein Lehrbuch

Mohr Siebeck

Tobias Jammerthal, Studium der Ev. Theologie in Neuendettelsau, Tübingen, Jerusalem, Durham (GB) und Heidelberg; Vikariat in Großseelheim (Hessen); 2014 MA in Theology and Religion (Durham); 2018 Dr. theol. (Tübingen); 2020 Ordination zum Pfarrer; 2021 Internationaler Melanchthonpreis der Stadt Bretten; seit 2020 Wissenschaftlicher Assistent am Lehrstuhl für Kirchen- und Dogmengeschichte der Augustana-Hochschule Neuendettelsau.

David Burkhart Janssen, Studium der Ev. Theologie, Geschichte und Altertumswissenschaften in Tübingen und Durham (GB); 2015 BA in Geschichte (Tübingen); 2017 MA in Classics (Durham); 2019 Erstes Theologisches Examen (Kiel); seit 2019 Wissenschaftlicher Assistent am Lehrstuhl für Kirchengeschichte II mit Schwerpunkt Alter Kirche an der Ev. Theol. Fakultät Tübingen.

Jonathan Reinert, Studium der Ev. Theologie in Jena, Göttingen und Tübingen; 2015–18 Promotionsstipendiat am Graduiertenkolleg »Kulturelle Wirkungen der Reformation. Medialität« in Jena; 2019 Promotion; seit 2018 Wissenschaftlicher Mitarbeiter am Institut für Spätmittelalter und Reformation in Tübingen.

Susanne Schuster, Studium der Ev. Theologie in Halle, Heidelberg, Leipzig; 2005 Dr. theol. (Jena); 2008 Ordination zur Pfarrerin; 2017 Habilitation (Tübingen); seit 2015 Lehrkraft für besondere Aufgaben (Kirchengeschichte) an der Universität Kassel.

ISBN 978-3-8252-5851-1 (UTB Band 5851)

Online-Angebote oder elektronische Ausgaben sind erhältlich unter www.utb-shop.de.

Die Deutsche Nationalbibliothek verzeichnet diese Publikation in der Deutschen Nationalbibliographie; detaillierte bibliographische Daten sind im Internet über *http://dnb.dnb.de* abrufbar.

© 2022 Mohr Siebeck, Tübingen. www.mohrsiebeck.com

Das Buch wurde von epline in Böblingen aus der Minion gesetzt und von Hubert & Co. in Göttingen auf alterungsbeständiges Werkdruckpapier gedruckt und gebunden.

Coverabbildung: Martin Luthers Handexemplar zur Römerbriefvorlesung von 1515/16 mit eigenhändigen Eintragungen, Ausschnitt Röm 3,4–7; Quelle: Wikimedia, CC0.

Printed in Germany.

Vorwort

Impuls

Zum Studium der Theologie gehört historisches Arbeiten essenziell dazu. Das Fach Kirchengeschichte oder Historische Theologie oder Christentumsgeschichte – wie auch immer es an Ihrer Hochschule genannt wird – ist entsprechend fest verankert in der theologischen Ausbildung. Umso auffälliger ist die große Lücke im Bereich der Lehrbücher: Seit „dem Markschies" von 1995[1] ist bis auf Uwe Kühnewegs Beitrag im „Proseminar NT/KG"[2] kein Lehrbuch zur Einführung in die Methodik kirchengeschichtlichen Arbeitens erschienen, obgleich der Bedarf groß ist. Jedes Semester finden dutzende kirchengeschichtliche Proseminare statt und zahlreiche Studierende sitzen vor ihrer Proseminar-, Hauptseminar- oder Abschlussarbeit und fragen sich und andere: Wie ‚macht' man das nochmal in der Kirchengeschichte?

Die Suche nach geeignetem Lehr- und Lernmaterial für die eigene Gestaltung des Proseminars zur Erklärung der grundlegenden methodischen Aspekte der Quellenerschließung bildete den Anlass für dieses Buch. Zahlreiche Gespräche mit Kolleginnen und Kollegen aus dem akademischen Mittelbau, unsere eigene Lehrerfahrung und schließlich ein intensiver Austausch im Autorenteam über verschiedene Formen der Unterrichtsgestaltung, über die Korrektur von Proseminararbeiten, über epochenspezifische Problemfelder etc. sind in das Projekt eingeflossen. Herausgekommen ist ein Lehrbuch aus der Praxis für die Praxis.

Herangehensweise

Dass vier Autorinnen und Autoren gemeinsam *ein* Buch verfassen, ist keine Selbstverständlichkeit. Jede und jeder hatte die Möglichkeit, an den Texten aller anderen ‚herumzubasteln'. Alle Textentwürfe wurden von allen überarbeitet, korrigiert, verbessert und alle Veränderungen miteinander besprochen. Wir haben uns auf diese intensive Form der Zusammenarbeit eingelassen – und sie erwies sich als außerordentlich gewinnbringend. Denn so konnten wir unsere ganz unterschiedlichen Herangehensweisen und Erfahrungen in verschiedenen akademischen Lehrkontexten einbringen: Ob kirchliche Hochschule, theologi-

---

[1] Christoph Markschies, Arbeitsbuch Kirchengeschichte, Tübingen 1995.
[2] Martin Meiser/Uwe Kühneweg u. a., Proseminar II: Neues Testament, Kirchengeschichte. Ein Arbeitsbuch, Stuttgart u. a. 2000.

sche Fakultät oder Institut für Lehramtsstudiengänge; ob die Methodik am Beginn des Semesters in einem Theorieblock behandelt oder über das Semester verteilt wird; ob sich ein Proseminar intensiv mit einer Quelle befasst oder jede Sitzung eine andere Quelle zu einem Thema behandelt wird; ob man mit der Edition altkirchlicher Handschriften, mit frühneuzeitlichen Drucken oder mit Archivmaterialien der Zeitgeschichte arbeitet – unser Ziel war und ist, dass das Lehrbuch für all diese unterschiedlichen Möglichkeiten der Gestaltung von kirchengeschichtlichen Seminaren anwendbar ist. Denn auch wir gestalten unsere Seminare zu verschiedenen Epochen und in unterschiedlicher Weise.

Dank

Von der ersten Idee bis zur Drucklegung war Tobias Stäbler, Lektor beim Verlag Mohr Siebeck und einst selbst als wissenschaftlicher Mitarbeiter im Fach Kirchengeschichte tätig, ein interessierter, ermutigender und verlässlicher Ansprechpartner – herzlichen Dank!

Bedanken möchten wir uns bei den Studierenden in unseren Proseminaren in Kassel, Neuendettelsau und Tübingen, die mit den Manuskripten gearbeitet und wertvolle Rückmeldungen gegeben haben.

Schließlich danken wir denjenigen Personen, die uns im akademischen Bereich gefördert, angestellt und damit die Möglichkeit gegeben haben, kirchenhistorisch tätig zu sein. An erster Stelle seien hier Prof. Dr. Volker Leppin und Prof. Dr. Volker Henning Drecoll zu nennen (der Tübinger Einschlag des Lehrbuchs kann nicht geleugnet werden) sowie Prof. Dr. Christopher Spehr (Jena) und Prof. Dr. Gury Schneider-Ludorff (Neuendettelsau).

Kassel, Neuendettelsau und Tübingen,   *Tobias Jammerthal*
um den 800. Todestag Giselas von Spiegelberg   *David Burkhart Janssen*
                                                                                      Jonathan Reinert
                                                                                      Susanne Schuster

Inhaltsverzeichnis

Hinweise zur Benutzung

Aufbau

Wie im Inhaltsverzeichnis ersichtlich, ist das Buch in drei Teile gegliedert. Alle drei Teile haben eine unterschiedliche Funktion, hängen jedoch auch miteinander zusammen und sind durch Querverweise aufeinander bezogen.

Der *erste Teil* dient der „grundlegenden Orientierung" im Fach Kirchengeschichte. Es geht also noch nicht um die Erklärung methodisch reflektierter Quellenerschließung, sondern um einige Grundfragen nach der Wissenschaftlichkeit der Kirchengeschichte, ihrem Verhältnis zu Theologie und allgemeiner Geschichtswissenschaft und schließlich zu Kirche und Gesellschaft. Damit wird der Horizont für das aufgespannt, was dann das Handwerkszeug kirchenhistorischer Arbeit ausmacht.

Der *zweite Teil* erläutert dieses „methodische Werkzeug" – er ist das Herzstück und der mit Abstand ausführlichste Teil dieses Lehrbuches. Wer in Lehrbücher zur historischen Methodik blickt, findet diese häufig anhand der aus dem 19. Jahrhundert stammenden Trias „Heuristik – Kritik – Interpretation" erläutert. Unserer Auffassung und Erfahrung nach ist dies jedoch einerseits zu eng an die klassische Quellenkritik gebunden und führt andererseits zu zahlreichen Missverständnissen bei Studierenden. Viele Aspekte methodisch reflektierten Umgangs mit kirchenhistorischen Quellen, die im Alltag der Quellenerschließung eine Rolle spielen, werden in der klassischen Trias vernachlässigt, wohingegen anderen Aspekten, die de facto in Studium und Lehre eine geringere Rolle spielen, zu viel Platz gegeben wird. Daher nehmen wir davon Abstand und gehen an „Vorfragen", der „Quellenerschließung" und ihrer „Auswertung" entlang, wobei die Quellenerschließung den größten Raum einnimmt.

Der *dritte Teil* geht von der Erläuterung zur Anwendung im Blick auf die „kirchengeschichtliche Seminararbeit". Denn – Achtung! – die Kapitelreihenfolge im zweiten Teil ist nicht einfach der Aufbau einer Seminararbeit. Es gilt vielmehr jeweils spezifisch für die eigene Quelle zu überlegen, welchem Aspekt der Quellenerschließung vor dem Hintergrund welcher erkenntnisleitenden Frage welches Gewicht und welche Rolle in der eigenen kirchenhistorischen Arbeit zukommt. Daher werden im dritten Teil einige Hinweise zum konkreten weiteren Vorgehen gegeben.

Gebrauch

In erster Linie haben wir die Nutzung dieses Buches im kirchengeschichtlichen Proseminar vor Augen. Zugleich ist das Lehrbuch auch so geschrieben, dass man für Hauptseminar- oder Abschlussarbeiten einzelne Kapitel nachschlagen oder sich auch im Selbststudium die grundlegenden Aspekte kirchenhistorischer Methodik erarbeiten kann.

Kirchengeschichtliches Arbeiten ist zumeist ein Arbeiten mit Texten – und auch unser Lehrbuch ist zu großen Teilen ein *Fließtext*. Das Lesen von Texten können und wollen wir niemandem ersparen. Der besseren Anschaulichkeit und Übersichtlichkeit halber gibt es einige *Graphiken*. Diese werden im Text erklärt. Zudem sind manche Teile formal hervorgehoben:

Q Beispiel

> Das Buch ist durchzogen von *Beispielen*, da sich am besten anhand von *Beispielen* erläutern lässt, wie die methodischen Werkzeuge funktionieren.

⌀ Hinweis

> Sowohl von Beispielen als auch der Erläuterung im Fließtext unterschieden sind *Hinweise* unterschiedlicher Art.

↗ II.2.4 Am Rand des Buches sind *Querverweise* zu anderen Teilen des Buches angegeben.

⊘ Zusammenfassung

> Am Ende jedes Unterkapitels zur „Quellenerschließung" und „Auswertung" gibt es einen zusammenfassenden Abschnitt.

Bewusst haben wir in diesem Lehrbuch nahezu völlig auf *Literaturtipps* verzichtet und diese auf eine Website ausgelagert. Das spart nicht nur Papier, sondern so lassen sich die Literaturhinweise auch mit Erläuterungen versehen und vor allem auf dem neusten Stand halten.

Website

Dieses Lehrbuch kann als solches genutzt werden. Es wurde jedoch darüber hinaus in Kombination mit einer Website geplant. Unter *www.methodik-kg. mohrsiebeck.com* finden Sie Materialien für die Lehre, kommentierte Literaturtipps, Hilfsmittel, Vertiefungen usw. – angepasst an das Lehrbuch und jeweils auf aktuellem Stand. Der Aufbau der Website orientiert sich an dem des Buches.

Teil I: Eine grundlegende Orientierung

Die Geschichte des Christentums zu ergründen, ist ein unglaublich weites und faszinierendes Unterfangen! Ihre Quellen bieten bekannte und unbekannte Elemente, Licht- und Schattenseiten, Vertrautes und Sperriges, reiche theologische und spirituelle Ressourcen und auch erschreckende und warnende Beispiele. Tiefer in diese Geschichte einzudringen, ist die Hauptmotivation unserer Forschungstätigkeit. Studierende auf diesem Weg mitzunehmen, anzuleiten und zum selbstständigen Entdecken zu motivieren, ist unser Ziel in der akademischen Lehre. Dem soll auch dieses Buch dienen. Es möchte Wege aufzeigen, kirchenhistorische Quellen in ihren jeweiligen Kontexten besser verstehen zu können. Denn im Studium der Kirchengeschichte geht es nicht bloß um das Erlernen kirchenhistorischen Wissens (Namen, Daten, Fakten, Zusammenhänge), sondern auch – ganz grundsätzlich – um den Erwerb der Kompetenz zur kontextsensiblen Interpretation von Zeugnissen der Vergangenheit.

Um jedoch die methodische Arbeit an den Quellen in einen größeren Zusammenhang einbetten zu können, stehen am Beginn dieses Buches Kapitel, die Kirchengeschichte als ein an Universitäten und Hochschulen gelehrtes Fach bedenken. Dabei stellt sich erstens die Frage, was Kirchengeschichte als eine wissenschaftliche Disziplin ausmacht. Zweitens ist zu fragen, inwiefern ↗ I.1 das Fach eine historische oder eine theologische Disziplin – oder beides – ist. ↗ I.2 Schließlich wird der Blick auch über den Tellerrand der Universität hinausgeworfen und nach der Relevanz von Kirchengengeschichte in Kirche und Gesell- ↗ I.3 schaft gefragt. Oder all dies zusammengefasst: Was ist und wozu gibt es Kirchengeschichte?

Zu all diesen Fragen gibt es viele verschiedene Anschauungen. Wir haben nicht vor, diese in der Breite darzustellen, sondern bieten bewusst unsere Sicht der Dinge. Die grundlegende Orientierung ist somit zugleich unser Vorschlag, wie sich Kirchengeschichte – als eine historisch-theologisch profilierte Wissenschaft mit Bedeutung für das kirchliche und gesellschaftliche Leben – verstehen lässt.

I.1 Kirchengeschichte als Wissenschaft:
hermeneutisch, kritisch, konstruktiv

Geschichte (*history*) und Geschichten (*stories*) begegnen uns in unserem alltäglichen Leben. Nicht immer, aber oft ist beides miteinander verbunden: Sobald jemand Erlebnisse aus der Vergangenheit berichtet, haben wir eine Erzählung (*story*), die sich auf Geschichte (*history*) bezieht – freilich ist dies noch nicht Geschichte als Wissenschaft. Für kleinere Kinder ist alles gleich weit weg: ob ihnen eine Jesusgeschichte aus der Kinderbibel vorgelesen wird, sie das Schauspiel mit dem Heiligen Martin und dem Bettler am Martinstag erleben, ein Ritterbuch anschauen oder Mama aus ihrer Kindheit erzählt – all das war „früher". Ein historisches Bewusstsein entwickelt sich, wenn bestimmte Ereignisse Daten und Zeiten zugeordnet werden (können): 30 n. Chr., 451, 1054, 1517, 1789 und 1933 sind nicht nur Ziffern, sondern Jahreszahlen, die für prägende Ereignisse stehen.[1] Außerdem lernen Menschen, Kontinuitäten und Veränderungen im Lauf der Zeit zu registrieren. Wir orientieren uns beispielsweise durch Höhe- und Tiefpunkte in der Geschichte: Als Brasilien im Halbfinale der Fußballweltmeisterschaft 2014 mit 1:7 gegen Deutschland verlor, titelte die brasilianische Sportzeitung *Lance!*: „Die größte Schande in der Geschichte!" An diesem Beispiel zeigt sich zugleich, dass Höhe- und Tiefpunkte der Geschichte nicht einfach gegeben sind, sondern von der jeweiligen Perspektive abhängen. Um diese Schlagzeile zu formulieren, muss man erstens mit der brasilianischen Nationalmannschaft sympathisieren und zweitens Fußball als das Wichtigste der Welt ansehen. Dasselbe Ereignis kann zudem auch anders wahrgenommen werden: Während ein Autor dieses Buches das Ergebnis eher als historischen Erfolg bezeichnen würde und daher in lebendiger Erinnerung behält, spielt es für einen anderen der Autoren überhaupt keine Rolle.

In der Art und Weise, wie mit den vorangehenden Sätzen auf die Schlagzeile einer Sportzeitung zu einem Sportereignis der jüngeren Vergangenheit geblickt wurde, sind bereits wichtige Schritte zu einem wissenschaftlichen Zugang zur Geschichte unternommen worden: Wir haben als (mehr oder weniger) emotional involvierte Teilnehmende einen Schritt zurück gemacht und das Ereignis bzw. ein Zeugnis von diesem Ereignis als Untersuchungsgegenstand objektiviert; wir haben die Zeitschrift als Quelle herangezogen; wir haben verschiedene Perspektiven unterschieden, die dem Ereignis nicht nur grundsätzlich unterschiedliche Bedeutung zumessen, sondern es auch verschieden deuten.

Weil Kirchengeschichte eine Wissenschaft unter anderen Wissenschaften ist, ist nun zunächst zu fragen, was wissenschaftliches Arbeiten im Allgemeinen ausmacht, bevor in einem zweiten Schritt auf die Kirchengeschichte im Besonderen geblickt werden kann.

Wissenschaft vollzieht sich immer in einer Art Laborsituation. Für naturwissenschaftliche Studien in Laboren ist das selbsterklärend, doch es gilt im übertragenen Sinne auch für Geisteswissenschaften. Darunter ist zu verstehen, dass ein Gegenstand (wie die Schlagzeile einer Zeitschrift) aus seinem natürlichen

---

[1] Wurde eingangs betont, dass es in der Kirchengeschichte nicht nur um Namen und Daten, sondern auch um Kompetenzen geht, so zeigt sich hier umgekehrt, dass Kirchengeschichte nicht einfach in Kompetenzen aufgelöst werden kann, sondern auch Wissen voraussetzt.

Sitz im Leben (der zeitnahen Berichterstattung) herausgeholt wird, um ihn in bestimmter Hinsicht unter die Lupe nehmen zu können. Es werden bewusst bestimmte Aspekte unter Ausklammerung anderer Aspekte fokussiert und analysiert. Wissenschaft ist daher stets eine – um der Gewinnung neuer Erkenntnisse willen notwendige (!) – Reduktion der komplexen Wirklichkeit.

Wissenschaft äußert sich deskriptiv und diskursiv, das heißt, sie analysiert, beschreibt und stellt Ergebnisse zur Diskussion. Ihr Sprachmodus ist nicht der des Bekenntnisses, der Predigt oder des Pamphlets. Was im Blick auf die Analyse der Berichterstattung eines Fußballspiels kaum ein Problem darstellt, wird zu einer Herausforderung, wenn sich die Studien mit lebensbestimmenden und existenziell relevanten Dingen beschäftigen, wie etwa mit virologischen Fragen in Zeiten einer Pandemie, widerständigen Positionen in Diktaturen oder um Glaubensüberzeugungen, die Personen in bestimmten Kontexten das Leben gekostet haben. Gleichwohl haben im wissenschaftlichen Kontext letztlich alle Aussagen den Charakter von Hypothesen, die in einen Diskurs eingebracht werden. Damit hängt aufs engste ein weiterer Aspekt zusammen:

Wissenschaft ist Menschenwerk. Das bedeutet: Im Horizont der Wissenschaft ist alles kritisierbar und hinterfragbar, wobei es freilich bessere und schlechtere Kritik gibt. Es kann folglich auch keine Denkverbote geben, wobei natürlich nicht alles Denkmögliche auch sinnvoll ist.

Wissenschaft ist nicht voraussetzungslos. Die Vorstellung einer vermeintlich voraussetzungslosen Wissenschaft, die teilweise nach wie vor insbesondere gegen die Theologie ins Feld geführt wird, ist wissenschaftstheoretisch unhaltbar. Sie verwechselt die eigenen (in der Regel atheistischen) Denkvoraussetzungen mit Voraussetzungslosigkeit. Gerade deshalb gehört es zur wissenschaftlichen Redlichkeit, dass man sich der eigenen Voraussetzungen – der weltanschaulichen Hintergrundannahmen, der eigenen begrenzten Perspektive, der mitgesetzten Vorverständnisse, der emotionalen Involviertheit etc. – so weit wie möglich bewusst wird und diese transparent macht. Dabei ist jedoch hinzuzufügen:

Wissenschaft zielt auf Verallgemeinerbarkeit. Die Ergebnisse einer wissenschaftlichen Arbeit sollten so formuliert werden, dass sie auch von Personen mit anderen persönlichen und weltanschaulichen Voraussetzungen grundsätzlich rational nachvollzogen werden können. Dabei müssen weder die Voraussetzungen noch die Ergebnisse geteilt oder bejaht werden. Das wichtigste wissenschaftliche Mittel ist demzufolge:

Wissenschaft verfährt methodisch. Das hinter dem Begriff Methode stehende griechische Wort ist zusammengesetzt aus den Worten μετά (meta: „mit", „hinter", „nach") und ὁδός (hodos: „Weg"). Es geht also um einen Weg der Erkenntnis, der nachvollzogen werden kann. Dafür ist es notwendig, dass der Erkenntnisweg und die Mittel für diesen Erkenntnisweg reflektiert und dargelegt werden. Ebendies ist der Sinn des vorliegenden Lehrbuches für das wissenschaftliche Arbeiten im Bereich der Kirchengeschichte.

Über diese allgemeinen Kennzeichen von Wissenschaftlichkeit hinaus lassen sich nach unserem Verständnis für die Kirchengeschichte als Wissenschaft folgende drei Bestimmungen geltend machen.[2]

I.1.1 Kirchengeschichte ist eine hermeneutische Wissenschaft

Kirchengeschichte ist nicht lediglich eine Aneinanderreihung von Daten, Zahlen und Ereignissen, sondern sie zielt auf das Verstehen von Vergangenem: (a) das

↗ II.2.1   Verstehen von *Zeugnissen der Vergangenheit* (Quellen) in ihren vielfältigen Kontexten und (b) das Verstehen von *historischen Zusammenhängen*.

Bewusst ist von den drei Bestimmungen der Kirchengeschichte als Wissenschaft – hermeneutisch, kritisch, konstruktiv – diejenige als hermeneutisch, d. h. als einer auf das Verstehen des Vergangenen zielenden Wissenschaft, zuerst genannt. Denn blickt man in die Geschichte der Kirchengeschichtsschreibung und der Kirchengeschichtsforschung, so ist dieses Leitziel alles andere als selbstverständlich. In früheren Zeiten hatte die Beschäftigung mit der Kirchengeschichte – grob vereinfacht ausgedrückt – häufig apologetische Ziele, das heißt, dass die eigene (partikulare) Gegenwart im Gegensatz zu anderen legitimiert (die eigene Kirche im Gegensatz zu anderen Kirchen; die eigene Regierungsform im Gegensatz zu anderen Regierungsformen etc.) und gewissermaßen als gottgewolltes Ziel oder auch als notwendige historische Entwicklung vor Augen geführt wurde. Die Quellen wurden insofern der eigenen Sicht vom Lauf der Geschichte dienstbar gemacht, oder anders ausgedrückt: Die Zeugnisse der Vergangenheit wurden weniger als Quellen, als vielmehr als Exempel zur Veranschaulichung des eigenen Geschichtsbildes gebraucht. Im Zuge der Professionalisierung der historisch-kritischen Geschichtswissenschaft in der Moderne wurde dann teilweise in explizitem Gegensatz dazu und mitunter in dogmenkritischer Absicht die Quellenkritik zur Leitmaxime. Im Übereifer konnte dies – wiederum grob vereinfacht – dazu führen, dass die Zeugnisse der Vergangenheit wie Angeklagte behandelt wurden, denen grundlegend zu misstrauen sei, statt ihnen die Möglichkeit zu geben, ihre eigenen Anliegen vorzutragen.

Keines von beiden – weder die Gegenwartsorientierung der Kirchengeschichtsschreibung noch die Quellenkritik – ist obsolet, im Gegenteil: Wir nehmen sie in den folgenden Bestimmungen der Kirchengeschichte als einer kritischen und einer konstruktiven Wissenschaft mit auf. Gleichwohl sollen sie in das übergeordnete Ziel, das Verstehen von Vergangenem in der Ausrichtung auf Zeugnisse der Vergangenheit und historische Zusammenhänge, integriert werden. Die Bestimmung der Kirchengeschichte als hermeneutischer Wissenschaft ist im Übrigen weder neu noch außergewöhnlich. Sie schließt letztlich an

---

[2] Diese Bestimmungen könnten unseres Erachtens in gleicher Weise für die allgemeine Geschichtswissenschaft geltend gemacht werden, nur sprechen wir hier qua Profession für die Kirchengeschichte. Zum theologischen Profil des Faches vgl. unten Kapitel I.2.

einen Fundamentalsatz der Geschichtswissenschaften an, den ein bedeutender Geschichtstheoretiker des 19. Jahrhunderts, Johann Gustav Droysen, in seiner *Historik* formuliert hat: „Das Wesen der historischen Methode ist forschend zu verstehen"[3].

I.1.2 Kirchengeschichte ist eine kritische Wissenschaft

Kritisch, das heißt prüfend und urteilend, verfährt wissenschaftliche Kirchengeschichte in zwei Richtungen: in Richtung der Zeugnisse der Vergangenheit und in Richtung des Bildes von der Vergangenheit und seiner Dienstbarmachung bis hin zum Missbrauch in der Gegenwart.

Im Blick auf die Vergangenheit gilt es, die Zeugnisse auf ihren Quellenwert für eine bestimmte Fragestellung hin zu analysieren. Längere Zeit war für diese   ⊼ II.2 Art der Quellenkritik die Grundunterscheidung echt oder unecht bzw. Original oder Fälschung bestimmend. Nun hat es tatsächlich immer wieder Fälschungen, z. B. von Urkunden, gegeben. Die berühmteste unter ihnen ist die sogenannte Konstantinische Schenkung von Kaiser Konstantin an Papst Silvester I., die nicht, wie suggeriert, vom Anfang des 4. Jahrhunderts stammt, sondern aus dem 8./9. Jahrhundert. Dass es sich hierbei um eine Fälschung handelt, hatte bereits der Humanist Lorenzo Valla im 15. Jahrhundert nachgewiesen. Der mögliche Schluss, dieses Dokument habe deshalb keinen Quellenwert, ist allerdings zu kurz gegriffen. Zwar sagt es tatsächlich nichts über die Situation von Silvester I. aus. Versteht man Kirchengeschichte jedoch als hermeneutische Wissenschaft,   ⊼ I.1.1 die auf das Verstehen (a) von Zeugnissen der Vergangenheit und (b) von historischen Zusammenhängen zielt, so hat sie einen enormen Quellenwert (a) für die Konstellation von Papsttum und Kaisertum im 8./9. Jahrhundert und (b) aufgrund ihrer Wirkungsgeschichte, weil Päpste sich in den folgenden Jahrhunderten auf eben dieses Dokument stützten. Oder um es an einem anderen theologiegeschichtlich relevanten Beispiel zu demonstrieren: Ob ein theologischer Traktat, der unter dem Namen von Augustinus von Hippo verbreitet wurde, tatsächlich von dem nordafrikanischen Bischof stammt, ist für die Rezeption dieses Traktates durch Theologen des Mittelalters oder der Neuzeit völlig irrelevant, solange die Rezipienten den Text für von Augustin stammend hielten. Für die Analyse des theologischen Inhaltes ist die Frage nach der Autorschaft Augustins von nachrangiger Bedeutung, für eine theologiegeschichtliche Einordnung des Traktates wird die Frage nach der ungefähren Datierung und Verortung relevant. Die Frage nach der Authentizität ist dann am dringlichsten,

---

[3] Dieser Satz begegnet von der ersten Fassung der Vorlesung an und blieb bis in die letzte zu Lebzeiten gedruckte Fassung erhalten. Vgl. Johann Gustav Droysen, Historik. Historisch-kritische Ausgabe von Peter Leyh. Band 1: Rekonstruktion der ersten vollständigen Fassung der Vorlesung (1857). Grundriß der Historik in der ersten handschriftlichen (1857/1858) und in der letzten gedruckten Fassung (1882), Stuttgart-Bad Cannstatt 1977, 22. 398. 423.

wenn der Text für die Rekonstruktion der Theologie des Kirchenvaters selbst herangezogen werden soll. Die Frage nach dem Quellenwert ist also immer von der Fragestellung abhängig und liegt nicht in dem Zeugnis der Vergangenheit als solchem.

↗ II.2.1

Eine kritische Wissenschaft ist die Kirchengeschichte auch im Blick auf die Gegenwart, insbesondere bei Vereinnahmungstendenzen und Inanspruchnahmen historiographischer Narrative. Um dies zu demonstrieren, muss gar nicht auf die abschreckenden Fälle von Geschichtsglättung und -missbrauch etwa für nationalsozialistische Ideologien im Dritten Reich rekurriert werden; es gibt dies auch und in struktureller gleicher Weise mit wohlgemeinten Anliegen in der Gegenwart. Kirchliche und gesellschaftliche Jubiläen haben prinzipiell die Tendenz zur gegenwartskonformen Vereinfachung oder gar Verzeichnung historischer Zusammenhänge. Im Kontext des Reformationsjubiläums 2017 wurde dies einmal mehr überdeutlich, etwa wenn der Begriff der Freiheit zum Leitmotiv erhoben wurde. Nun handelt es sich bei der Freiheit tatsächlich nicht nur um einen Zentralbegriff der Theologien Luthers und Zwinglis – wenngleich nicht in derselben Weise – und auch in der Reformationszeit insgesamt wurde über das Verständnis von christlicher Freiheit und deren Folgen gestritten, beispielsweise zwischen Luther und den Bauern. Wenn Luthers theologischer Begriff von der ‚Freiheit eines Christenmenschen‘, um seine Fortschrittlichkeit und Modernetauglichkeit herauszustellen, in eine große moderne Freiheitsgeschichte eingezeichnet wird, so müssen schon einige historische Hürden und Transformationen reflektiert werden, was immerhin möglich ist. Wenn allerdings diese fundamentalen Transformationen des Freiheitsverständnisses im Laufe von 500 Jahren übersprungen werden, um die ‚Reformation der Freiheit‘ zur Begründung von Demokratie und Menschenrechten in Anschlag zu bringen, wird es aus kirchengeschichtlicher Perspektive problematisch. Hier gilt es, ein kritisches historisches Bewusstsein wachzuhalten. Gleichwohl sollte sich Kirchengeschichte nicht einfach in der Rolle der Spielverderberin gefallen, denn:

↗ I.3

I.1.3 Kirchengeschichte ist eine konstruktive Wissenschaft

Das Erforschen historischer Zusammenhänge zielt auf das Erzählen und Schreiben von Geschichte(n) in der Gegenwart.

Dies ist rein geschichtstheoretisch betrachtet auch unter dem Anspruch, historische Re-Konstruktionen zu bieten – und geringer darf der Anspruch im Kontext der Wissenschaft nicht ausfallen –, ein konstruktives Verfahren. Die Auswahl der als relevant beurteilten Quellen, die Überlegungen zu den Ursachen von historischen Ereignissen, die Plausibilisierung von theologiegeschichtlichen Abhängigkeiten, die Darstellung des Denkhorizontes einer Zeit – all dies und vieles mehr sind konstruktive Prozesse, weil die Zusammenhänge von einzelnen Daten und Ereignissen nicht einfach gegeben sind, sondern zu einem Bild im

Kopf der Forscherin und des Forschers zusammengesetzt werden. Dass dieses Bild so stark wie möglich aus den zur Verfügung stehenden Quellen gewonnen werden soll und den Quellen gewissermaßen ein Einspruchsrecht gegenüber rekonstruierten Geschichtsbildern zugestanden werden muss, ist für Kirchengeschichte als Wissenschaft eine unumstößliche Voraussetzung. Gleichwohl haben wir nicht die Vergangenheit schlechthin, sondern (mal mehr und mal weniger zufällig) überlieferte Zeugnisse der Vergangenheit zur Verfügung; und das Bild, das in unseren Köpfen durch diese Zeugnisse von der Vergangenheit entsteht, ist immer und notwendigerweise mitgeprägt von unseren gegenwärtigen Vorstellungen und Anschauungen. Genau deshalb können wir Geschichten als sinnvoll und bedeutungsvoll wahrnehmen, die es wert sind, in der Gegenwart erzählt zu werden.

So sollte sich Kirchengeschichte auch – im landläufigen Verständnis des Wortes – konstruktiv in kirchliche und gesellschaftliche Debatten einbringen. Denn die Geschichte des Christentums bietet eine Fülle an Erfahrungen und Ressourcen für Theologie, Kirche und Gesellschaft, die zu vergessen oder zu missachten unklug wäre.

Bevor dieser Blick über den Tellerrand der Universität weitergeführt wird, ↗ I.3 ist noch einer Frage nachzugehen, die diejenigen, welche Kirchengeschichte forschend, lehrend oder studierend betreiben, immer wieder beschäftigt: Wie unterscheidet sich Kirchengeschichte eigentlich von ‚normaler' Geschichte? Inwiefern ist Kirchengeschichte historisch, theologisch – oder beides gleichzeitig?

I.2 Kirchengeschichte als historische und theologische Disziplin

Kirchengeschichte, so unsere Überzeugung, ist weder bloß historisch noch bloß theologisch – sie geht weder auf in Globalgeschichte noch in Geschichtstheologie. Sie ist auch nicht halb historisch und halb theologisch, eine Kombination, also von beidem etwas. Sie ist vielmehr ganz historisch und ganz theologisch. Das kann sie sein, weil historisch und theologisch keine Gegensätze sind, aber auch nicht ineinander fallen. Für die christliche Theologie ist Geschichte konstitutiv, weil die Offenbarung Gottes *in Jesus Christus* als Ereignis in Raum und Zeit zu lokalisieren ist, auf die das Christentum aller Zeiten konstitutiv verwiesen bleibt. Weil es aber eben *die Offenbarung Gottes* ist und sich der Glaube der Christenheit auf einen lebendigen Gott von Ewigkeit zu Ewigkeit bezieht, kann Theologie nicht in Religionsgeschichte aufgelöst werden.

Wie also lässt sich das Verhältnis von historisch und theologisch im Blick auf das Fach Kirchengeschichte genauer bestimmen?

Unsere Erfahrung als Kirchenhistorikerinnen und Kirchenhistoriker an der Universität ist, dass wir eine merkwürdige Zwitterstellung einnehmen, die allerdings nicht unbestimmt, sondern recht konkret ist: Im Konzert der theologischen Disziplinen werden wir als Historikerinnen und Historiker gesehen, in darüberhinausgehenden interdisziplinären Kontexten sind wir Theologinnen und Theologen. Diese Konstellation rührt daher, dass das Fach Kirchengeschichte zwar an theologischen Fakultäten angesiedelt ist, jedoch der Methodik nach historisch arbeitet. Im universitären Kontext hat die Kirchengeschichte folglich eine ähnliche Stellung wie die Rechts- oder die Medizingeschichte, die von Mitgliedern dieser Fakultäten im Rahmen des juristischen bzw. medizinischen Curriculums unterrichtet werden. Gleichwohl ist die Kirchengeschichte weit umfangreicher und hat auch innerhalb der eigenen Fakultät einen höheren Stellenwert als die Rechts- oder Medizingeschichte in deren jeweiligen Studiengängen: Sie ist nicht nur die Geschichte einer Fachwissenschaft, sondern hat

↗ II.1   einen erheblich umfangreicheren Gegenstandsbereich.

Was die Arbeitsweise betrifft, so wird immer wieder betont, dass sich *die Kirchengeschichte methodisch nicht von der allgemeinen Geschichtswissenschaft unterscheidet*. Es gibt keine spezifisch theologische Methode in der Kirchengeschichte – übrigens auch nicht in den anderen Disziplinen der Theologie! Was die theologischen Disziplinen zusammenhält, wird wiederum unterschiedlich bestimmt: zuweilen durch den Bezug auf einen gemeinsamen Gegenstand – sei es Gott, der christliche Glaube oder die Beziehung zwischen Gott und den Menschen bzw. der Welt –, zuweilen durch den externen Bezug auf die Kirchenleitung (Friedrich Daniel Ernst Schleiermacher), d. h. allgemein die Arbeitsfelder der studierten Theologinnen und Theologen in Kirchen und Gemeinden, Schule und Gesellschaft. Auch die spannende Unternehmung einer *Theologischen Methodenlehre* durch den römisch-katholischen Fundamentaltheologen Jürgen Werbick geht von der faktischen Methodenpluralität in den Disziplinen aus und versucht, ein integratives Modell für die Theologie zu entwerfen.[4] Das vorliegende Lehrbuch, insbesondere das methodische Werkzeug im zweiten Teil, kann demzufolge in gleicher Weise von Studierenden der Geschichtswissenschaft genutzt werden – und wir würden uns natürlich freuen, wenn ein entsprechender Austausch über die Fakultätsgrenzen hinweg entstünde, wie er in der Forschung längst gang und gäbe ist.

Wenn es allerdings keine prinzipiellen *methodischen* Unterschiede zwischen der allgemeinen Geschichtswissenschaft und der Kirchengeschichte gibt, dann muss für Theologinnen und Theologen die historische Arbeitsweise *theologisch* gerechtfertigt sein, wenn sie nicht in einen inneren Selbstwiderspruch verfallen wollen. Nun hat sich das methodische Arbeiten in der historisch-kritischen Geschichtswissenschaft als Herauslösung aus geschichtstheologischen und geschichtsphilosophischen Überbauten entwickelt (jedenfalls dem Anspruch nach). Einfach ausgedrückt: Historisches Arbeiten kommt ohne die Prämisse

---

[4] Jürgen Werbick, Theologische Methodenlehre, Freiburg im Breisgau 2015; zur Historischen Theologie a. a. O., 325–383.

aus, dass es einen Gott gibt. Kann eine theologisch reflektierte Kirchengeschichte dies übernehmen? Und worin unterscheidet sich die Kirchengeschichte dann als theologische Disziplin von der allgemeinen Geschichtswissenschaft? Beide Fragen hängen eng miteinander zusammen.

Fünf Aspekte wollen wir nennen, die zusammengenommen das theologische Profil der Kirchengeschichte ausmachen:

I.2.1 Weltanschauliche Voraussetzungen

In einem Beitrag zu dieser Frage hat Christoph Markschies zurecht hervorgehoben, dass „der erwähnte Kanon der Methoden" – nämlich der allgemeinen Geschichtswissenschaft – von christlichen Theologinnen und Theologen „ja im weltanschaulichen Rahmen des christlichen Glaubens [...] verwendet"[5] wird. Dass weltanschauliche Voraussetzungen in die Erforschung und die Darstellung von Geschichte einfließen, ist allerdings kein theologisches Spezifikum. Davon war bereits die Rede. Weil also – wissenschaftstheoretisch verallgemeinert – „eine jede Rekonstruktion von Vergangenheit auf der Basis von expliziten oder impliziten Annahmen über Wirklichkeit entwickelt wird"[6], sollten diese auch reflektiert werden.

↗ I.1

Zu den basalen christlich-theologischen Voraussetzungen des Gottes- und Weltverständnisses auf der Grundlage der biblischen Schriften gehört: Die Welt wird als endlich bezeugt, gerahmt von den Perspektiven der Schöpfung am Anfang (Gen 1 f.) und einem neuen Himmel und einer neuen Erde am Ende (Offb 21 f.). Eingespannt in diesen großen Horizont wird eine dynamische Beziehungsgeschichte zwischen Gott und seinen Menschen geschildert. Gott wird also als Initiator und Vollender der Geschichte verstanden und inmitten der Geschichte ist er präsent und am Werk. Auch wenn sehr strittig ist und strittig bleiben wird, *wie* er am Werk ist, so ist festzuhalten: Kirchengeschichte kann die Geschichte nicht als ausschließlich von Menschen gemacht verstehen. Das aber heißt: Aufgrund ihrer theologischen Voraussetzungen hat die Kirchengeschichte darauf zu achten, dass die Aussage „Historisches Arbeiten kommt ohne die Prämisse aus, dass es einen Gott gibt" nicht zu der Aussage wird: „Historisches Arbeiten schließt als Prämisse aus, dass es einen Gott gibt." Wie kann das gelingen?

---

[5] Christoph Markschies, Kirchengeschichte theologisch – einige vorläufige Bemerkungen, in: Ingolf Dalferth (Hg.), Eine Wissenschaft oder viele? Die Einheit evangelischer Theologie in der Sicht ihrer Disziplinen (ThLZ.F 17), Leipzig 2006, 47–75, hier 52.
[6] Markschies, Kirchengeschichte theologisch, 53.

I.2.2 Transzendenzoffenheit und methodische Begrenzung

Diese Frage hat Volker Leppin durch ein semiotisches Modell zu beantworten versucht, in dem das Christentum analog zu anderen kulturellen Kommunikationsprozessen als ein religiöses Zeichensystem verstanden wird: „Zum Bestandteil des religiösen Zeichensystems wird etwas durch seine Verweisstruktur auf Gott bzw. die Inhalte der christlichen Religion. Diese Verweisstruktur wiederum ergibt sich aus dem gemeinsamen Verständnis der an der Kommunikation Beteiligten."[7] Mithilfe des semiotischen Modells können also (historische) Kommunikationsprozesse mit religiösem Inhalt beschrieben und dargestellt werden, ohne über die von den Kommunikationspartnern angenommene Wirklichkeit, auf die die Zeichen verweisen, eine Aussage treffen zu müssen. Konkret: Dass die Teilnehmer einer mittelalterlichen Messe in den Hostien den lebendigen Christus wahrhaftig gegenwärtig sehen, kann unabhängig davon beschrieben werden, ob man selbst daran glaubt, oder nicht. Zugleich wird aber die Möglichkeit dieser Wirklichkeit offengehalten, denn: „Kirchengeschichte hat ihren Gegenstand per definitionem nur als einen auf die jenseitige Wirklichkeit bezogenen, deren Realität sie theologisch behaupten, nicht jedoch methodisch erweisen, wohl aber im Modus des Symbols [= des Zeichens] präsent halten kann"[8].

Führt man dies ohne die semiotische Begrifflichkeit weiter, so lässt sich sagen: Ohne ein wie auch immer verstandenes Wirken Gottes in der Geschichte auszuschließen, kann sich die Kirchengeschichte methodisch auf die menschliche Seite der Geschichte konzentrieren und zugleich transzendenzoffen bleiben. Sie erforscht und beschreibt, wie Menschen vergangener Zeiten Gott in der Geschichte wahrgenommen und bezeugt, geglaubt, verstanden und gedacht haben, wie ihr Glauben ihr Leben und wie ihr Leben ihren Glauben geprägt hat, welche Auswirkungen dieser Glaube auf kirchliche, gesellschaftliche und politische Strukturen und Prozesse hatte und wie sich diese kirchlichen, gesellschaftlichen und politischen Strukturen und Prozesse auf ihren Glauben auswirkten. Statt eines methodischen Atheismus bedient sich eine theologisch reflektierte und allgemeinhistorisch anschlussfähige Kirchengeschichte eher eines methodischen Agnostizismus.

---

[7] Volker Leppin, Auf der Grenze – auf weitem Raum. Kirchengeschichte interdisziplinär und ökumenisch, in: Bernd Jaspert (Hg.), Kirchengeschichte als Wissenschaft, Münster 2013, 105–114, hier 109.

[8] Volker Leppin, Kirchengeschichte zwischen historiographischem und theologischem Anspruch. Zur Bedeutung der Semiotik für das Selbstverständnis einer theologischen Disziplin, in: Wolfram Kinzig/Volker Leppin/Günther Wartenberg (Hg.), Historiographie und Theologie. Kirchen- und Theologiegeschichte im Spannungsfeld von geschichtswissenschaftlicher Methode und theologischem Anspruch (AKThG 15), Leipzig 2004, 223–234, hier 230.

I.2.3 Der inhaltliche Fokus

In der eben angerissenen Beschreibung dessen, was Kirchengeschichte erforscht und beschreibt, wurde ein dritter Aspekt erkennbar: der inhaltliche Fokus. Ohne den Zugang zur Kirchengeschichte auf einen theologie- und frömmigkeitsgeschichtlichen eingrenzen zu wollen, steht doch die Beschäftigung mit – ↗ II.1 im weitesten Sinne – theologisch relevanten Zeugnissen der Geschichte des Christentums im Zentrum der Kirchengeschichte. Darunter ist nicht nur im engeren Sinne theologische Literatur zu verstehen – ihr kommt natürlich de facto ein gewisses Gewicht zu –, sondern alle Zeugnisse von der Vergangenheit, die durch einen (expliziten oder auch impliziten) Bezug auf Inhalte des christlichen Glaubens geprägt sind. Dieser Fokus bestimmt damit auch die Auswahl der Quellenbeispiele in Teil II dieses Buches, nicht zuletzt, weil sie nach unserer Erfahrung der faktischen Auswahl in vielen kirchengeschichtlichen Proseminaren entspricht – und unseres Erachtens auch entsprechen sollte.

Der inhaltliche Fokus profiliert die Kirchengeschichte zudem über die bloße Auswahl der Quellen hinaus (und wir wären gründlich missverstanden, würde man dies als alleinigen Anspruch der Kirchengeschichte auf bestimmte Quellen deuten!), da durch ihn die gegenwärtige Relevanz der Kirchengeschichte unmittelbar deutlich wird: Was Christenmenschen aus Vergangenheit und Gegenwart trotz aller großen Unterschiede hinsichtlich Denk- und Lebenswelt, Mentalität, kirchlicher, gesellschaftlicher und politischer Kontexte usw. verbindet, ist der gemeinsame Bezug – erstens – auf Jesus Christus bzw. (den trinitarisch verstandenen) Gott als jenseitiger Größe und – zweitens – auf die normativen Grundlagen des christlichen Glaubens. Dies ist in erster Linie die Heilige Schrift Alten und Neuen Testaments[9] und es sind im weiteren Sinne gemeinsame normativ gewordene Größen wie Dogmen und Bekenntnisse, Liturgien und Lieder, (optische und mentale) Bilder und prägende Frömmigkeitsformen – die freilich je nach kirchlich-konfessioneller Tradition verschieden sind. Damit wären wir bei unserem nächsten Punkt:

I.2.4 Theologische Position und historiographische Perspektive

Ein vierter Aspekt, der die Kirchengeschichte als eine theologische Disziplin profiliert, ist die kirchlich-theologische Positionalität von Kirchenhistorikerinnen und Kirchenhistorikern, wie es etwa von Wolf-Friedrich Schäufele betont wurde.[10]

---

[9] Gerhard Ebeling profilierte in reformatorischer Tradition das Verständnis der „Kirchengeschichte als Geschichte der Auslegung der Heiligen Schrift" (in: Ders., Wort Gottes und Tradition. Studien zu einer Hermeneutik der Konfessionen [KiKonf 7], Göttingen 1964, 9–27). Auch wenn diese Fokussierung zu eng erscheint, so sollte der Aspekt des Bibelbezuges und der Prägekraft der biblischen Schriften wieder stärker zur Geltung gebracht werden.

[10] Vgl. Wolf-Friedrich Schäufele, Theologische Kirchengeschichtsschreibung als Konstruktionsaufgabe, in: ThLZ 139 (2014), 831–850.

Sein Ansatzpunkt ist, dass es überhaupt nicht die christliche Theologie als solche gibt, sondern lediglich christliche Theologien im Plural – nämlich konfessionell und positionell verschieden. Im Unterschied zur allgemeinen Geschichte wird schließlich Theologie in Deutschland jeweils an evangelischen bzw. römisch-katholischen Fakultäten (und man müsste ergänzen: auch an freikirchlichen und anderen theologischen Hochschulen) gelehrt, die jeweils bekenntnisgebunden sind, und das Studium zielt auf die Ausbildung von Pfarr- und Lehrpersonen in den jeweiligen Kirchen. Kirchengeschichte ist insofern Teil der Arbeit an einer kirchlich-theologischen Identität, die sie im Horizont einer weltanschaulich und religiös pluralen Gesellschaft gegenüber Anfragen und Bestreitungen begründen und verteidigen muss. Wichtig ist dabei Schäufeles Hinweis, dass die Re-Konstruktion der eigenen konfessionellen Kirchengeschichte zwei Bedingungen erfüllen muss: Sie muss sich erstens „ihres Konstruktionscharakters bewusst bleiben, d. h. ihre Relativität und prinzipielle Revidierbarkeit und Revisionsbedürftigkeit anerkennen und sich selbst vorbehaltlos der Ideologiekritik aussetzen"; und zweitens „muss sie ihre unhintergehbare Standortgebundenheit und Partikularität und das daraus folgende Recht konkurrierender Erzählungen anerkennen"[11].

Ohne dass der eigene kirchlich-konfessionelle Standort aufgegeben werden muss, kann und sollte dieser Ansatz zu einer bewusst ökumenisch geöffneten Kirchengeschichte weitergeführt werden. Im Sinne der Multiperspektivität kann anderen christlichen Perspektiven, die in der eigenen Geschichte ausgeblendet, unterdrückt, verketzert oder verfolgt wurden, eine Stimme gegeben werden. Sie sollten dabei nicht historiographisch absorbiert, sondern als kritisches Korrektiv in der eigenen Geschichte zur Geltung gebracht werden. Dies entspricht sowohl den faktischen meinungspluralen Vorfindlichkeiten innerhalb jeder traditionellen Konfession als auch der Beobachtung, dass gegenwärtig theologisch-positionelle Kontroverslinien kaum noch vorrangig zwischen den Konfessionen verlaufen, sondern quer durch diese hindurch. Mit diesem Blick auf die Einbindung auch der kirchengeschichtlichen Arbeit in aktuelle theologische Fragen kommen wir zum fünften und letzten Aspekt.

I.2.5 Geschichte und Theologie in einer Person

Eingangs wurde bereits festgestellt, dass Kirchengeschichte von Theologinnen und Theologen betrieben wird, weil sie sich als eine Teildisziplin der Theologie entwickelt hat und als solche an theologischen Fakultäten, Instituten und Hochschulen angesiedelt ist. Genau dies ist nun abschließend als der Punkt herauszustellen, in dem die vorher genannten weltanschaulichen, institutionellen und inhaltlichen Aspekte zusammenfließen. Kurz gesagt: Durch die Person der

---

[11] Schäufele, Theologische Kirchengeschichtsschreibung, 839.

Theologin bzw. des Theologen und die theologische Existenz dieser Person wird die Kirchengeschichte theologisch. Das liegt an einer wechselseitigen Prägung: ↗ II.1.5
Zum einen prägt die kirchenhistorische Arbeit die Theologie der Person und zum anderen prägt die Theologie der Person ihre kirchenhistorische Arbeit. Auch im Vollzug kirchengeschichtlicher Forschung und Lehre bleibt ein Theologe ein Theologe und sollte sich – dafür plädieren wir – primär auch als solcher verstehen.

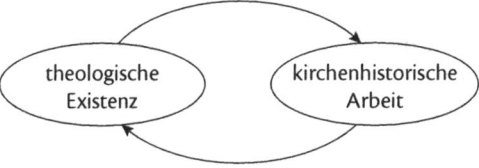

Dies äußert sich praktisch so, dass auf der einen Seite die kirchengeschichtliche Arbeit – ihre Untersuchungsgegenstände, ihre Analyse und ihre Deutungen – zu *einer Quelle der Theologie* der Person werden. Neben dieser Quelle spielen in individuell unterschiedlicher Weise biblisch-exegetische, systematisch-theologische, kirchenpraktische, biographische und viele andere Quellen eine Rolle, die in der Person zusammenfließen und ihre Theologie prägen. Theologie ist also stets mehr als Kirchengeschichte. Auf der anderen Seite wird die kirchengeschichtliche Arbeit der Person sowohl durch ihre theologischen *Kompetenzen* als auch durch ihre theologischen *Fragen und Erkenntnisinteressen* mit genährt. ↗ II.2.1
Diese soll sie aktiv in die kirchenhistorische Arbeit einbringen, denn ihre theologische Perspektive bereichert auch das größere Feld allgemeiner Geschichtsforschung und -schreibung.

I.2.6 Fazit: Die Aufgabe der Kirchengeschichte

Kirchengeschichte steht im wissenschaftlichen Kontext in (mindestens) zwei großen Diskurszusammenhängen, demjenigen der Geschichtswissenschaften und demjenigen der Theologie. Ausgehend von der eben skizzierten Vorstellung von Kirchengeschichte als einer historischen *und* theologischen Disziplin kann die Aufgabe einer solchen Kirchengeschichte in diesen beiden Diskurszusammenhängen bestimmt werden.

Im Blick auf den Zusammenhang mit *anderen historischen Disziplinen* bringen Kirchenhistorikerinnen und Kirchenhistoriker also *ihre spezifischen Fragestellungen und Fachkenntnisse als Theologinnen und Theologen* ein. Ihre Fragestellungen unterscheiden sich häufig sowohl aufgrund der innertheologischen und -kirchenhistorischen Diskurszusammenhänge als auch aufgrund der individuellen theologischen Fragen und Interessen. Ihre theologischen Fachkenntnisse haben sie anderen Historikerinnen und Historikern in der Regel voraus: Sie können die theologischen Argumentationen vergangener Debatten (besser) nachvollziehen, haben (potenziell) eine besondere Sensibilität für die Relevanz von Fragen der Theologie und Frömmigkeit in historischen Prozessen und bringen die Prägekraft des christlichen Glaubens für die Menschen vergangener Zeiten zur Geltung. Dabei geht es um den Beitrag einer bestimmten Perspektive, die ein umfassenderes und differenzierteres Gesamtbild historischer Ereignisse und Prozesse ermöglichen soll, nicht um den Anspruch letztgültiger Deutungshoheit.

Als historisch arbeitende Disziplin lässt sich die Aufgabe der Kirchengeschichte *in Richtung des theologischen Diskurses* als *historische Kontextualisierung und Historisierung* von christlichen Glaubensvorstellungen, Lebensweisen und Gestaltwerdungen von Kirche beschreiben. Das bedeutet: Einerseits bringt Kirchengeschichte stets die zeitspezifischen Debatten und Kontexte zur Geltung, in denen sich bestimmte christliche Glaubensvorstellungen, Lebensweisen und Gestaltwerdungen von Kirche herausgebildet und durchgesetzt haben oder auch unterdrückt wurden. Andererseits zeigt sie auf, wie sich die Inhalte des Glaubens, die Formen der *praxis pietatis* und ihr jeweiliger Rekurs auf die normativen Grundlagen des Christentums entwickelten, wie sie zu verschiedenen Zeiten in unterschiedlicher Weise adaptiert und transformiert wurden.

Ihre Aufgaben in historischen und theologischen Diskurszusammenhängen erfüllt Kirchengeschichte freilich nicht abstrakt im luftleeren Raum, auch nicht bloß im innerakademischen Feld. Sie ist vielmehr in einen weiteren kirchlichen und gesellschaftlichen Kontext zu stellen, worauf im folgenden Kapitel eingegangen wird.

I.3 Kirchengeschichte in Kirche und Gesellschaft

Der Bezug auf die Kirchengeschichte bzw. die Begegnung mit Kirchengeschichte ist gar nicht so selten, wie oft angenommen wird. In Reden bezieht man sich auf kirchenhistorische Ereignisse oder zieht diese als Beispiele heran. Historienfilme erfreuen sich großer Beliebtheit und verbreiten noch immer kirchenhistorische Klischees, die aus wissenschaftlicher Sicht nicht mehr haltbar sind. Dass in Deutschland Theologie an Universitäten studiert wird und Religion ein ordentliches Unterrichtsfach ist, hat kirchenhistorische Gründe. Sprichwörter sind durch die Kirchengeschichte geprägt. Jeder Besuch in einer Kirche ist eine Begegnung mit der Kirchengeschichte. Doch selbst der alltägliche Weg durch das Spitaltor oder der Besuch einer Kneipe im Barfüßergässchen verweisen auf die Kirchengeschichte, die zugleich Stadtgeschichte ist. Der Geschichte und Kirchengeschichte begegnen wir also in Gebäuden, Texten, Kunst und Musik alltäglich und es lohnt sich, in diese einzutauchen. Dennoch scheint es nicht zum Kerngeschäft der Kirchengeschichte zu gehören, ihre Relevanz in Kirche und Gesellschaft zu diskutieren. Grundsätzliche Erörterungen zum Beitrag der Kirchengeschichte für Kirche und Gesellschaft finden sich kaum. Etwas häufiger finden sich Notizen zur Relevanz konkreter kirchenhistorischer Fragestellungen für Kirche und Gesellschaft. Dies gilt besonders dann, wenn sich Kirche und Gesellschaft mit Jubiläen konfrontiert sehen, wie z. B. dem groß angelegten Reformationsjubiläum 2017. Es stellt sich daher die Frage, ob nicht die Kirchengeschichte ihre inhaltliche und methodische Kompetenz verstärkt in den kirchlichen und gesellschaftlichen Diskurs einbringen müsste – insbesondere, wenn Zeugnisse der Kirchengeschichte in solchen Diskursen in Anspruch genommen werden.

Gegenüber der Kirche ist dieser Anspruch wahrscheinlich plausibler darstellbar, denn Kirchenhistoriker arbeiten als Theologen und die Kirchengeschichte als Teildisziplin der Theologie ist Dienst an der Kirche. Die Kirchengeschichte trägt wie die Theologie insgesamt zur wissenschaftlichen Selbstreflexion des christlichen Glaubens bei. Kirchengeschichte bietet diese Selbstreflexion des christlichen Glaubens in Bezug auf seine Geschichte. Notwendig wäre es jedoch, dass die Kirchengeschichte aktiver in die aktuellen theologischen Diskussionen einbezogen wird beziehungsweise die Kirchengeschichte sich aktiver in diese Diskurse einmischt, selbst dort, wo kirchenhistorische Themen nicht im Vordergrund stehen. Die Kirchengeschichte trägt dazu bei, Themen historisch zu kontextualisieren und Entwicklungslinien aufzuzeigen. Dies ist nicht weniger ↗ II.2 relevant, als auf die biblische Verortung oder auf systematisch-theologische Loci, ethische Fragestellungen und praktisch-theologische Konsequenzen hinzuweisen.

In Bezug auf den Beitrag der Kirchengeschichte für die Gesellschaft sind wohl mehr Anstrengungen als bisher nötig, um das Kommunikations- und Vermittlungsdefizit aufzufangen. Die Kirchengeschichte könnte hier einen entscheidenden Beitrag zur Kommunikation von Theologie und Gesellschaft bieten, insbesondere dort, wo kirchenhistorisches Wissen vermittelt wird. Zu denken ist hier an Museen, Ausstellungen, museums- und kirchenpädagogische Angebote aber auch an Konzerte, Stadtführungen, Diskussionen über kirchenhistorische Themen im Film usw. – denn wo wir der Geschichte begegnen, begegnen wir dieser bis weit ins 19. Jahrhundert hinein als Kirchengeschichte. Das große Interesse an Kunst, Kultur und Geschichte könnte für die Theologie und die Kirchengeschichte eine Chance sein, verstärkt in den gesellschaftlichen Diskurs einzutreten.

Q Dies ist umso dringlicher, da auch heute viele Geschichtsmythen Verbreitung finden, die primär Vorurteile bestätigen. Vielfach findet sich etwa das Narrativ vom finsteren Mittelalter mit seiner durch und durch fortschrittsfeindlichen Kirche. Als Beleg dafür wird z. B. angeführt, dass die Kirche den Glauben an die Erde als Scheibe dogmatisiert und jegliche Abweichung davon verfolgt hätte – allerdings vertraten die allermeisten Theologen und Gelehrten des Mittelalters die Lehre von einer kugelförmigen Erde. Die Behauptung, im ‚finsteren' Mittelalter hätte man an eine flache Erde geglaubt, ist eine Erfindung, – polemisch gesagt – ein *fake*, der insbesondere in der Aufklärungszeit von Kirchenkritikern populär gemacht wurde.

Wird aus der Perspektive von Kirche und Gesellschaft auf Geschichte und die Kirchengeschichte speziell geblickt, stellt sich die Frage nach der Relevanz dessen, was aus der Kirchengeschichte gelernt werden kann, nicht in der selben Dringlichkeit. Die Grundlage für diesen praktischen Bezug auf die Kirchengeschichte ist die Tatsache, dass all unser Handeln auf Erfahrungen beruht. Erfahrungen gehören in die Vergangenheit und damit in die Geschichte – auch wenn diese Geschichte noch sehr kurz ist. Das heißt, dass der Rückgriff auf die Erfahrungen und damit auf die Kirchengeschichte mit Analogiebildungen einhergeht. Kontexte werden verglichen, Handlungsmöglichkeiten ausgelotet und Rückschlüsse gezogen. Dabei ist unbestreitbar – auch das ist eine Erfahrung –, dass nicht jede Analogiebildung gelingt und zahlreiche historische Vergleiche hinken oder sich gar als unbrauchbar erweisen. Der Grund dafür liegt häufig nicht in der fehlenden kirchenhistorischen Auseinandersetzung mit einzelnen Fragestellungen, sondern in unzulänglicher Anwendung des methodischen Werkzeugs.

Die Kirchengeschichte vermittelt an Theologie, Kirche und Gesellschaft folgende Impulse: Erstens vermittelt sie historische Bildung einschließlich methodisch verantworteter Interpretation. Beides ist wichtig in Zeiten, in denen *fakes* zu Fakten werden und Fakten als *fakes* diffamiert werden. Damit vermittelt die Kirchengeschichte eine Deutungskompetenz. Zweitens kann kirchenhistorisches Wissen und insbesondere die historische Methodik dazu beitragen, auf Vereinnahmungstendenzen und Inanspruchnahme historiographischer Narrative hinzuweisen. Drittens, darauf hat Albrecht Beutel hingewiesen,[12] macht die Kirchengeschichte darauf aufmerksam, dass die eigene theologische Position nicht voraussetzungslos ist. Dadurch weckt sie Verständnis dafür, dass nicht nur die eigene Position in eine Tradition und einen Kontext eingebettet ist, sondern auch alle anderen theologischen Positionen bedingt sind. Eine stärkere Berücksichtigung dieser Erkenntnis würde manchen Streit in Kirche und Gesellschaft vor emotionaler Eskalation bewahren.

↗ I.1

---

[12] Albrecht Beutel, Vom Nutzen und Nachteil der Kirchengeschichte. Begriff und Funktion einer theologischen Kerndisziplin, in: ZThK 94 (1997), 84–110, hier 100.

Teil II: Das methodische Werkzeug

II.1 Vorfragen

Ehe wir uns mit dem methodischen Werkzeug der Kirchengeschichtswissenschaft beschäftigen (II.2), gilt es noch einige Vorfragen zu klären. Geschichte ist ein menschlicher Grundvollzug (II.1.1). Weil es sich lohnt, darüber nachzudenken, geht es in diesem Kapitel insbesondere darum, auf welche Weise und mit welchen Schwerpunkten Kirchengeschichte betrieben werden kann. Ein besonderes Interesse gilt den verschiedenen Arbeitsgebieten (z. B. epochenspezifisch, II.1.2, oder thematisch, II.1.3) und Zugängen (II.1.4). Weil die Beschäftigung mit Geschichte ein menschlicher Grundvollzug ist, ist es außerdem für alle, die dieser Beschäftigung nachgehen, unumgänglich, sich über ihre eigenen Voraussetzungen und Prägungen Klarheit zu verschaffen (II.1.5).

II.1.1 Kontexte der Kirchengeschichte

Warum beschäftigt sich der Mensch mit Geschichte? Dies ist letztlich die Ausgangsfrage für jedes historische Arbeiten. Eine Maus entwickelt kein Interesse an der Geschichte ihrer Familie. Das hängt nicht mit dem kürzeren Lebenszyklus der Maus zusammen. Was den Menschen gegenüber der Maus – und allen anderen Lebewesen – auszeichnet, sind seine Fähigkeiten zur Erinnerung und zeitlichen Orientierung. Der Mensch besitzt eine Vorstellung von Vergangenheit, Gegenwart und Zukunft. Er erlebt, dass seine Handlungen vom Vortag zwar vergangen sind, aber nachwirken, und er versucht, die Zukunft in seinem Handeln zu antizipieren und zu beeinflussen. Für die Konstruktion seines Selbst fragt der Mensch, woher er kommt. Die Frage nach dem Woher kann sich auf die unmittelbare Familiengeschichte beziehen, aber auch allgemeiner werden bis hin zur universellen Frage nach dem Woher der Menschheit.

Sehr verallgemeinert kann man konstatieren, dass Geschichte durch menschliches Handeln und Denken hervorgebracht wird – allerdings geschieht menschliches Handeln immer auch unter den Bedingungen der Natur (klimatische Entwicklungen, ‚Naturkatastrophen‘); dazu kommt, theologisch gesprochen, dass Geschichte immer eingeschlossen ist in Gottes schöpferisches und offenbarendes Wirken. Historische Zeugnisse sind geprägt durch die Rahmenbedingungen menschlichen Denkens und Handelns beziehungsweise durch die Lebensbedingungen der Menschen. Diese Rahmenbedingungen müssen bei der Arbeit mit historischen Quellen immer im Blick behalten und bedacht werden. Die einzel- ↗ I.2

nen Lebensbedingungen beeinflussen sich gegenseitig. Zu den Rahmenbedingungen menschlichen Handelns und Denkens zählen unter anderem folgende Faktoren:

II.1.2 Zeiteinteilung: Epochen der Kirchengeschichte

Die Einteilung der Geschichte in Epochen und Abschnitte ist ein Konstrukt und Hilfsmittel, sie erleichtert die Orientierung, beinhaltet aber in der Epochenbezeichnung oft eine Wertung der vergangenen Zeit. Als man im 16. Jahrhundert, der Zeit der Renaissance, die Zeit in Antike, Mittelalter und neue Zeit einteilte, bezog man sich bewusst auf die Antike und bezeichnete die Zeit, die zwischen der Antike und der eigenen Zeit, der Renaissance, lag, als Zeit dazwischen: als Mittelalter. Es muss immer beachtet werden, dass sich Geschichte nicht in Epochen vollzieht, sondern die Epochen nachträglich zur Strukturierung der Zeit eingesetzt werden. Denn die Übergänge zwischen den Epochen vollzogen sich nicht abrupt im Sinne einer spürbaren Zäsur. In den unterschiedlichen Lebensbereichen können die Epochengrenzen unterschiedlich gezogen werden, weil die epochemachenden Entwicklungen z. B. durch Herrschaftswechsel bereits abgeschlossen sind, aber die Rechtsentwicklung noch nicht in eine neue Phase eingetreten ist, neue Handelswege noch nicht erschlossen sind und die ideengeschichtlichen und theologischen Veränderungen möglicherweise dem Herrschaftswechsel vorausgingen. Insofern sind Epochenabgrenzungen immer abhängig von der Perspektive der Historiker, die sie vornehmen. Ein Kontext, der für die Epochenabgrenzung besonders hervorzuheben ist, ist der geographische Bezugsrahmen. Die unten vorgenommene Epocheneinteilung folgt z. B. einer generalisierenden Perspektive auf (Mittel-) Europa; auf andere Weltteile sind diese Epochenabgrenzungen nicht einfach zu übertragen.

Auch die Festlegung der christlichen Zeitrechnung, die mit der Geburt Jesu beginnt, ist ein Konstrukt aus dem 6. Jahrhundert, das im frühen 8. Jahrhundert durch Beda Venerabilis wieder aufgegriffen wurde und sich allmählich etablierte.

Es gab und gibt unterschiedliche Zeitrechnungen und Kalendersysteme. Viele Kalender nehmen die Erfahrung auf, dass die Vegetation auf der Erde von den Rhythmen von Sonne und Mond abhängig ist. Für einen großen Teil des in der Kirchengeschichte beachteten Zeitrahmens war der julianische Kalender die Grundlage für die Zeitrechnung. Im 16. Jahrhundert betrug jedoch die Abweichung zwischen dem Sonnenjahr und dem astronomischen Jahr zehn Tage, so dass Papst Gregor XIII. durch eine Kalenderreform die Abweichungen beseitigte. 1582 entfielen die zehn Tage, und so folgte auf den 4. der 15. Oktober. Mitten in den konfessionellen Auseinandersetzungen übernahmen die evangelischen Obrigkeiten häufig nicht die päpstliche Kalenderreform, und so galten bis 1700 in Deutschland unterschiedliche Datumsangaben. Andere Länder gingen noch später zum gregorianischen Kalender über, Russland z. B. erst 1918.

Die Einteilung der Geschichte in unterschiedliche Zeiten ist keine moderne Erfindung, bereits im alttestamentlichen Buch Daniel finden sich Einteilungen in die Abfolge von vier Weltreichen. Dieses Viererschema diente lange als Grundschema. Im 16. Jahrhundert wurde allerdings ein Dreierschema etabliert, das die Geschichte in Altertum, eine mittlere Zeit – das Mittelalter – und die neue Zeit unterteilte. Auf diesem Dreierschema baute die moderne Geschichtswissenschaft auf und ergänzte die Neuzeit um die Neueste Zeit. Diese Zeit, in der noch Zeitzeugen der Geschehnisse leben, wird auch als Zeitgeschichte bezeichnet. Zukünftige Historikerinnen und Historiker werden neue Epochenabgrenzungen und Epochenbezeichnungen entwickeln müssen.

Vereinfacht lässt sich merken, dass der Wechsel zwischen Antike und Mittelalter um 500 mit dem Ende der Ethnogenese, das heißt der Entstehung gentiler Reiche innerhalb des Imperium Romanum, stattfand. Das Mittelalter, das bis ca. 1500 dauerte, wird zusätzlich untergliedert in das frühe Mittelalter (500–1000), das Hochmittelalter (1000–1250) und das Spätmittelalter (1250–1500). Der Übergang vom Spätmittelalter zur Frühen Neuzeit ist geprägt durch technische Erfindungen (Buchdruck), wissenschaftliche Entdeckungen (heliozentrisches Weltbild, Humanismus), den Umschwung in der Kunst (Renaissance), die Entdeckung des Seeweges nach Amerika (1492), aber auch die Eroberung von Konstantinopel (1453) und den damit einhergehenden Untergang des Byzantinischen Reiches. Es gibt auch Historiker, die die Frühe Neuzeit/Neuzeit erst nach dem Dreißigjährigen Krieg (1648) oder sogar erst mit der Französischen Revolution (1789) beginnen lassen. Die Zeitgeschichte setzt nach dem langen 19. Jahrhundert ein, das bis zum Ende des Ersten Weltkrieges ausgezogen wird und in Deutschland mit der Ausrufung der Weimarer Republik (1918) und dem Ende des landesherrlichen Kirchenregiments zusammenfällt. Da das Kennzeichen der Zeitgeschichte darin besteht, dass noch Zeitzeugen leben, gibt es bereits Stimmen dafür, die Neuzeit bis zum Ende des Zweiten Weltkrieges auszuziehen, denn für die Zeit der Ausrufung der Weimarer Republik gibt es keine Zeitzeugen mehr.

Zeitgeschichte

1939–1945 Zweiter Weltkrieg
Tod der Zeitzeugen

1900   1918 Ende des Ersten Weltkriegs
1918 Ausrufung der Weimarer Republik
Ende des landesherrlichen Kirchenregiments

Frühe Neuzeit/Neuzeit

Reformation

1500   1450 Erfindung des Buchdrucks
1453 Eroberung von Byzanz
1492 Seeweg nach Amerika

Spätmittelalter

1250   1250 Tod Kaiser Friedrichs II.

Hochmittelalter

1000   962 Kaiserkrönung Ottos I.

Frühes Mittelalter

500   Untergang des Römischen Reichs (Westen)
Ethnogenese
496 Taufe Chlodwigs

christliche Antike

An dem Viererschema Antike – Mittelalter – Frühe Neuzeit/Neuzeit – Zeitgeschichte fällt auf, dass die Reformationszeit nicht als eigene Epoche auftaucht. In der deutschsprachigen evangelischen Kirchengeschichtsschreibung wird der Reformation jedoch häufig der Epochencharakter zugesprochen und die Reformation wird zwischen Mittelalter und Früher Neuzeit/Neuzeit als eigene Epoche eingeordnet.[1] Hier wird deutlich, dass die Epocheneinteilung in der Kirchengeschichtsschreibung auch etwas mit dem jeweiligen konfessionellen Standpunkt zu tun hat.

II.1.3 Arbeitsgebiete der Kirchengeschichte

Niemand kann heute zweitausend Jahre Kirchengeschichte vollständig überblicken. Aus diesem Grund sind Forschungsschwerpunkte entstanden, die zwei grundsätzlichen Unterscheidungen folgen – einerseits der Epochengliederung und andererseits thematischen Schwerpunkten.

Neben diesen thematischen Schwerpunktsetzungen ist die Arbeit von Historikerinnen und Historikern von der Anwendung unterschiedlicher (methodischer) Zugänge geprägt. Nicht jeder Zugang eignet sich für die Bearbeitung aller thematischen Schwerpunkte. Einerseits bedingen bestimmte Themen spezifische Zugänge und andererseits lassen sich mit bestimmten Zugängen nur ausgewählte Themen bearbeiten. Exemplarisch werden in diesem Kapitel einige thematische Schwerpunktsetzungen und im nächsten einige Zugänge vorgestellt. Weder die thematischen Schwerpunkte noch die Zugänge sind dabei exklusiv zu verstehen, sondern sie überschneiden sich einerseits und können und sollen sich andererseits gegenseitig ergänzen. ↗ II.1.4

Die Arbeitsgebiete, die sich an den Epochen orientieren, werden als Patristik/Alte Kirche,[2] Kirchengeschichte des Mittelalters, Reformationsgeschichte, Kirchengeschichte der Frühen Neuzeit/Neuzeit mit den Schwerpunkten Pietismus und Aufklärung sowie als kirchliche Zeitgeschichte bezeichnet.

∅ An evangelisch-theologischen Fakultäten sind häufig die Lehrstühle für Kirchengeschichte und Vorlesungsthemen anhand dieser epochenspezifischen Arbeitsgebiete unterschieden. Überschneidungen und Ergänzungen zwischen diesen epochenspezifischen Arbeitsgebieten resultieren daraus, dass die Epochenabgrenzungen fließend sind (s. o.) und dass theologie- und kirchengeschichtliche Entwicklungen über die Epochen hinausgehen.

---

[1] Thomas Kaufmann, Die Reformation als Epoche? in: VF 47 (2002), 49–63.

[2] Die Abgrenzung von Alter Kirche und *neutestamentlicher Wissenschaft*, die ebenfalls eine historische Wissenschaft ist, ist fließend und eher eine neuere Entwicklung in der wissenschaftlichen Theologie. Ganz verallgemeinert kann man sagen, dass sich die neutestamentliche Wissenschaft mit der Zeit bis 100 n. Chr. und den kanonischen Schriften des Neuen Testamentes auseinandersetzt, während die Alte Kirchengeschichte in der Zeit nach 100 n. Chr. einsetzt.

Zu den Arbeitsgebieten, die thematisch orientiert sind, gehören die christliche Archäologie, die Konfessionskunde, die Missionsgeschichte, die Territorialkirchengeschichtsschreibung und zahlreiche weitere Arbeitsgebiete, die nicht alle genannt werden können. Ein Teil dieser Arbeitsgebiete hat sich zu eigenständigen Fachgebieten innerhalb der Theologie entwickelt, gleichwohl bleiben Überschneidungen zur Kirchengeschichte bestehen.

Insbesondere für die christliche Antike, aus der nur begrenzt schriftliche Quellen überliefert sind, bietet die *christliche Archäologie* zusätzliche und manchmal die einzigen durch Quellen vermittelten Erkenntnisse. Jedoch ist die christliche Archäologie nicht auf die Antike begrenzt, sondern richtet ihr Interesse auch auf die nachfolgenden Epochen. Gleichzeitig ist die christliche Archäologie (als Unterdisziplin der klassischen oder mittelalterlichen Archäologie) eine Nachbardisziplin für die Kirchengeschichte, da sie nicht nur mit historischen, sondern auch technischen und naturwissenschaftlichen Methoden arbeitet (neben Grabungen, z. B. auch mit DNA-Nachweisen, C14-Analysen zur Altersbestimmung).

✐ Da Kirchenhistoriker gewöhnlich keine archäologische Ausbildung haben, sind sie hier auf die Ergebnisse der Forschungsliteratur der Nachbardisziplin angewiesen. Die regelmäßig aufgestellte Behauptung, dass archäologische Ergebnisse wegen ihrer naturwissenschaftlichen Methoden objektiver als perspektivische Textanalysen seien, ist müßig. Geschichtswissenschaftliche Rekonstruktionen sind immer Interpretationen von Quellen, seien diese nun Texte oder Grabungsfunde.

↗ II.2.9

Ebenfalls auf Sachüberreste konzentriert sich die *kirchliche Kunst*, die mit der Kunstgeschichte eng verwandt ist. Hierbei stehen Malerei, Bildhauerei, textile Kunst bis hin zum Kirchenbau im Fokus. Zu historischen Quellen werden hier alle Kunstgegenstände, die für den gottesdienstlichen Gebrauch oder die private Frömmigkeit genutzt wurden oder werden. Einen Eindruck dieser vielfältigen Quellen vermitteln z. B. die Domschatzkammern, die als Museen zugänglich sind. Kirchliche Kunst ist aber in jeder noch so kleinen Dorfkirche zu finden, auch wenn der kunsthandwerkliche Wert manchmal gering erscheint.

Die *Konfessionskunde* beschäftigt sich mit den unterschiedlichen Ausprägungen des Christentums in Kirchen, Konfessionen, Denominationen und christlichen Gemeinschaften. Der jeweils zugrunde liegende Kirchenbegriff des Kirchenhistorikers ist dabei nicht unwesentlich für den Zugang oder die Betrachtungsweise, das heißt hier stellt sich die Frage, welche christliche Gemeinschaft oder welche Konfession jeweils als Kirche anerkannt wird oder nicht. Aus römisch-katholischer Perspektive wird diese Frage anders beantwortet als aus evangelischer, weil es unterschiedliche Auffassungen davon gibt, was Kirche ist und wer damit zur Kirche gehört. Die Konfessionskunde untersucht vergleichend Kirche(n) und Konfessionen, indem sie deren Genese, Lehre und Iden-

tität in den Blick nimmt. Inhaltliche Überschneidungen hat die Konfessionskunde in gewisser Weise mit der Ketzer- und Häresiegeschichte. Gruppen, die
von den Zeitgenossen als häretisch bezeichnet wurden, wie etwa die Waldenser,
gelten heute als eigenständige Kirche.

Man könnte die gesamte Kirchengeschichte als *Missionsgeschichte* betreiben
und beschreiben, wenn es darum geht, die dynamische Ausbreitung des Christentums darzustellen, oder vielmehr die Weitergabe des christlichen Glaubens.
Bereits Jesus von Nazareth berief Menschen in seine Nachfolge, und in der
Apostelgeschichte wird die Weitergabe der Botschaft Jesu erzählt. Häufig wird
zwischen einer Mission unterschieden, die sich an die eigene Gruppe richtet,
und einer, die sich an fremde Gruppen richtet. Nicht selten war die Mission
mit politischen oder gar wirtschaftlichen Interessen verbunden, wurde mit krie-
gerischen Mitteln vorangetrieben und führte zur Verdrängung der bisherigen
Götter oder heilsvermittelnden Instanzen. Die christliche Umgestaltung der Gesellschaft ist oft ein sehr langer Prozess gewesen. Dabei sind zwei Aspekte in
den Blick zu nehmen, einerseits die Anpassung der missionierten Gruppe an
die christlichen Lehren und Traditionen und andererseits die Integration der
christlichen Lehren und Traditionen in den ursprünglichen Kontext der missionierten Gruppe. Das Christentum hat dabei enorme kulturelle Anpassungs-
leistungen und Transformationen vollzogen. Bei der Erforschung der Missionsgeschichte können verschiedene (methodische) Zugänge gewählt werden. Auf
der theologiegeschichtlichen Ebene lässt sich fragen, welche Veränderung die
Theologie durch die Anpassung an den neuen regionalen sowie religiösen Kontext erfahren hat. Sozialgeschichtlich ließe sich nach den Trägergruppen der
Missionare fragen, aber ebenso nach den Gruppen, die sich für den christlichen
Glauben öffneten. Institutionsgeschichtlich könnte die organisatorische und
strukturelle Verfestigung der missionarischen Gemeinde oder Kirche herausgearbeitet werden. Eine aktuelle Herausforderung der Missionsgeschichte sind
Ansätze, Kirchengeschichte stärker als *Globalgeschichte* zu denken. Damit soll
einerseits ein eurozentrischer Blick auf die Geschichte vermieden werden, andererseits trägt dies auch der Realität Rechnung, dass schon lange die meisten
Christen in Afrika, Asien und Südamerika und nicht mehr in Europa leben.

Das Gegenstück zur globalen Kirchengeschichte ist die *Territorialkirchengeschichte*. Diese wird mitunter belächelt, weil sie zum Teil von Hobbyhistori-
kerinnen und -historikern betrieben wird, was jedoch nicht gerechtfertigt ist.
Schaut man sich nämlich die wissenschaftlichen kirchenhistorischen Arbeiten
an, dann wird schnell deutlich, dass viele Studien territorial strukturiert sind.
Denn genauso wie unterschiedliche Zeiten und Epochen ihre Eigenheiten
haben, gilt dies auch für unterschiedliche geographische Regionen und Herr-
schaftsgebiete. Erst eine Vielzahl dieser territorialen Untersuchungen ermöglicht Vergleiche und schließlich allgemeinere Aussagen. Insbesondere die protestantische Kirchengeschichtsschreibung ist auf die Territorialkirchengeschichte

angewiesen. Denn die Reformation wurde in den Territorien oder freien Reichsstädten durchgesetzt, was zu einer territorialen Gliederung der protestantischen Kirchen führte, aus denen die heutigen Landeskirchen hervorgegangen sind. Aber auch die katholische Kirche weist territoriale Besonderheiten auf. Die katholische Kirche im Hochmittelalter ist in Frankreich anders geprägt als die im Heiligen Römischen Reich und auch heute hat die römisch-katholische Kirche weltweit je nach Land oder Region ein spezifisches Gepräge trotz Lehreinheit und des päpstlichen Primats.

II.1.4 Zugänge zur Kirchengeschichte

Die Kirchengeschichte kennt nicht nur verschiedene Arbeitsgebiete, sondern auch unterschiedliche (methodische) Zugänge. Für das, was wir hier als ‚Zugänge' bezeichnen, findet sich in der Geschichtswissenschaft auch die Bezeichnung ‚Methoden'. Beispielhaft sei hier auf die Sozialgeschichte, die Kulturgeschichte, die Ideengeschichte, die Politik- und Verfassungsgeschichte sowie die *oral history* verwiesen. Die Kirchengeschichte partizipiert an den ‚Methoden' der allgemeinen Geschichtswissenschaft, die jedoch in der Kirchengeschichte jeweils noch einmal eigenständig geprägt sind. Einige dieser Zugangangsweisen sollen hier exemplarisch vorgestellt werden. Es gibt jedoch noch viele weitere (methodische) Zugänge zur Geschichte.[3]

Primär präsentiert sich die Kirchengeschichte als *Theologie- und Dogmengeschichte*. Dies entspricht in gewisser Weise der Geistes- und Ideengeschichte der Geschichtswissenschaft. Hierbei werden die Entwicklungen der theologischen Ideen und der Dogmen aufgezeigt. In den protestantischen Kirchen hat sich ein Umgang mit den Dogmen entwickelt, der sich von dem der römisch-katholischen Kirche unterscheidet. Hintergrund ist das reformatorische Prinzip, dass die Lehre an der Heiligen Schrift geprüft werden muss und dass dazu jeder Christenmensch befähigt ist. Die Verbindlichkeit theologischer Texte entsteht in den protestantischen Kirchen nicht mittels Festlegung durch eine zentrale Lehrautorität, sondern ist vielmehr inhaltlich bestimmt und durch den Kontext beeinflusst. Außerdem ist der Umgang mit normativen theologischen Texten in den evangelischen Kirchen höchst unterschiedlich. In den evangelisch-lutherischen Kirchen wird für wichtige Lehrdokumente seit der Reformationszeit eher der Begriff des Bekenntnisses als der des Dogmas verwendet. Aus diesen Gründen ist die *Dogmengeschichte* als eigenständiger Zugang im evangelischen Kontext umstritten. Jedoch lässt sich in allen christlichen Gruppierungen zu allen Zeiten eine Darstellung und Entwicklung christlichen Wirklichkeitsverständnisses (*Theologiegeschichte*) beobachten, in der eine Identität explizit oder im-

---

[3] Vgl. dazu etwa Joachim Eibach/Günther Lottes (Hg.), Kompass der Geschichtswissenschaft, Göttingen 2002.

plizit (in Texten wie in Praktiken) als normativ herausgestellt wird.[4] So werden auch in den evangelischen Kirchen neben der Heiligen Schrift die altkirchlichen ökumenischen Dogmen als verbindlich anerkannt, die darüber hinaus fester Bestandteil der Theologie und gemeinsame Lehrgrundlage im ökumenischen Dialog sind. Der Herausbildung solcher Selbstidentitäten und Abgrenzungen nach außen ist gesondert in der *Dogmengeschichte* nachzugehen.

Kirchengeschichte kann auch als *Institutions- und Verfassungsgeschichte* betrieben werden, dann steht die Entstehung und Entwicklung kirchlicher Strukturen im Fokus, einschließlich von Kirchenordnungen und Kirchenrecht. Die Entwicklung des Papsttums ist sicher das prominenteste Beispiel der Institutionsgeschichte. Aber auch die Herausbildung des evangelischen Kirchenwesens in Folge der Reformation und die Errichtung der Landeskirchen nach dem Inkrafttreten der Weimarer Reichsverfassung sowie die Bildung von Kirchenbünden (ökumenische Bewegung, Evangelische Kirche in Deutschland) zwischen und nach den Weltkriegen gehören in den Bereich der Institutions- und Verfassungsgeschichte. Immer sind dabei auch die politischen, rechtlichen und staatlichen Rahmenbedingungen mit zu beachten. Dies zeigt sich exemplarisch an dem hierzulande gebräuchlichen Begriff der evangelischen ,Freikirchen' (im Unterschied zu evangelischen Landeskirchen), der selbst ein bestimmtes Verhältnis von Staat und Kirchen in der Neuzeit voraussetzt. Sowohl in früheren Zeiten als auch in anderen Teilen der Welt, in denen andere kirchenrechtliche Rahmenbedingungen vorherrschen, ergibt der Sammelbegriff ,Freikirchen' folglich keinen Sinn.

Die *Frömmigkeitsgeschichte* fragt nach der Verwirklichung der christlichen Verkündigung im Lebensvollzug einzelner oder ganzer Gruppen.[5] Sie greift dabei u. a. auf die Methoden der Mentalitätsgeschichte zurück. Das christliche Mönchtum mit seinen sehr verschiedenen Ausprägungen – einschließlich der Wiederentdeckung des gemeinsamen geistlichen Lebens im Protestantismus – ist eine der bedeutendsten Frömmigkeitsformen des Christentums. Weitere Beispiele für die Erforschung der Frömmigkeit wären die christliche Mystik, das Ablasswesen, die Heiligenverehrung, die Wallfahrten oder das Phänomen des Pilgerns. Felder der evangelischen Frömmigkeitsforschung sind der Pietismus, die Erweckungsbewegung sowie die Innere Mission, aber auch die Gesangbuchfrömmigkeit, die Bestattungskultur oder die Formen von Frömmigkeit, die durch die Kirchentage angeregt werden. Im Prinzip kann auch die Liturgie- und Gottesdienstgeschichte sowie die Geschichte der tätigen Nächstenliebe unter dem Fokus der Frömmigkeitsgeschichte beschrieben werden. Insofern

---

[4]   Volker H. Drecoll/Wolf-Dieter Hauschild, Lehrbuch der Kirchen- und Dogmengeschichte. 1: Alte Kirche und Mittelalter, 5. Aufl., Gütersloh 2016, 37–41.

[5]   Berndt Hamm, Frömmigkeit als Gegenstand theologiegeschichtlicher Forschung. Methodisch-historische Überlegungen am Beispiel von Spätmittelalter und Reformation, in: ZThK 74 (1977), 464–497, hier 466.

gibt es auch Beziehungen zwischen der Frömmigkeitsgeschichte und der All-
tagsgeschichte, die auf der Seite der Geschichtswissenschaft zur Sozialgeschichte
gehört. An einigen Punkten gibt es Überschneidungen zwischen der Frömmigkeitsgeschichte und der kirchlichen Kunst.

Die Kirchengeschichtsschreibung richtet ihren Blick häufig auf die Phäno-
mene, die zu wirkmächtigen Erscheinungen der Geschichte geworden sind. Eine
andere Perspektive nimmt die bereits genannte *Ketzer- und Häresiegeschichte*
ein, sie beschäftigt sich mit dem, was die Kirche verworfen hat und von dem sie
sich abgegrenzt hat. Der Theologe Gottfried Arnold veröffentlichte 1699–1700
seine *Unparteyische Kirchen- und Ketzerhistorie.* Arnold wollte eine konfessionell orientierte Darstellung vermeiden. Er erhob die individuelle Frömmigkeit zum Urteilskriterium und das Urchristentum zum Idealbild seiner Studie.
Somit setzt auch Arnold ein eigenes Kirchenbild voraus. Allerdings sah Arnold
nicht, dass dies ebenso ein konfessioneller Zugang zur Geschichte war, der für
einen Vertreter des römischen Katholizismus seiner Zeit so nicht möglich gewesen wäre. Der Impuls, den Arnold mit dieser Herangehensweise der Kirchengeschichtsschreibung gab, war dennoch wichtig.

An der Geschichte der nonkonformistischen, devianten Gruppen, wie z. B.
der Katharer im Mittelalter, der Täuferbewegung in der Reformationszeit oder
radikal-pietistischer Gruppen in der Frühen Neuzeit, lässt sich das Zusammen-
wirken von unterschiedlichen Themen und Zugängen gut verdeutlichen. Schaut
man aus dem Blickwinkel der Institutionengeschichte auf die devianten Gruppen, wird deutlich, dass eine Ausgrenzung dieser Gruppen auf der Basis von Vorentscheidungen geschieht. Diese Vorentscheidungen können theologischer Art
oder z. B. kirchenrechtlich bedingt sein. Bei den theologischen Aspekten spielt
der Kirchenbegriff eine zentrale Rolle. So kann die nonkonformistische Gruppe
aus Gründen der Selbstreinigung durch die Mehrheitskirche ausgegrenzt werden. Ebenso ist denkbar, dass die nonkonformistische Gruppe sich aus theologischen Gründen von der Mehrheitskirche abgrenzt, weil die Mehrheitskirche nicht mehr als wahre Kirche angesehen wird. Zugleich kann die Geschichte
der devianten Gruppen mit sozialgeschichtlichen Zugängen betrieben werden.
Dann kann nach der Sozialgestalt der jeweiligen Gruppe gefragt werden. Hier
spielen Fragen nach der Beteiligung von Laien, insbesondere der Frauen, eine
Rolle. Genauso interessant ist die Frage nach der Struktur der Gruppe – ist sie
basisdemokratisch oder hierarchisch organisiert, welche Aufnahmekriterien
und Zugangsbedingungen gibt es und aus welchen sozialen Milieus kommen
die Mitglieder? Auch ein frömmigkeitsgeschichtlicher Zugang zur Geschichte
der nonkonformistischen Gruppen wäre möglich, dann kann z. B. nach Formen
der Spiritualität gefragt werden oder umfassender nach dem religiösen Lebensvollzug dieser Gruppe und ihrer Mitglieder.

Die Geschichtsschreibung, und das gilt auch für die Kirchengeschichtsschreibung, konzentriert sich vornehmlich auf das Handeln von Männern. Die

historische Frauengeschichte sucht nach Frauengeschichten in den Quellen und macht diese sichtbar. Der Zugang der Frömmigkeitsgeschichte ist dabei fruchtbarer als z. B. die Institutionen- und Verfassungsgeschichte, weil sich das Amt der evangelischen Theologinnen erst im 20. Jahrhundert entwickelte. Die Frauengeschichtsschreibung folgt häufig der Einteilung in einen öffentlichen und privaten Raum, wobei erster männlich und zweiter weiblich konnotiert wird, die Zuordnungen zu den Bereichen Kultur und Natur sowie Macht und Ohnmacht gehören ebenfalls dazu. Einen anderen Ansatzpunkt wählt die *Genderforschung*. Sie stellt die Gegenüberstellung dieser Kategorien in Frage und führt die Unterscheidung von ‚sex' für die biologischen Unterschiede und ‚gender' für die kulturell geprägten Unterschiede zwischen Mann und Frau ein. Während ‚sex' eine Konstante ist, die aber Variabilität aufweist, ist ‚gender' veränderlich. Die Rollenbilder von Männern und Frauen sind nicht stabil oder ein für alle Mal festgelegt, sondern abhängig von verschiedenen Rahmenbedingungen. Gendergeschichte ist also keine Anti-Männergeschichte oder ein Versuch Geschichte umzuschreiben, sondern sie versucht zu verdeutlichen, dass der Einfluss von Geschlecht im Sinne von ‚gender' omnipräsent ist. Verallgemeinert kann formuliert werden, dass ‚gender' zu den Rahmenbedingungen menschlichen Denkens und Handelns gehört und entsprechend bei der Analyse des historischen Kontextes grundsätzlich mit zu beachten ist.

Zugänge sind insofern bestimmte methodische Herangehensweisen, mit denen die Kirchenhistorikerinnen und Kirchenhistoriker Fragestellungen und Quellen auswählen und betrachten. Wichtig ist jedoch, dass die gewählten methodischen Zugänge nicht zu Voreingenommenheit führen oder Quellen bestimmte Bilder aufdrängen, z. B. die Bestätigung der Orthodoxie eines Theologen bzw. einer Lehre oder ein anachronistisches Geschlechterbild. Am Beispiel der Ketzer- und Häresiegeschichte wurde darüber hinaus verdeutlicht, dass die Zugangsweisen sich gegenseitig ergänzen und komplementär zueinander wirken. Die verschiedenen Zugänge, die auf der Verwendung des methodischen Instrumentariums beruhen, das in den nächsten Abschnitten vorgestellt wird, dienen dabei einer Sache – der Kirchengeschichte als Teil der Theologie. Die theologische Herangehensweise an die Geschichte spiegelt sich jeweils in der konkreten, theologisch geprägten Fragestellung wider, aber auch – und vor allem – in der Person des Kirchenhistorikers und der Kirchenhistorikerin selbst. In dieser theologischen Herangehensweise liegt die inhaltliche Einheit der unterschiedlichen methodischen Zugänge begründet.   ↗ I.2

II.1.5 Selbstreflexion:
Die Person der Kirchenhistorikerin/des Kirchenhistorikers

Spätestens die Frauen- und Geschlechtergeschichte stellte die vermeintliche Objektivität des individuellen historischen Urteils in Frage und machte darauf aufmerksam, dass die Ergebnisse unserer historischen Rekonstruktion wesentlich vom Standpunkt des Betrachters oder der Betrachterin abhängig sind. Diese eigene Verortung gilt es zu reflektieren, nur dann ist eine kritische Distanznahme möglich oder kann die Verwobenheit mit dem Untersuchungsgegenstand offen thematisiert werden. Beides gehört zur wissenschaftlichen Redlichkeit. Wie ein historisches Ereignis abhängig von Rahmenbedingungen ist, so gilt das auch für den Historiker und die Historikerin. Es ist durchaus von Bedeutung, ob die Reformationsgeschichte Zürichs von einem reformierten Kirchenhistoriker, einer lutherischen Kirchenhistorikerin, einem römisch-katholischen Kirchenhistoriker oder von einer Historikerin, die sich keinem christlichen Bekenntnis zugehörig fühlt, verfasst wird. Letztere wird vermutlich keine theologische Reformationsgeschichte Zürichs schreiben. Keine der Darstellungen ist deswegen falsch oder illegitim, wenn sich alle nachvollziehbarer wissenschaftlicher Methoden bedienen, doch ihre Perspektiven und Schwerpunktsetzungen sind unterschiedlich und fließen in die Darstellung bewusst oder unbewusst mit ein und beeinflussen diese. Dies kann auch noch damit zu tun haben, dass die Historikerinnen und Historiker aus unterschiedlichen Ländern bzw. Kulturen stammen, verschiedene Sprachen sprechen und so weiter. Gerade von der Vielfalt der Perspektiven und Meinungen lebt Wissenschaft. Deshalb ist es nicht nur wichtig, den eigenen Standpunkt wahrzunehmen, sondern durchaus auch lohnenswert zu schauen, von wem eine Forschungsarbeit angefertigt wurde, mit der man sich selbst gerade beschäftigt.

Zusammenfassend kann man formulieren: Geschichte ist immer kontextuell und immer von der Perspektive abhängig. Für die Kirchengeschichte, die von Theologinnen und Theologen betrieben wird, bedeutet dies, dass ihre Perspektive durch ihre theologische Position zusätzlich mitbestimmt ist. Die Abhängigkeit der Kirchengeschichte von der Perspektive betrifft einerseits die Quellen selbst und andererseits denjenigen, der Geschichte rekonstruiert. Das Faktische der Geschichte lässt sich nicht vom subjektiven Wahrnehmen desjenigen trennen, der Geschichte betreibt. Deshalb wird von der Geschichte als Rekonstruktion gesprochen, die immer subjektiv ist. Subjektiv meint jedoch nicht beliebig, denn die Subjektivität wird durch eine nachvollziehbare wissenschaftliche Methodik objektiv begrenzt. Die Geschichte eines historischen Ereignisses gibt es daher auch nicht im Singular, vielmehr müssten wir korrekterweise von Geschichte im Plural sprechen, also von Geschichten.

II.2 Quellenerschließung

Das Kerngeschäft kirchenhistorischer Arbeit ist die Erschließung und Auswertung von Quellen. Anhand der Quellen wird die Geschichte rekonstruiert. Wird dies mit wissenschaftlichem Anspruch betrieben, hat die Rekonstruktion der Geschichte methodisch begründet zu erfolgen. Dieses Kapitel stellt die für die kirchenhistorische Arbeit wichtigsten methodischen Werkzeuge zur Quellenerschließung und ihren Gebrauch vor.

Für eine erste Orientierung über eine Quelle hilft es, sich einen Überblick über den Inhalt zu verschaffen und die acht großen W-Fragen zu stellen, die die Historikerin Gunilla Budde zusammengestellt hat:[6]

- Wer hat die Quelle verfasst?
- Wann entstand die Quelle?
- Wo wurde die Quelle erstellt?
- Welche Art von Quelle ist es?
- Wen hat die Quelle als Adressaten im Visier?
- Wie ist die Quelle überliefert?
- Warum wurde sie erstellt?
- Wovon kündet die Quelle, wovon schweigt sie?

Diese Fragen führen bereits unmittelbar in die Quellenerschließung. Für die Aufgabe und das Vorgehen bei der Quellenerschließung kann das Bild des Kriminalfalls helfen. Um einen Kriminalfall aufzuklären, müssen – wie bei der Quellenerschließung – verschiedene Fragen geklärt werden. Die W-Fragen können z. T. auch an einen Kriminalfall gestellt werden. Hier entspräche die Quelle jedoch der Tat oder dem Täter. Die Antworten auf diese Fragen werden von den Ermittlern zusammengeführt und sollen dazu führen, den Kriminalfall zu rekonstruieren und möglichst aufzuklären. Bei der Quellenerschließung wird man bei der vorläufigen Beantwortung darauf stoßen, dass die eine oder andere Frage gar nicht so leicht oder überhaupt nicht zu beantworten ist. Zudem stellen sich, sobald man sich näher mit der Quelle, ihren Kontexten und ihrem Inhalt beschäftigt, weitere Fragen. Für die Lösung des Kriminalfalls sind die Ermittler auf Kenntnisse und Untersuchung von Experten angewiesen, die DNA-Spuren auswerten, ballistische Gutachten erstellen usw. Bei der Quellenerschließung übernehmen die Grundwissenschaften und die Fachliteratur diese Aufgabe. Auch die ↗ II.2.4 Vorfragen fließen in die Klärung des Kriminalfalls mit ein. Zu fragen ist, welche ↗ II.1 Rahmenbedingungen menschlichen Handelns und Denkens eine Tat ermöglichen und welche nicht. Schließlich müssen die Ermittler die geeigneten Methoden und Zugänge für die Klärung eines Falls auswählen und auch ihren eige-

---

[6] Gunilla Budde, Quellen, Quellen, Quellen …, in: Dies./Dagmar Freist/Hilke Günther-Arndt (Hg.), Geschichte. Studium – Wissenschaft – Beruf, Berlin 2008, 52–69, hier 67.

nen Standpunkt klären. Das ist wichtig, um nicht wichtige Fragen auszublenden oder Dinge vorauszusetzen, die nicht gegeben sind. Wie bei der Lösung eines Kriminalfalls müssen auch bei der Quellenerschließung die relevanten Aspekte ausgewählt werden, um zu einem Ergebnis zu kommen. Was die Aufklärung eines Kriminalfalls von der Quellenerschließung jedoch wesentlich unterscheidet, ist die Analyse einer Quelle unter einer spezifischen Fragestellung. Während die Leitfragen bei der Lösung des Kriminalfalls darin bestehen, den Täter zu ermitteln und den Tathergang zu rekonstruieren – wobei es nur eine Lösung gibt –, können an eine Quelle verschiedene Fragen gerichtet werden, die die

↗ II.2.1   Quellenerschließung beeinflussen.

Manche der folgenden Unterkapitel nehmen explizit einzelne dieser W-Fragen auf. Andere gehen darüber hinaus und stellen weitere Möglichkeiten der Erschließung von Quellen dar, die in der Kirchengeschichte immer wieder von Relevanz sind. Die Graphik (S. 31) lässt deutlich werden, dass viele Fragen und Perspektiven miteinander verbunden sind und sich beeinflussen und dass die Quellenerschließung ein komplexer Prozess ist, der von verschiedenen Perspektiven aus begonnen werden kann.

Eröffnet wird das Kapitel zur Quellenerschließung mit einem Blick auf die Grundelemente historischer Arbeit: das Vorwissen, die erkenntnisleitenden Fragestellungen und die Quellen (II.2.1). Die Analyse einer Quelle beginnt mit der Erhellung der Überlieferungslage (II.2.2) und schreitet fort zur Untersuchung der Entstehungssituation der Quelle (II.2.3). Wichtig ist weiterhin zu klären, welche Art von Quelle überhaupt vorliegt, da sich mit unterschiedlichen Arten von Quellen unterschiedliche Herausforderungen ihrer Erschließung verbinden. Bei schriftlichen Zeugnissen verspricht die Erkenntnis, zu welcher Gattung die Quelle gehört, wichtigen Aufschluss für ihr Verständnis (II.2.4). Aber auch für andere Sachquellen bietet die Zuordnung der Quellen zu Gattungen oder geprägten Formen wichtige Hinweise für das Verständnis der Quelle. Gegenstand der Analyse sind sodann Aufbau und Struktur der Quelle (II.2.5), bei literarischen Zeugnissen sollte ferner die sprachliche Gestalt des Textes eingehend untersucht werden (II.2.6). Auch Architektur und Kunst folgen Stil- und Formelementen, die gestalterisch umgesetzt wurden. Für deren Beurteilung sind kunsthistorische Kenntnisse notwendig bzw. muss auf entsprechende Fachliteratur zurückgegriffen werden. Besonders relevant für kirchengeschichtliche Fragestellungen sind häufig die Untersuchung des traditionsbedingten und intellektuellen Hintergrunds einer Quelle (II.2.7). Dies ermöglicht es, die Quelle in ihren situationsbedingten Kommunikationszusammenhängen zu studieren (II.2.8). Vielfach spielt in diesem Untersuchungszusammenhang die Perspektive des Autors eine wichtige Rolle (II.2.9). Deren Kenntnis trägt ebenso wie die Berücksichtigung der übrigen Gesichtspunkte dazu bei, die kirchengeschichtlich häufig relevante Frage nach den theologischen Deutungskonzepten einer Quelle bzw. eines Autors anzugehen (II.2.10). Die folgende Graphik (S. 32) verdeutlicht den Aufbau des Kapitels.

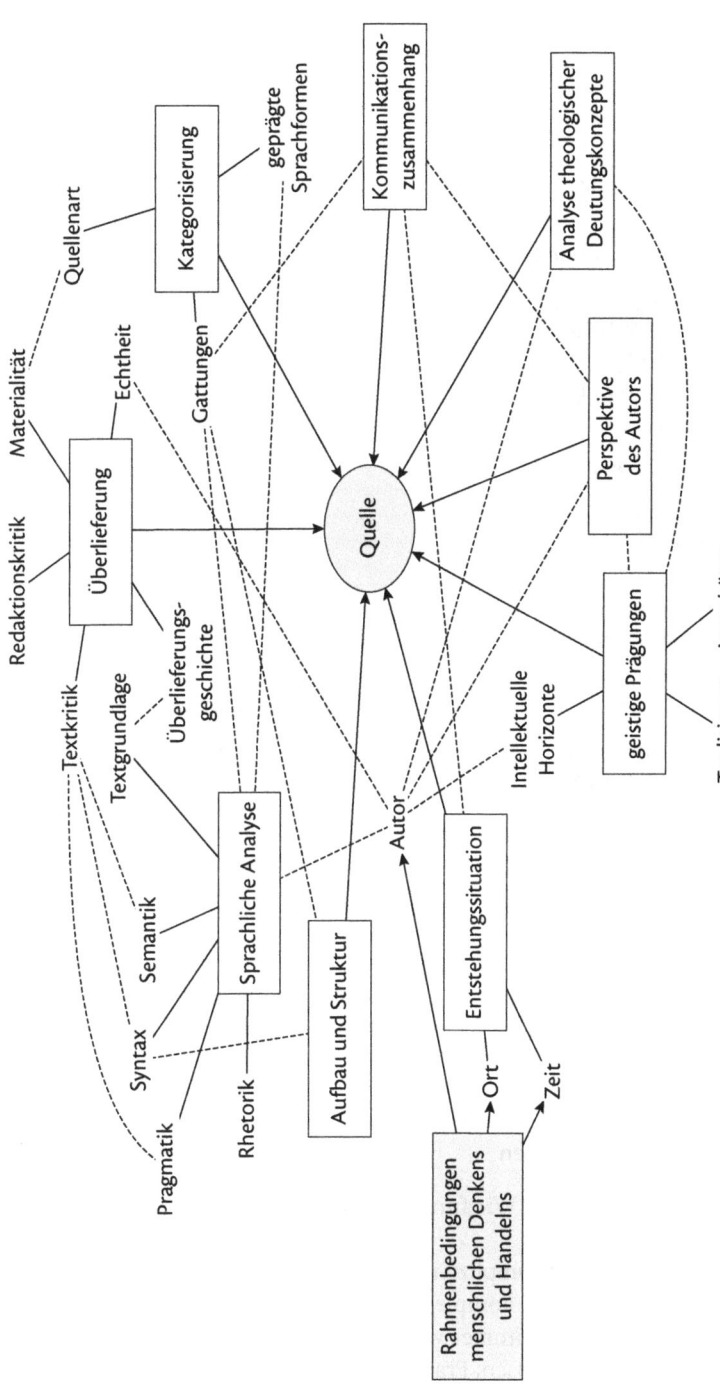

Die Graphik bietet eine Übersicht, welche Aspekte bei der Quellenerschließung zu berücksichtigen sind und wie diese miteinander in Verbindung stehen und sich beeinflussen.

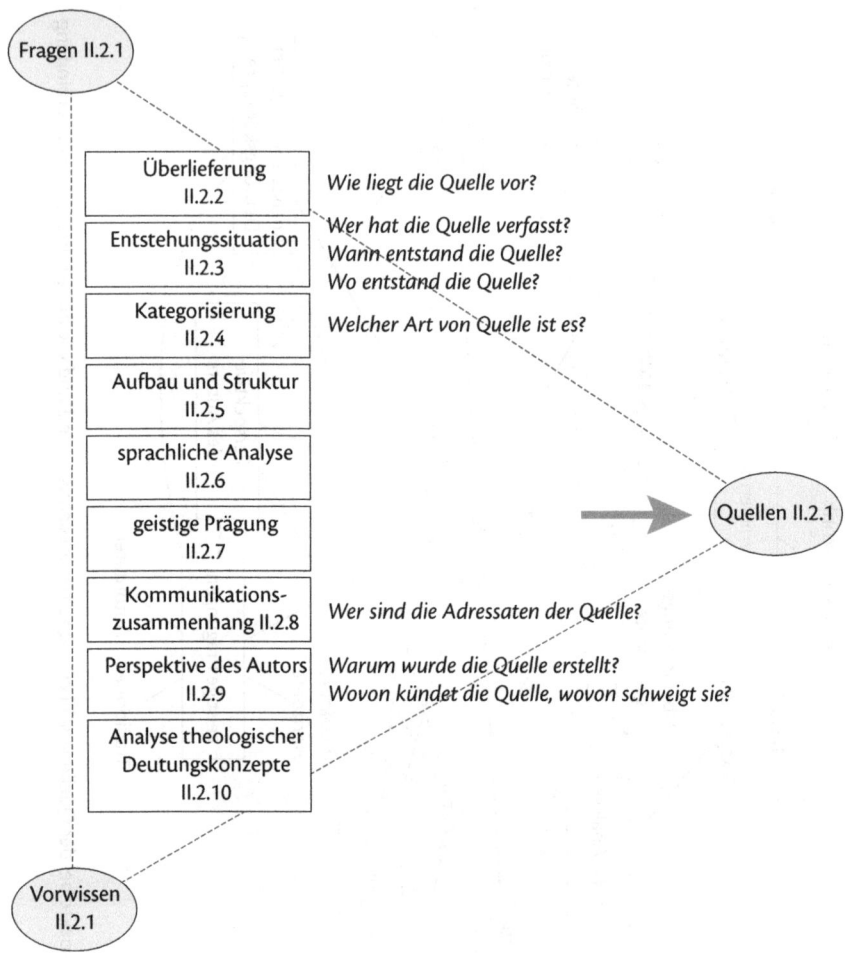

Im Dreieck der Grundelemente historischer Arbeit von Fragen, Vorwissen und Quellen sind die Aspekte der Quellenerschließung eingebettet, wie sie in diesem Kapitel behandelt werden.

II.2.1 Die Grundelemente historischer Arbeit: Vorwissen, Fragen und Quellen

Was ist historisches Arbeiten? Wie funktioniert historische Quellenanalyse und -interpretation?

Das kann im Detail sehr kompliziert aussehen. Und tatsächlich, je tiefer man in die Materie einsteigt, desto komplexer wird es. Aber grundsätzlich lässt sich historisches Arbeiten auf das immer wiederkehrende Zusammenspiel von drei Elementen reduzieren: Vorwissen, Fragen und Quellen.

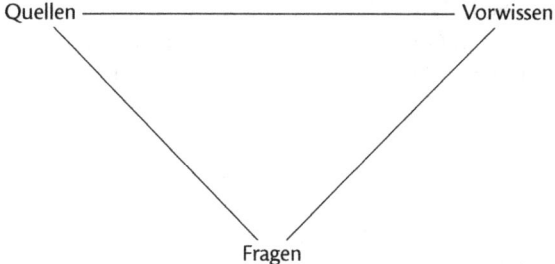

Stellen Sie sich vor, Sie haben in der Schule im Geschichtsunterricht einige Dinge über die Zeit des Dritten Reiches erfahren und im Religionsunterricht von dem Pfarrer Dietrich Bonhoeffer (1906–1945) gehört, der ‚dem Rad (der Nationalsozialisten) in die Speichen fallen‘ wollte (*Vorwissen*). Sie wurden dadurch neugierig und wollen mehr über ihn, seine Anliegen und Beweggründe erfahren. Sie fragen sich also, warum er das tat, was er tat und was ihn dazu angetrieben hat (*Fragen*). Um Antworten auf diese Fragen zu erhalten, müssen Sie Zeugnisse aus der Zeit der 1930er und frühen 1940er Jahre, die entsprechende Informationen enthalten, suchen und lesen, also beispielsweise seine Schriften und Briefe (*Quellen*). Dadurch, dass Sie diese Quellen lesen, erfahren Sie neues über Bonhoeffer, seine Zeit, die Netzwerke und Beziehungen, seine Denkweise und Überzeugungen – Ihr Vorwissen erweitert sich. Aufgrund dieses erweiterten Vorwissens stellen sich neue Fragen, zu deren Beantwortung Sie weitere Quellen benötigen usw.

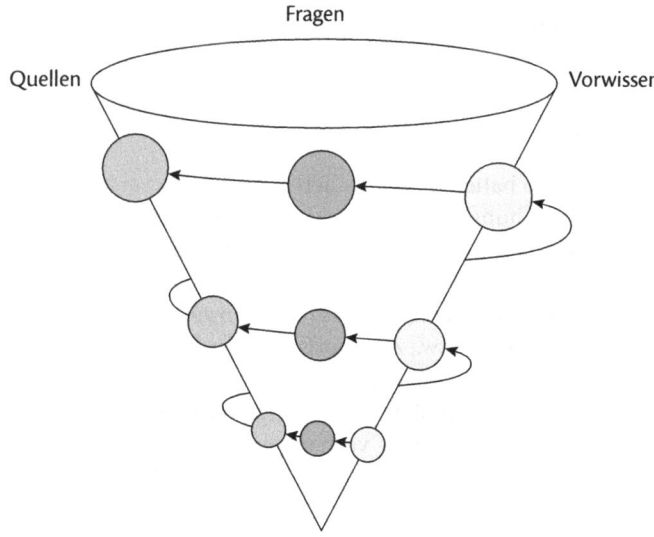

Es ist leicht zu sehen, dass sich dieser Kreislauf, oder genauer: die Spirale aus Vorwissen, Fragen und Quellen immer weiter vertiefen und erweitern lässt. Sie ist nicht auf bestimmte Themen begrenzt, sondern gilt für historische Studien prinzipiell. So funktioniert, elementar betrachtet, historisches und eben auch kirchenhistorisches Arbeiten. Es ist bei diesem Modell im Grunde egal, wo man einsteigt: Ob Sie, wie in dem geschilderten Beispiel, bei einem bestimmten Vorwissen bzw. Kontextwissen – woher auch immer dieses stammt – ansetzen oder bei Fragen an Ereignisse und Zusammenhänge der Vergangenheit, die Sie sich stellen, oder auch bei bestimmten Quellen, die Ihnen vielleicht völlig unvermittelt im Studium vorgelegt werden, immer werden Sie auf die anderen beiden Elemente der Spirale des historischen Arbeitens verwiesen.

↗ III.1

📖 Gerade, wenn Sie sich möglicherweise im Dickicht der Einzelanalyse von Quellen verirren, oder auch, wenn Sie überhaupt nicht wissen, wo Sie für eine Seminararbeit ansetzen können, hilft es, den Blick auf dieses grundlegende Modell des historischen Arbeitens zu richten: Was weiß ich von dem Thema oder der Zeit oder dem Gegenstand, um den es geht, und wie kann ich dieses Wissen erweitern? Welche Fragen stellen sich mir angesichts meines Vorwissens? Welche Quellen könnte ich gebrauchen, um die Fragen zu beantworten? Lassen sich meine Fragen überhaupt mit den zur Verfügung stehenden Quellen beantworten?

Dass Kirchengeschichte wie jede Geschichtswissenschaft mit *Quellen* arbeitet, wurde schon mehrfach erwähnt und dürfte unmittelbar einleuchten. Irgendwoher müssen ja die Informationen über die Vergangenheit stammen. Doch Quellen existieren überhaupt nur im Zusammenhang mit Fragen. Daher sind diese Zusammenhänge zu klären. Sie geben weiteren Aufschluss über die Modellskizze.

Der Zusammenhang von Quellen und Fragen

↗ I.1.1

Kirchengeschichte, so hatten wir formuliert, zielt auf das Verstehen von Vergangenem. Ihre Untersuchungsgegenstände sind daher Gegenstände, die über Vergangenes in irgendeiner Hinsicht Auskunft geben, also Zeugnisse der Vergangenheit. Auskunft können sie jedoch nur geben, wenn sie in bestimmter Weise befragt werden. Dann werden überlieferte Gegenstände, seien es Dokumente oder Bilder oder Bauwerke usw., zu *historischen Quellen*.

Was also ist eine Quelle? Eine Quelle kann grundsätzlich all das sein, was auf Nachfrage Informationen über Vergangenes vermittelt. Quellen *gibt* es also nicht einfach, sondern gegenwärtig vorhandene Gegenstände *werden* zu Quellen, wenn sie in bestimmter Weise befragt werden. Erst die Fragestellung *macht* eine Schrift oder ein Bild oder ein Bauwerk zu einer historischen Quelle.

Was das Verhältnis von Quellen und Fragestellungen angeht, so ist wichtig zu beachten, dass für eine Fragestellung grundsätzlich viele verschiedene Quellen herangezogen werden können oder sogar müssen – das hängt davon ab, wie eng oder weit die Frage gestellt ist. Je detaillierter die Frage ist, desto enger wird das Feld der möglichen Quellen. Und natürlich gibt es auch Fragen an historische Zusammenhänge, auf die man auf Grundlage der zur Verfügung stehenden Quellen nur indirekte, vage oder auch gar keine Antworten geben kann. Umgekehrt gilt ebenso, dass Zeugnisse der Vergangenheit nicht nur Quellen für eine bestimmte Fragestellung sind, sondern prinzipiell in vielfältiger Weise für unterschiedliche Fragestellungen als Quellen in Betracht kommen.

Q Nehmen wir beispielsweise den Briefwechsel zwischen Plinius dem Jüngeren, einem Senator der römischen Kaiserzeit, und Kaiser Trajan, der um 110 n. Chr. entstand. Dieser Briefwechsel ist eine wichtige Quelle im Blick auf die beiden Briefpartner und darüber hinaus für vielerlei Dinge, was die politischen Verhältnisse im Römischen Reich am Anfang des 2. Jahrhunderts angeht, unter anderem für den Umgang der römischen Behörden mit Christinnen und Christen. Denn Plinius wollte von Kaiser Trajan wissen, wie er mit diesen Christen umgehen sollte. Zugleich erhalten wir durch seine Schilderung auch wichtige Informationen über die christliche Gemeinde- und Gottesdienstpraxis in den Gebieten Bithynien und Pontus aus der Perspektive eines hohen römischen Beamten.

Quellen und ihr Wert sind abhängig von Fragestellungen.[7] Sie können sowohl über das Auskunft geben, worüber sie informieren wollten, als auch über Dinge, die sie gewissermaßen nebenbei und unabsichtlich berichten.

Es gibt ganze Quellensorten, die ihrem ursprünglichen Zweck nach darauf angelegt sind, Erinnerungen an die Vergangenheit zu bewahren, wie z. B. Chroniken, Geschichtserzählungen und Memoiren, während andere diesbezüglich eher *unwillkürlich* entstanden sind, das heißt, dass sie nicht dazu gemacht wurden, als historische Quelle zu dienen. In der Geschichtswissenschaft wird hier von *Traditionen* einerseits und *Überresten* andererseits gesprochen.[8] Doch diese Unterscheidung ist nur begrenzt hilfreich, zumal die Übergänge fließend sind. In dem hiesigen Zusammenhang ist vor allen Dingen wichtig, dass Zeugnisse der Vergangenheit als Quellen für unterschiedliche Fragestellungen herangezogen werden können, die nicht unbedingt dem ursprünglichen Zweck des Zeugnisses der Vergangenheit entsprechen müssen.

---

[7] Zur Entwicklung von Fragestellung und zur Quellenanalyse vgl. Maria Rhode/Ernst Wawra, Quellenanalyse. Ein epochenübergreifendes Handbuch für das Geschichtsstudium, Paderborn 2020.
[8] Vgl. Rhode/Wawra, Quellenanalyse, 20.

Der Zusammenhang von Fragen und Vorwissen

Zeugnisse der Vergangenheit sind als Quellen abhängig von den Fragen, die an sie herangetragen werden, und diese Fragen stellen sich uns wiederum aufgrund des Vorwissens, das wir über eine Zeit, ein Thema, ein Ereignis oder einen historischen Zusammenhang haben. Interessanterweise verringern sich die Fragen nicht, je mehr man weiß, sondern im Gegenteil: Je mehr Informationen man hat und je weiter man in eine bestimmte Zeit oder ein bestimmtes Themenfeld einsteigt, desto mehr Fragen stellen sich. Die Fragen werden sowohl weiter als auch spezieller. Denn mit jeder neuen Information erweitert sich der Horizont dessen, was man noch fragen könnte.

Wenn in Kapitel II.1.4 unterschiedliche Zugänge zur Kirchengeschichte genannt wurden, wie z. B. ein theologie-, ein institutionen- und ein gendergeschichtlicher Zugang, so können diese auch als große Frageperspektiven verstanden werden. Der Radius der Fragestellung kann aber beliebig verkleinert und die Perspektive verengt werden, bis hin zu einer einfachen Ja-Nein-Frage, wie z. B. derjenigen, ob Martin Luther am 31. Oktober 1517 seine 95 Thesen an die Wittenberger Schlosskirchentür genagelt hat oder nicht. Wer allerdings diese Detailfrage stellt, wird zumindest schon einmal von der Wittenberger Reformation und dem sogenannten Thesenanschlag gehört oder gelesen haben. Wenn man dazu ein wenig mehr in der Fachliteratur liest, wird man bald feststellen, dass diese Ja-Nein-Frage nicht nur ziemlich schwierig beantwortbar ist, sondern auch, wie sie sich letztlich erst im Zusammenhang von größeren Fragen der Reformationsdeutung – und das heißt aufgrund bestimmter historiographischer Diskurse und Fragen lutherischer Identitätsbildung – stellt, die selbst wiederum historisch gewachsen sind. In diesem Zusammenhang muss auch darauf hingewiesen werden, dass die Beantwortung dieser historisch nicht mehr eindeutig zu klärenden Frage auch Aussagen über den bereithält, der die Frage stellt. Ist die symbolische Handlung des Hammerschlages für die eigene reformatorische oder lutherische Identität von absolut zentraler Bedeutung, wird die Frage möglicherweise anders beantwortet werden, als wenn dem Thesenanschlag durch Luther eine geringe Bedeutung für die eigene konfessionelle Identität zugesprochen wird. Hier wird die Notwendigkeit der Selbstreflexion der Historikerin und des Historikers deutlich, zugleich lässt sich aber auch erkennen, dass der jeweilige Kontext eines Historikers bzw. einer Historikerin bei der Verwendung von Fachliteratur beachtet werden muss.

↗ II.1.5

Die jeweiligen Fragen sind also abhängig von dem Vorwissen. Das Vorwissen kann freilich unterschiedlich groß sein, von unbestimmtem Halbwissen, das man so im Hinterkopf hat, über genauere Kenntnisse, die man sich etwa über Bücher und Dokumentationen angeeignet hat, bis hin zu detailliertem Wissen, das auf Grundlage eigener Forschungen erworben wurde. Grundsätzlich aber gilt: Ohne Vorwissen kann keine Frage gestellt werden. Und das Ziel muss sein –

egal, ob es um ein Referat, eine Hausarbeit oder um eine Dissertation geht –, so viel Vorwissen zu erlangen, dass sinnvolle und weiterführende Fragen an Quellen gestellt werden können. Im Blick auf die praktische kirchenhistorische Arbeit im Hochschulkontext wird der Erwerb von Vorwissen in aller Regel über *Fachliteratur* erfolgen.   ↗ III.1

🖉 Sie können Fragestellungen aus der Fachliteratur übernehmen. Vielleicht kommen Sie am Ende zu denselben Antworten, die bereits gegeben wurden, vielleicht können Sie die Fragen aber auch neu und anders beantworten. Oder sie können auch, angeregt durch das Vorwissen, das Sie sich mithilfe der Fachliteratur angeeignet haben, andere Fragen stellen, als bisher gestellt wurden. In jedem Fall muss die Beantwortung Ihrer Frage auf Grundlage einer methodisch nachvollziehbaren Quellenerschließung erfolgen.

Der Zusammenhang von Vorwissen und Quellen

Die Interpretation einer Quelle im Blick auf eine bestimmte Frage geschieht nie ausschließlich auf Grundlage der Quelle selbst, sondern ist immer ein Zusammenspiel aus Quellenerschließung und aus anderen Zusammenhängen gewonnenem Vorwissen oder Kontextwissen. Was für historische Forschung im Allgemeinen gilt, ist in Bezug auf das kirchenhistorische Arbeiten im Studium umso deutlicher. In aller Regel wird das Vor- bzw. Kontextwissen über Fachliteratur und einzelne weitere Quellen angeeignet. Historische Arbeit, so lässt sich dies zusammenfassen, erfolgt stets in wechselseitiger Bezogenheit von Quellen und Fachliteratur.

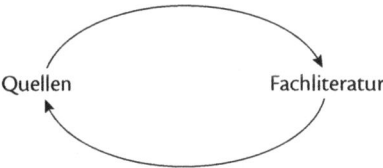

Im Umgang mit Fachliteratur gilt es zu beachten: So notwendig die Nutzung von Fachliteratur ist und so ausführlich und plausibel diese erscheinen mag, so ist doch keine Antwort und keine Forschungsmeinung heilig. Forschungsergebnisse, die einmal als gesichert galten, können sich als falsch oder stark vereinseitigend erweisen. Neue Forschungsperspektiven und alternative methodische Zugänge können einen veränderten Blick auf dieselben Quellen werfen, wodurch andere Informationen zutage gefördert oder auch ganze historische Zusammenhänge anders dargestellt werden können. Für Ihre eigene historische Arbeit sollte bei aller Überzeugungskraft, die Fachliteratur ausstrahlen kann, gelten: Die Begründung Ihrer Meinung hat durch Ihre eigene Quellenerschließung zu erfolgen. Das Kerngeschäft historischer Arbeit ist und bleibt die methodisch kontrollierte und reflektierte Arbeit mit Quellen.

⊘ Kirchenhistorisches Arbeiten folgt keinem vorgefertigten Schema – zu unterschiedlich sind Quellen und Fragen, Herangehensweisen und Perspektiven. Allerdings gibt es drei Grundelemente historischen Arbeitens, die untrennbar miteinander verwoben sind: Fragen (Was will ich wissen?), Quellen (Woher bekomme ich neue Erkenntnisse?) und Vorwissen (Was weiß ich bereits?). Historisches Arbeiten ist deshalb durchgängig ein Reflektieren und Neubedenken dieser drei Aspekte: Was weiß ich bereits? Was will ich noch wissen? Woher nehme ich dieses Wissen? Bei welchem der drei Elemente man auch beginnt, man wird im Laufe des historischen Arbeitens stets auf die anderen beiden Elemente verwiesen. So entsteht ein sich stets erweiternder und vertiefender Erkenntnisprozess.

II.2.2 Überlieferung: Wege und Kontexte

Die Überlieferung einer Quelle in den Blick zu nehmen heißt, die Grundlage aller weiterer Untersuchung dieser Quelle zu legen. Viele Beobachtungen, die hier gemacht werden, erweisen sich als Ausgangspunkte späterer Analysemöglichkeiten. Leitend ist dabei eine Doppelfrage:

– Wie liegt die Quelle vor?
– Wie ist es dazu gekommen, dass diese Quelle so vorliegt?

Wie liegt die Quelle vor?

Die Erschließung jeder Quelle beginnt damit, sorgfältig zu beschreiben, wie die Quelle vorliegt, klassischerweise wird dies *äußere Quellenkritik* genannt. Gemeint ist damit die Beschreibung der Quelle im umfassenden Sinne des Wortes. Bei einer Münze etwa gehört dazu nicht nur die Schilderung der Motive und Texte, sondern eben auch die Beschreibung des Materials, des Erhaltungszustandes und des Fundortes. Ganz ähnlich ist bei schriftlichen Quellen zu vermerken, ob sie als Autograph (von αὐτόγραφος/autographos: „selbst geschrieben") vorliegen oder nur in Gestalt eines oder mehrerer sogenannter *Textzeugen*. Vor allem schriftliche Quellen aus dem Bereich der Alten Kirche und des Mittelalters liegen meist nicht in der (häufig verlorenen) Erstfassung, sondern in Form von Textzeugen vor. Als Textzeugen (oder auch Überlieferungsträger) werden Handschriften und in späteren Zeiten auch Drucke bezeichnet, die den Text einer Quelle bieten oder bezeugen. Dabei kann es vorkommen, dass die Quelle nicht vollständig dargeboten wird.

Festgehalten werden sollte ebenso, ob die Quelle in einer wissenschaftlichen historisch-kritischen Edition vorliegt oder nicht.

Während diese ersten Beobachtungen die Grundlage der weiteren Untersuchung der *Überlieferung* bereitstellen, bereiten andere Untersuchungen die

Ermittlungen zu *Entstehung* und *Echtheit* der Quelle vor. Es ist zu dokumentieren, wo die Quelle in welchem Zusammenhang gefunden wurde und ob sie auf den ersten Blick Anzeichen oder Hinweise darauf enthält, dass dies nicht ihr Entstehungsort und/oder -kontext ist. Bei undatierten Zetteln in Aktenordnern kann das, was in der Mappe unmittelbar vor und unmittelbar nach diesen Zetteln abgelegt wurde, bei der Datierung helfen – aber nur dann, wenn die Mappe nicht zu einem beliebigen späteren Zeitpunkt angelegt wurde, weil ihr Inhalt dann nicht organisch gewachsen ist (selbst wenn die chronologische Reihenfolge der Akten korrekt ist).

Wenn es sich um eine handschriftliche Quelle handelt, kann es ein Anhaltspunkt für die spätere *Echtheitskritik* sein, dass die Handschrift nicht diejenige des Autors ist, aus dessen Feder die Quelle zu stammen vorgibt. Bei Archivalien ist dabei allerdings zu beachten, dass oft auch handschriftliche Konzepte und Vorarbeiten abgelegt wurden. Viele schriftliche Quellen von der Antike bis in die Neuzeit wurden durch professionelle Schreiber angefertigt, dies gilt nicht nur für das offizielle oder institutionelle Schriftgut. Die Handschrift ist also nur manchmal ein Argument der Echtheitskritik. Aussagekräftiger sind deutliche Zeichen späterer Überarbeitung wie Radierungen, Durchstreichungen oder Einfügungen von gleicher oder anderer Hand. Je nach Epoche und Quellenart sind zur Materialität der Quelle unterschiedliche Angaben zu erwarten: Welches Format eine Quelle hat, kann ein Hinweis darauf sein, dass der Quelle besondere Bedeutung zugemessen wurde – oder darauf, dass Papier teuer oder knapp war. Gleiches gilt für zahlreiche schriftliche Quellen aus Antike und Mittelalter für die Frage, ob Pergament oder Papyrus verwendet wurde. Ist der Text der Quelle auf der Rückseite eines anderen Textes geschrieben, kann dies ebenfalls Bedeutung haben. Wenn das Papier Wasserzeichen hat, lässt sich mit ihnen unter Umständen feststellen, wo das Papier geschöpft wurde – dies kann ein Hinweis auf den Entstehungsort sein. Ebenso legt die Verwendung bestimmter Papiertypen oder auch bestimmter Tintensorten den Verdacht nahe, dass es sich um eine Fälschung oder zumindest eine spätere Überarbeitung handeln könnte – nämlich dann, wenn zur angeblichen Abfassungszeit der Quelle diese Sorte von Papier oder Tinte gar nicht existierte. Finden sich offensichtliche Anzeichen späterer Überarbeitung, etwa in Form handschriftlicher Eintragungen aus anderer Hand, so lohnt es sich, bei der späteren *Redaktionskritik* genauer hinzusehen.

Zu notieren sind auch alle Angaben bzw. offensichtlichen Hinweise auf Autor, Entstehungsdatum und -ort: Dies erleichtert später die Ermittlung der Entstehungsumstände erheblich. ↗ II.2.3

Die Beschreibung der Quelle, so wie sie vorliegt, ist im Übrigen für Textzeugen ganz ähnlich zu leisten, wenn kein Original vorhanden ist. Liegt die Quelle in Form einer historisch-kritischen Ausgabe vor, so lassen sich die diesbezüglichen Erkenntnisse in aller Regel aus der Einleitung der Editoren gewinnen.

Insbesondere bei der Arbeit mit Archivalien aber ist an der möglichst sorgfältigen Beschreibung von Fundort und Erhaltungszustand der Quelle viel gelegen.

Wie ist es dazu gekommen, dass diese Quelle so vorliegt?

Bevor weitere Analysen vorgenommen werden können, ist es notwendig, zunächst festzustellen, welche Textgrundlage der weiteren Untersuchung zugrunde gelegt werden kann.

Hierzu dient zunächst die *Textkritik*. Sie stellt fest, welche Textzeugen den Text bieten und in welchem Verhältnis diese Textzeugen zueinanderstehen. Wenn der Autograph, also der vom Autor erstellte Text, nicht unmittelbar vorliegt, ist es das Ziel der Textkritik, den sogenannten *Archetyp* zu rekonstruieren, also den mutmaßlich der Überlieferung zugrundeliegenden Text. Je umfangreicher ein Text durch verschiedene Handschriften oder Drucke bezeugt ist, desto herausfordernder ist diese Aufgabe. Dabei werden die vorhandenen Textzeugen miteinander verglichen (kollationiert [von *collatio/conferre*: „zusammentragen"]) und in sogenannten Familien gruppiert. Leitfehler, also markante Fehler, können Textfamilien vereinen oder voneinander trennen. Ein typischer Hinweis dafür, dass Textzeugen zur gleichen Familie gehören, ist es, wenn sie dieselben Fehler aufweisen (Bindefehler). Fehler, anhand derer sich Familien unterscheiden lassen, werden als Trennfehler bezeichnet. Im Idealfall ermöglicht die Analyse der Abhängigkeitsverhältnisse zwischen den Textzeugen es, einen regelrechten Stammbaum (*Stemma*) anzufertigen, aus dem hervorgeht, welcher Textzeuge die Vorlage für welche anderen Textzeugen war.

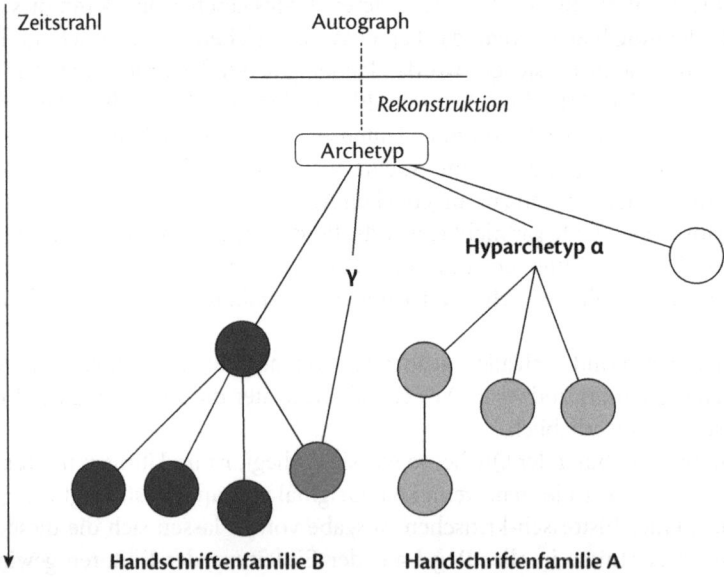

In dem Beispielstemma ist das Verhältnis der überlieferten Textzeugen (Hand-schriften/Manuskripte und Drucke) einer Quelle zueinander dargestellt und in eine chronologische Reihenfolge gebracht. Ziel ist es, den Archetyp zu rekon-struieren. Die Linien zeigen Abhängigkeiten der Textzeugen auf. Aus diesen Ab-hängigkeiten können zwei Handschriftenfamilien rekonstruiert werden (grau [A] und schwarz [B] markiert). Während die Textzeugen der Familie B alle auf eine bekannte Handschrift zurückgehen, ist der gemeinsame Textzeuge der Handschriftenfamilie A nicht erhalten – diesen rekonstruierten gemeinsamen Textzeugen bezeichnet man als Hyparchetyp (Unter-Ursprungstyp). Da der re-konstruierte Hyparchetyp α vermutlich sehr alt ist, ist die Lesart von Familie A tendenziell der von Familie B vorzuziehen (unter Berücksichtigung weiterer Faktoren wie der Qualität der einzelnen Manuskripte). Wichtig in der Textkri-tik ist generell, dass Qualität stärker zu gewichten ist als Quantität. So kann die Lesart der einzelnen, aber sehr alten Handschrift (weiß) durchaus den beiden Familien (mit ihren vielen Handschriften) vorgezogen werden. Ein spezieller Fall ist die mittelgraue Handschrift, die zwar zu Familie B gehört, aber auch ei-gene Lesarten beinhaltet, die auf einen weiteren, nicht erhaltenen Textzeugen (hier γ) hinweisen.

Nach der Gruppierung der Textzeugen besteht die Aufgabe der Textkritik sodann darin, zu überprüfen, welche Textzeugen belastbarer als andere sind. Bei dieser Rekonstruktionsarbeit ist es unabdingbar, diese Einschätzung, die wie alle historischen Urteile nur Wahrscheinlichkeitscharakter haben kann, zu begründen. Klassischerweise gilt wie in der Exegese biblischer Texte das Alter eines Zeugen grundsätzlich als Anzeichen für seine Verlässlichkeit. Außerdem ist es wahrscheinlicher, dass sperrige Formulierungen im Laufe der Zeit geglät-tet wurden als umgekehrt, weswegen die schwierigere Lesart als wahrscheinlich ursprungsnäher gilt (*lectio difficilior probabilior*). Wahrscheinlicher ist es auch, dass Texte im Laufe der Zeit umfangreicher werden, als dass sie gekürzt werden, weswegen kürzere Lesarten ebenfalls klassischerweise als ursprungsnäher gel-ten (*lectio brevior probabilior*). Schließlich gilt es als ein Argument für die Zu-verlässigkeit eines Zeugen, wenn sich aus ihm Fehler oder sonstige Eigenheiten anderer Zeugen erklären lassen.

Eine große Hilfe bei der Analyse der Überlieferung einer Quelle ist es, wenn diese bereits in einer *wissenschaftlichen Edition* vorliegt. In der Einleitung nennt und beschreibt der Herausgeber oder Bearbeiter die wichtigsten Textzeugen und diskutiert die Überlieferungslage der Quelle ebenso wie eventuelle Zweifel an der Echtheit. In der Einleitung von wissenschaftlichen Editionen sind immer auch die wichtigsten quellenkritischen Fragen (Autor, Abfassungszeit, Abfas-sungsort) geklärt. Inhaltlich können die Editionen verschiedenen Prinzipien folgen: (a) Edition einer Schrift eines Autors, (b) Edition mehrerer Schriften eines Autors, (c) Edition unterschiedlicher Schriften verschiedener Autoren zu einem Thema oder einer Epoche.

✐ Die Texte, mit denen im Rahmen des Theologiestudiums gearbeitet wird, liegen in der Regel in Form wissenschaftlicher (historisch-kritischer) Editionen vor. In diesem Fall finden sich ausführliche textkritische Informationen einschließlich des Stemmas bereits in der Einleitung der Herausgeberinnen bzw. Bandbearbeiter. Sie müssen dann nicht neu erarbeitet werden – wichtig ist es im Studium vor allem, nachvollziehen zu können, wie die Herausgeberinnen bzw. Bearbeiter argumentieren!

Der Quellentext selbst wird durch einen Apparat begleitet, der unterschiedlich gegliedert sein kann. Über die Prinzipien, nach denen dieser Apparat aufgebaut ist, informiert in der Regel ebenfalls die Einleitung der Edition. Dort werden auch eventuelle Abkürzungen, die im Apparat verwendet werden, aufgeschlüsselt. Zu den Apparaten kann eine sogenannte Bezeugungsleiste (Siglen der Textzeugen) gehören. Sie gibt die handschriftlichen oder gedruckten Textzeugen für den jeweiligen Quellentext an. Wenn der Edition nur eine bestimmte Handschrift oder gedruckte Textausgabe zugrunde liegt, fehlt die Bezeugungsleiste in der Regel. Geboten wird außerdem meistens ein textkritischer Apparat, in dem relevante Textvarianten zum abgedruckten Text aus anderen Handschriften oder gedruckten Textausgaben vermerkt werden. Auch dieser textkritische Apparat kann fehlen, wenn es keine weiteren parallelen Textüberlieferungen der Quelle gibt –, oder er notiert dann eventuelle Eingriffe oder Unklarheiten des Herausgebers in den Text, sogenannte Emendationen (von *emendatio*: „Verbesserung"). Eine wissenschaftliche Edition sollte immer einen Quellenapparat haben, in dem die Quellen für Aussagen im Quellentext vermerkt werden. So werden z. B. Bibelzitate vermerkt, die im Quellentext zitiert werden, ohne ausdrücklich als solche gekennzeichnet zu werden, oder auch Zitate aus anderen Schriften. Das heißt, hier finden sich Informationen zu den verwendeten Traditionen und ↗ II.2.7 den Autoritäten, auf denen sich ein Autor bezieht. Zudem findet sich häufig noch ein Anmerkungsapparat, der spezielle Hintergrundinformationen zu genannten Personen, Orten oder Ereignissen bereithält. Es ist nicht unüblich, den Quellenapparat und den Anmerkungsapparat zusammenzufassen. Nicht immer gleichen sich die Apparate oder sind alle Apparate vorhanden. Aus diesem Grund ist es notwendig, die Informationen der Einleitung der Edition wahrzunehmen.

Zur Ermittlung der Überlieferungsgeschichte einer Quelle gehört auch die *Redaktionskritik*. Sie hat die Aufgabe, nachzuvollziehen, wie der Text im Laufe der Zeit während seiner Weitergabe redaktionell bearbeitet wurde. Sie fragt also danach, wer wann auf welche Weise und warum in die Textgestalt eingegriffen hat. Dabei berührt sie sich sowohl mit der Textkritik, auf deren Erkenntnisse sie zurückgreift, als auch mit der Echtheitskritik, deren Durchführung sie vorbereiten kann. Klassische redaktionelle Tätigkeiten sind die Zusammenführung bislang selbstständiger Überlieferungsstränge, Umstellungen innerhalb eines Textes sowie die sprachliche Glättung und gegebenenfalls Erweiterung eines

Textes, um veränderten Herausforderungen Rechnung zu tragen. Wichtig bei der Durchführung der Redaktionskritik ist es, die jeweiligen redaktionellen Veränderungen klar zu benennen und zu begründen, warum es sich um solche redaktionellen Eingriffe handelt. Dies ist vergleichsweise einfach, wenn es sich um offensichtliche spätere Korrekturen am Original der Quelle handelt – etwa in Gestalt handschriftlicher Eingriffe in ein Typoskript oder auch, wenn sich in einer Handschrift Streichungen, Hinzufügungen und sonstige Verbesserungsvermerke von anderer Hand finden. Ist das Original nicht vorhanden, so berührt sich die Redaktionskritik noch enger mit der Textkritik und deren Erkenntnissen zu Alter und Abhängigkeit der unterschiedlichen Textzeugen – Unterschiede zwischen älteren und jüngeren Varianten eines Textes können das Ergebnis redaktioneller Prozesse sein – sowie mit der Arbeit der Echtheitskritik.

Während die Redaktionskritik es mit Veränderungen im Textbestand einer Quelle zu tun hat, die aus dem Bestreben heraus erwachsen sind, den Textbestand sprachlich zu verbessern (etwa durch Ausbesserung syntaktischer oder grammatikalischer Fehler) oder seine Aussage in veränderten Umständen zu aktualisieren und so neu zur Geltung zu bringen, fragt die *Echtheitskritik* danach, ob die Quelle etwas anderes ist als das, was sie zu sein vorgibt, beispielsweise in Bezug auf die als Autor angegebene Person. Die Echtheitskritik ist durchaus nicht immer erforderlich, sondern erst dann, wenn Anzeichen dafür vorliegen, dass dies der Fall sein könnte. Solche Anzeichen können sich bereits im Zuge der Analyse dessen, wie die Quelle vorliegt, ergeben: Sie folgen aus materiellen Aspekten, etwa wenn ein Papier oder eine Tinte verwendet werden, die zur vorgeblichen Abfassungszeit noch nicht existierten. Auch stilistische Aspekte können zu Zweifeln an der Echtheit einer Quelle führen – etwa wenn Wortwahl und Satzbau sich auffällig vom sonstigen Gebrauch des vorgeblichen Autors unterscheiden. Grund zu näherem Hinsehen können schließlich auch inhaltliche Auffälligkeiten sein. Finden sich in einer Quelle etwa Ausführungen zu Sachverhalten, Fragen und Problemen, die erst nach dem vorgeblichen Abfassungszeitpunkt liegen oder die nach derzeitigem Kenntnisstand dem vorgeblichen Autor der Quelle zum vorgeblichen Entstehungszeitpunkt der Quelle unbekannt waren, so deutet dies darauf hin, dass die Quelle späteren Datums und möglicherweise auch aus anderer Hand ist. Gleiches legt sich nahe, wenn die Quelle eindeutig in inhaltlichem Widerspruch zu sonstigen, unzweifelhaften Äußerungen des Autors zu einer Frage steht.

🖉 Auch eine ausführliche Echtheitskritik ist im Rahmen der üblichen Studienleistungen zumeist nicht erforderlich. Fragen der Echtheit, so sie sich denn stellen, werden in den Einleitungen der das Studium in der Regel dominierenden wissenschaftlichen Textausgaben verhandelt. Wie bei der Textkritik gilt in diesen Fällen: Die Aufgabe ist es vor allem, nachzuvollziehen, wie die Herausgeber der Edition argumentieren.

Zu beachten ist dabei, dass eine Quelle nicht unbrauchbar wird, wenn sich herausstellen sollte, dass Zweifel an ihrer Echtheit berechtigt sind. Insbesondere in der Alten Kirche war die sogenannte Pseudepigraphie (von ψευδής/pseudēs: „unwahr" und ἐπιγραφή/epigraphē: „Inschrift", „Betitelung") ein weit verbreitetes Phänomen. Unter dem Namen großer Autoritäten bezogen spätere Autoren Position zu Fragen ihrer Zeit, in der Regel in der Absicht, die Erkenntnisse dieser Autoritäten zu sichern oder zur Geltung zu bringen. Ein besonders bekanntes Beispiel hierfür ist das sogenannte *Athanasianische Glaubensbekenntnis*, nach seinem ersten Wort auch *Symbolum Quicumque* genannt. Hier firmiert ein stark augustinisch geprägter lateinischer Text aus dem 6./7. Jahrhundert unter den Namen des für seine unbeugsame Rechtgläubigkeit bekannten Patriarchen Athanasius von Alexandrien (um 300–373). Pseudepigraphie begegnet bereits in biblischer Zeit und ist keineswegs prinzipiell als böswillige Fälschung abzuqualifizieren (obwohl es solche natürlich auch gibt). Oft kam es auch im Laufe der Überlieferung eines Textes dazu, dass dieser einem bestimmten Autor zugeschrieben wurde – sei es, weil der ursprüngliche Autor in Vergessenheit geraten war oder weil er in Ungnade fiel. So ist beispielsweise eine ganze Reihe von Texten aus dem Kontext des Pelagianismus unter dem Namen des Kirchenvaters Hieronymus (347–420) überliefert worden: Seit im 5. Jahrhundert Pelagius und ihm nahestehende Theologen durch ihre Auseinandersetzung mit Augustinus als Häretiker galten, sah man darin eine Möglichkeit, die brauchbaren Texte aus diesem Umfeld weiter zu überliefern, ohne sie dem Häresieverdacht auszusetzen. Schließlich ist zu beachten, dass die Frage nach der Historizität einer vorgeblichen Autorschaft nicht für jede kirchengeschichtliche Fragestellung relevant ist. Soll etwa die Ambrosius-Rezeption durch die Reformatoren im 16. Jahrhundert untersucht werden, so sind auch Texte, die nach heutigem Kenntnisstand nicht von Ambrosius (339–397) sind (etwa die dem sogenannten Ambrosiaster zugeschriebenen), aber von den Reformatoren als Ambrosius-Texte verwendet wurden, selbstverständlich Teil der Quellengrundlage der Untersuchung.

⊘ Dieses Kapitel hilft dabei, zwei Fragen zu beantworten: Wie liegt die Quelle vor und wie wurde sie überliefert? Jede Quelle liegt in irgendeiner Form materiell vor. Darum ist es wichtig, die Quelle äußerlich zu beschreiben (Welches Material? Welcher Erhaltungszustand? Fundort? etc.). Dieses Vorgehen kann (!) bereits Hinweise auf Entstehungszeit und -ort, Autor, Gattung, Zweck sowie eine eventuelle Redaktion geben. Daneben ist die *Überlieferung* der Quelle, also die Geschichte der Quelle, von Bedeutung. Insbesondere bei schriftlichen Quellen ist nach der Textgrundlage zu fragen (Handschriften, Drucke, Editionen, Auflagen). Im kirchenhistorischen Studium wird häufig mit *kritischen Editionen* gearbeitet, v. a. wenn ein Text nicht als Autograph, sondern nur durch Textzeugen vorliegt, aus denen die ursprüngliche Lesart *textkritisch* rekonstruiert werden muss. Zudem muss geklärt werden, ob Zuschreibungen zur Quelle (Titel, Autor) stimmen (Echtheitskritik) und ob die Quelle im Verlauf der Zeit verändert wurde (Redaktionskritik).

II.2.3 Entstehungssituation: Ort, Zeit, Autor

Für das kirchenhistorische Verständnis einer Quelle ist es unerlässlich, neben ihrer Überlieferung auch ihre Entstehungsbedingungen zu kennen. Nur so ist es anschließend möglich, den Kontext der Quelle zu analysieren. Die Analyse der Entstehungsbedingungen baut in Teilen auf Erkenntnisse aus der Untersuchung der Überlieferungslage auf. Sie lässt sich in die drei Dimensionen des menschlichen Seins von Ort, Zeit und Autorschaft (Person) unterscheiden. Alle drei gehören zusammen und bedingen sich wechselseitig, aus Gründen der Praktikabilität empfiehlt sich aber oft eine separate Analyse.

Ort

Genau genommen hat eine Quelle drei Orte: Den Ort, an dem sie entstanden ist (Entstehungsort), denjenigen, von dem aus sie ins Bewusstsein der Zeitgenossen getreten ist (Erscheinungsort), und schließlich denjenigen Ort, an dem sie im Zuge der Quellenfindung (wieder) entdeckt wurde (Fundort). Nicht in jedem Fall lassen sich alle drei Orte benennen – bei Quellen bis ins Mittelalter lassen sich Entstehungs- und Erscheinungsort häufig nicht unterscheiden; auch fehlen oft Indizien, um den Entstehungsort zu erschließen. Bei Quellen, die nur durch Handschriften bezeugt sind, ist der Fundort häufig die Bibliothek, in der die Handschrift aufbewahrt wurde bzw. wird. Folglich werden die Handschriften auch meistens nach ihrem Fundort bezeichnet. Gänzlich unabhängig von allen drei Kategorien von Örtlichkeit ist das, was in der Quelle inhaltlich als Ort begegnet. Ein Gedicht über Jerusalem muss weder dort entstanden noch erschienen sein!

Für das Verständnis der Entstehungsbedingungen einer Quelle ist es vor allem wichtig, den Entstehungsort zu ermitteln, während Erscheinungsort und Fundort eher in den Bereich der Wirkungs- und Überlieferungsgeschichte einer ↗ II.2.2 Quelle gehören. Unkompliziert ist dies, wenn eine Quelle selbst Angaben zu ihrem Entstehungsort enthält – etwa im Falle eines Briefes die Erwähnung des Ortes, an dem der Brief geschrieben wurde, meist zusammen mit der Datumsangabe. In diesem Fall bedarf es weiterer Recherchen nur dann, wenn die Ortsangabe der Quelle zweifelhaft erscheint – etwa, weil aus zuverlässiger anderer Quelle gesichert ist, dass der Verfasser eines Briefes zum Entstehungsdatum, das der Brief angibt, an einem anderen Ort weilte. In derartigen Fällen verbindet sich die Ermittlung des Entstehungsortes mit der Echtheitskritik. ↗ II.2.2

Macht die Quelle selbst keine Angaben dazu, wo sie entstanden ist, gilt es, den Entstehungsort zu rekonstruieren. Indizien können aus dem Bereich der

Überlieferungskritik kommen – diese beziehen sich insbesondere auf die neuere Kirchengeschichte. Hat sich der Umschlag eines modernen Briefes erhalten, so kann der Poststempel immerhin dabei helfen, festzustellen, in welchem geographischen Bereich der Brief aufgegeben wurde. Bei älteren Quellen können Wasserzeichen im Papier, die auf eine bestimmte Papiermühle hindeuten, hilfreich sein – wenngleich es nicht auszuschließen ist, dass das Papier eine weite Reise vor der Verwendung hinter sich haben mag. In aller Regel wird man sich für die Rekonstruktion des Entstehungsortes ähnlich wie bei der Ermittlung des Datierungsrahmens vorrangig auf inhaltliche Details der Quelle stützen, etwa Erwähnungen historischer Ereignisse oder Personen. Wenn die Quelle beispielsweise über ein gerade erst abgeschlossenes Gespräch berichtet, das sich anhand anderer Quellen einigermaßen sicher lokalisieren lässt, ist es zumindest wahrscheinlich, dass die Quelle am gleichen Ort entstanden ist, an dem auch das Gespräch stattgefunden hat. Hilfreich für die Rekonstruktion des Entstehungsortes ist es auch, wenn die Quelle selbst in anderen Quellen erwähnt wird – sei es, dass der Autor selbst in einem späteren Brief auf einen früheren Brief Bezug nimmt und dabei erwähnt, wo er sich zum damaligen Zeitpunkt aufgehalten hat, sei es, dass ein anderer Autor darüber berichtet, dass der Autor an einem bestimmten Ort einen Brief an einen bestimmten Adressaten verfasst hat. Überhaupt ist es oft sinnvoll, nach Reaktionen aus dem Adressatenkreis der Quelle Ausschau zu halten – immer wieder kommt es vor, dass beispielsweise die Antwort auf einen Brief darauf eingeht, von wo dieser Brief abgeschickt wurde. Es gibt jedoch auch Fragestellungen an eine Quelle, für die es irrelevant ist, nach dem Entstehungsort zu fragen.

Zeit

Wenn die Entstehung einer Quelle unter zeitlicher Dimension untersucht werden soll, so bedeutet dies, zuerst die Ermittlung ihres *Entstehungszeitpunkts* (Datierung) und sodann die Rekonstruktion ihrer *Entstehungszeit* im Sinne ihres historischen Entstehungszusammenhangs vorzunehmen. Wie schon bei der Ortsfrage ist auch hier wichtig, dass die Zeit, um die es in einem Quellentext geht, nicht automatisch mit Entstehungszeitpunkt oder -zusammenhang identisch ist. Wenn Beda Venerabilis (672/673–735) in seiner *Historia Ecclesiastica Gentis Anglorum* über die Kirchenpolitik des 690 verstorbenen Erzbischofs Theodor von Canterbury schreibt, bedeutet das keinesfalls, dass sein Text selbst in diese Zeit gehört – die *Historia Ecclesiastica* entstand vielmehr im 8. Jahrhundert.

Auch für die Feststellung, wann eine Quelle entstanden ist, gilt die Unterscheidung, ob die Quelle selbst unmittelbare Angaben hierzu enthält oder ob dies nicht der Fall ist und der *Entstehungszeitpunkt* daher zu rekonstruieren ist. Das Vorgehen hierbei entspricht in weiten Teilen dem der Rekonstruktion des

Entstehungsortes. Es gilt, Hinweise innerhalb der Quelle selbst, aber auch im Umfeld der Quelle zu identifizieren, die Rückschlüsse darauf erlauben, wann es zur Entstehung dieser Quelle gekommen ist – bei amtlichen Schriftstücken hilft es beispielsweise, wenn sie im Geschäftstagebuch der entsprechenden Dienststelle vermerkt sind (was, wenn der Sachbearbeiter ebenfalls eingetragen ist, auch bei der Ermittlung der Autorschaft nützlich ist). Dies ist keineswegs eine Erfindung der modernen Verwaltung, sondern begegnet schon in Form der sogenannten Kopialbücher der mittelalterlichen Kirche. Häufig wird man den Entstehungszeitpunkt einer Quelle nicht auf den Tag genau rekonstruieren können, wenn sie selbst keine entsprechende Angabe enthält. Meist wird man sich damit begnügen müssen, einen Datierungsrahmen zu etablieren, also einen Zeitraum, innerhalb dessen die Quelle mit hoher Wahrscheinlichkeit entstanden ist. Hierfür werden unterschiedliche Indizien gesammelt, um den *Datierungsrahmen* von beiden Seiten, dem Zeitpunkt, bis zu dem bzw. vor dem die Quelle entstanden sein muss (*terminus ante quem*),[9] und dem, von dem ab die Quelle entstanden sein kann (*terminus post quem*),[10] möglichst eng zu ziehen.

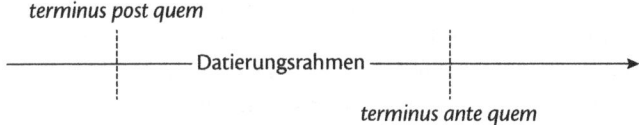

Ziel ist es, möglichst nahe an das tatsächliche Entstehungsdatum heranzukommen. Als Indizien für den *terminus ante quem* kann etwa die erste Erwähnung oder Rezeption der Quelle durch eine andere Quelle angenommen werden. Bei handschriftlich erhaltenen Quellen markiert die älteste erhaltene Handschrift den *terminus ante quem* – dies trifft auf Handschriften der Alten Kirche jedoch zumeist nicht zu, da diese erst Jahrhunderte nachher verfasst wurden. In jedem ↗ II.2.2 Fall schließt der *terminus ante quem* den Datierungsrahmen ab. Eine Entstehung der Quelle nach diesem Zeitpunkt kann mit hoher Wahrscheinlichkeit ausgeschlossen werden. Der Beginn des Datierungsrahmens ist oft weniger eindeutig zu bestimmen. Häufig dient das jüngste der in einer Quelle erwähnten historischen Ereignisse als solcher Zeitpunkt. Auch bestimmte biographische Wegmarken können bei der Analyse des Datierungsrahmens helfen.

Q In der frühen Reformationszeit geriet eine anonyme Flugschrift unter dem Titel *Karsthans* in Umlauf und sorgte für großes Aufsehen. Sie enthält kein Vorwort und auch keine Angaben zu Druckort, Drucker und Datum. Inhaltlich ist sie ein fiktiver Dialog zwischen fünf Personen, unter anderem einem typischen Bauern, der als Karsthans bezeichnet wird, dem Franziskaner Tho-

---

[9] In der Literatur begegnet auch die Bezeichnung *terminus ad quem*.
[10] Ebenfalls als *terminus a quo* bezeichnet.

mas Murner und dem Reformator Martin Luther. Sie setzt die 1520 erschienene und gegen Luther gerichtete Flugschrift *Von dem babstenthumb* voraus.
Diese stellt also den *terminus post quem* dar. Anschließend erschienen in den
Jahren 1521 und 1522 einige weitere Flugschriften, die auf den *Karsthans* explizit Bezug nehmen. Jene stellen also den *terminus ante quem* dar. Der *terminus ante quem* lässt sich aufgrund weiterer Quellen auch noch konkreter
bestimmten, durch die sich ebenso auf den Druckort schließen lässt: Murner
hat Anfang 1521 beim Rat der Stadt Straßburg Beschwerde eingelegt, dass
ketzerische Schriften – gemeint ist wohl v. a. der *Karsthans* – nicht von der
Zensur eingefangen werden. Daraus kann geschlossen werden, dass der anonyme *Karsthans* zum Jahresbeginn 1521 in Straßburg – einem Zentrum der
damaligen Buchproduktion – gedruckt und verbreitet wurde.

Deutlich erschwert wird die Datierung, wenn eine Quelle sich nicht auf ein eindeutiges Ereignis bezieht. Manche Quellen, insbesondere in der Antike, sind
deshalb nur sehr vage zu datieren. Schwierig ist es ebenfalls, wenn die Quelle
kein eindeutiges Entstehungsdatum hat, weil es sich beispielsweise um einen
über einen gewissen Zeitabschnitt hinweg entstandenen Text handelt – die *Con-
fessio Augustana* von 1530 beispielsweise wurde nicht an einem bestimmten Tag
verfasst, sondern ihre Entstehung zieht sich über mehrere Wochen hin, während
derer kontinuierlich am Wortlaut gefeilt wurde. In derartigen Fällen würde es
am Wesen der Quelle vorbeigehen, ein bestimmtes Datum innerhalb des durch
Beginn und Ende der Textentstehung markierten Datierungsrahmens als Entstehungsdatum anzunehmen, vielmehr muss Entstehungszeitpunkt hier als Entstehungszeitraum verstanden werden.

Erst die Ermittlung eines Entstehungszeitpunktes oder -zeitraums ermöglicht es, die *Entstehungszeit* einer Quelle in den Blick zu nehmen, womit der
historische Kontext gemeint ist, innerhalb dessen sie entstanden ist. Weil es zu
den Grundannahmen kirchengeschichtlichen Arbeitens gehört, dass ein historisches Verständnis einer Quelle die Kenntnis des historischen Kontextes
dieser Quelle voraussetzt, bedarf die Analyse der Entstehungszeit besonderer
Sorgfalt. Zu ermitteln sind alle Ereignisse, Personen, Sachverhalte und Entwicklungen, die auf die Entstehung der Quelle eingewirkt haben (können).
Dabei ist die kirchengeschichtliche Forschung gut beraten, den Fokus nicht
nur auf den im strikten Sinne des Wortes kirchlichen, religiösen oder theologischen Bereich zu richten, sondern möglichst breit angelegt nach dem zu fragen, was in Politik, Wirtschaft und Gesellschaft zum Zeitpunkt der Entstehung
der Quelle vor sich ging (Rahmenbedingungen). Maßstab sollte sein, was dem
Autor der Quelle zum Entstehungszeitpunkt der Quelle bekannt war und ihn
bewegte. Dabei handelt es sich wie bei allen historischen Annahmen um Wahrscheinlichkeitsurteile. Um die Plausibilität der Annahme, was zum Verständnis einer Quelle an historischem Kontext erarbeitet werden muss, zu erhöhen,

↗ II.1.1

empfiehlt es sich sehr, zuerst diejenigen Ereignisse, Personen, Sachverhalte und Prozesse zu identifizieren, welche in der Quelle selbst angesprochen werden. In einem zweiten Schritt können Quellen aus dem Umfeld des Autors im entsprechenden Zeitrahmen auf die gleiche Weise befragt werden. Besonders aufschlussreich ist es häufig, die Korrespondenz des Autors hinzuzuziehen, um festzustellen, was ihn in einem bestimmten Zeitraum bewegte. Eine sorgfältige und differenzierte Analyse der Entstehungszeit legt das Fundament für die spätere Untersuchung der Quelle mit Hinblick auf ihren intellektuellen Horizont, ihren Kommunikationszusammenhang, aber auch ihre Argumentationsweise.

↗ II.2.7
↗ II.2.8
↗ II.2.6

Autorschaft

Eine zentrale Frage der Quellenerschließung ist die nach dem Autor. Insbesondere bei älteren Quellen kommt es regelmäßig vor, dass sich ihr Autor nicht zu erkennen gibt. Wenn die Angaben der Autorschaft der Quelle aus triftigen Gründen unplausibel erscheinen, etwa weil sie durch andere Quellen aus der gleichen Zeit bestritten werden, muss dies im Rahmen der Echtheitskritik nachgeprüft werden. Macht eine Quelle keine Angaben zu ihrem Autor oder ist die angegebene Autorschaft überzeugend widerlegt, so ist wie schon im Rahmen der Erschließung von Entstehungsort und -zeit zu rekonstruieren, welche Person oder welcher Personenkreis einen Text verfasst hat oder maßgeblich an seiner Entstehung beteiligt war (gleiches gilt für Bild- und sonstige Sachquellen). Auch hierfür sind Hinweise aus der Quelle selbst sowie aus anderen Quellen aus dem Umfeld dieser Quelle zu sammeln. Das Vorgehen der Rekonstruktion entspricht weitestgehend dem der Rekonstruktion von Entstehungsort und -zeit.

↗ II.2.2

Unabhängig davon, ob die Autorschaft der Quelle nun aus ihr selbst unmittelbar hervorgeht oder ob sie rekonstruiert werden muss, ist es mit der Feststellung eines oder mehrerer Namen nicht getan. Zum Verständnis der Entstehung einer Quelle kann die Erkenntnis, wer als ihr Autor zu gelten hat, nur dann beitragen, wenn in einem weiteren Schritt Informationen darüber gesammelt werden, in welcher Situation sich diese Person oder die Mitglieder dieses Personenkreises zum Zeitpunkt der Entstehung der Quelle befanden. Hierzu gehören biographische Eckdaten ebenso wie die Ermittlung persönlicher Prägungen – etwa durch Herkunft, Bildungsgang oder durch die Zugehörigkeit zu bestimmten Milieus. Wichtig ist es auch, festzustellen, ob und wenn ja wie sich der Autor oder Mitglieder des Autorenkreises bereits zum Thema der Quelle geäußert haben. Aus allen diesen Informationen wird es im weiteren Verlauf der Analyse möglich sein, Schlussfolgerungen in Bezug auf die Intention und Funktion der Quelle in ihrem Kontext zu ziehen. Für manche Fragestellungen ist es auch wichtig, zu erheben, in welcher Beziehung der oder die Autor(en) der Quelle zu dem stehen, was in der Quelle thematisiert wird – je nach Fragestellung kann es einen gro-

ßen Unterschied bedeuten, ob die Quelle die Wahrnehmungen eines unmittelbar Beteiligten wiedergibt oder ob ein Unbeteiligter niederschreibt, was ihm zu
↗ II.2.9   Ohren gekommen ist.

Für die klassische kirchengeschichtliche Forschung gehörte die Identifikation des Verfassers eines Textes zu den wichtigsten Aufgaben der Quellenkritik. Aller-
↗ II.2.2   dings wurde bereits darauf hingewiesen, dass es für manche Fragestellung wenig ergiebig wäre, aufwändig zu ermitteln, wer tatsächlich hinter einer als pseudepigraphisch identifizierten Schrift steht – wenn beispielsweise in demjenigen Zeitraum, der zu untersuchen ist, nicht bekannt war, dass ein Text von Ambrosiaster statt von Ambrosius stammte, dann kann es sogar gerade Ausdruck historischer Sorgfalt sein, diesen Text so zu untersuchen, als ob er von Ambrosius stamme, weil darin seine Wirkung auf die Zeitgenossen bestand. Über weite Strecken der Kirchengeschichte hat die Zuschreibung eines Textes zu einem Autor häufig die Aufgabe, diesen Text unter dem Schutzschirm der Autorität eines bekannten und angesehenen Namens zu überliefern und ihm Wirkung zu verschaffen. Noch Martin Luther handelte so, als er einen von ihm als *Theologia Deutsch* bezeichneten und 1516 herausgegebenen mystischen Text dem bekannten Dominikanertheologen Johannes Tauler (um 1300–1361) zuschrieb. Bei anonymen Texten kann es durchaus sein, dass die Anonymität des Autors zum Konzept des Quellentextes gehört. Dann ist es nicht sinnvoll nach dem Autor zu fragen, sondern welche Bedeutung das Konzept der Anonymität hat.

Die Ermittlung der Autorschaft wird nicht nur durch Pseudepigraphie oder Zuschreibung von Texten an vermeintliche Autoren erschwert, sondern auch noch dadurch, dass es bis in die Neuzeit hinein kein juristisches Autorenmodell gab. Erst im 18. Jahrhundert entwickelt sich die Idee vom spezifischen Eigentumsrecht an einem Text mit einklagbaren Vergütungsansprüchen, wie wir es heute kennen. Zwar gab es davor bereits die Vorstellung vom geistigen Eigentum, die aber nur geringe Relevanz hatte. Diese Tatsache führt dazu, dass die Quellen sehr unterschiedlich mit Autorschaft umgehen. Es wäre anachronistisch, wenn wir unser modernes Konzept von Autorschaft, das durch Urheberrechte geprägt ist, auf frühere Zeiten übertragen. Das heißt, dass bis ins 18. Jahrhundert hinein mit Texten zum Teil sehr frei umgegangen worden ist.

Q In Gesangbüchern, die im 17. und 18. Jahrhundert noch fast ausschließlich für den Privatgebrauch genutzt und nicht im Gottesdienst verwendet wurden, werden zum Teil keine Textdichter angegeben oder es finden sich für ein Lied in den verschiedenen Gesangbüchern sehr unterschiedliche Autorenangaben. An diesem Beispiel wird deutlich, dass nicht der Autor wichtig war, sondern, dass es um den Inhalt ging. Zwar ist es auch in diesem Fall durchaus angebracht, nach der wahrscheinlichen Autorin des geistlichen Liedes zu fragen, doch für die Nutzung des Gesangbuches ist diese Frage von geringerer Bedeutung.

Ein weiteres Beispiel sind die Dialogflugschriften der frühen Reformationszeit. Ein großer Teil dieser Dialoge sind anonym überliefert und suggerieren einen reformatorisch gesinnten, ungelehrten Laien als Autor, der realiter jedoch häufig weder lesen noch schreiben konnte. Hier gehört die Fiktivität des Autors zum Konzept der Gattung. Denn der Leser (Hörer) sollte sich mit dem Autor identifizieren können, da lag es näher, eine Figur aus dem Volk zu nutzen als den Autor, meist ein humanistisch gebildeter, reformatorisch gesinnter Geistlicher, zu benennen.

Vergleicht man Drucke aus der Reformationszeit oder der Frühen Neuzeit, zeigt sich noch ein weiterer Autor, der in Fachkreisen als Drucker-Autor bezeichnet wird. Es ist nicht unüblich gewesen, dass die Drucker bzw. Setzer eines Textes Veränderungen am Manuskript oder einer Druckvorlage vornahmen. Das betrifft nicht nur die Angleichung an die jeweiligen Dialekte, sondern durchaus auch inhaltliche Eingriffe. Der Autor des Textes wusste davon in der Regel nichts. Das heißt, Veränderungen am Text der Quelle können auch auf die Bearbeitung während der Textvervielfältigung zurückgehen.

Auf ein weiteres Beispiel des Umgangs mit der Autorschaft sei noch hingewiesen: Frauen war es nicht immer gestattet, Texte zu schreiben und zu veröffentlichen. Sie griffen dann gelegentlich zu männlichen Pseudonymen, um an den Diskussionen ihrer Zeit teilzunehmen. Hier ist die Pseudepigraphie ein Versuch, die eigenen Auffassungen überhaupt publik zu machen und/ oder sie der männlichen Missachtung zu entziehen.

Die hier skizzierten Beispiele über die Auffassung von Autorschaft machen schnell deutlich, dass die Frage, ob Martin Luther etwas an seinen unzähligen Veröffentlichungen verdiente, die häufig von staunenden Schülern und Studentinnen gestellt wird, keine Frage für Luther war, zumal seine Schriften im ganzen Reich ungefragt nachgedruckt wurden. Die Drucker reagierten damit auf die Nachfrage. Gelegentlich sicherte sich ein Drucker durch herrschaftliche Privilegien vor geschäftsschädigenden Nachdrucken seiner Kollegen im Reich ab, doch das war für Schriften eines unter Bann und Acht stehenden Mönches nicht möglich. Denn das Wormser Edikt verbot die Verbreitung der Schriften Luthers ausdrücklich. Um solchen Druckverboten zu entgehen, wurde gelegentlich auch anonym publiziert. Das heißt, auch das bewusste Verschweigen einer Verfasserschaft kann von Bedeutung sein und muss bei der Frage nach der Autorschaft berücksichtigt werden.

Die Aspekte, die mit der Frage nach der Autorschaft verbunden sind, sind vielfältig: Ist der Autor tatsächlich der Autor oder wird bewusst ein anderer Autor benutzt, um von dessen Autorität zu profitieren? Steht hinter dem Autor möglicherweise eine Autorengruppe? Warum wird ein Autor nicht genannt? Stehen bewusste Konzepte hinter einer Anonymität? Wer könnte noch als Co-Autor (Übersetzer, Drucker usw.) in die Textproduktion einbezogen gewesen sein? Die Fragen, die hier im Zusammenhang mit schriftlichen Quellen behandelt worden sind, stellen sich in ähnlicher Weise auch für Künstler, Architekten und Baumeister. Die Beantwortung der Fragen hat natürlich Auswirkung auf die weitere Erschließung der Quelle und das Sammeln von Informationen über den Autor oder die Autoren. Auch ist bereits darauf hingewiesen worden, dass der Umgang mit der Autorschaft zum Teil gattungsspezifisch ist.

⊘ Quellen sind von Menschen geschaffen. Als Voraussetzung für die Kontextualisierung müssen deshalb die *Entstehungsbedingungen* einer Quelle geklärt werden, nämlich Ort (Wo?), Zeit (Wann?) und Autor (Wer?). Manche Quellen geben bereits selbst genaue Informationen zu ihren Entstehungsbedingungen, bei anderen müssen die Entstehungsbedingungen – durch quelleninterne oder quellenexterne Hinweise –, so gut es geht, erschlossen werden. Manchmal ist dies nur annäherungsweise möglich, etwa indem ein Datierungsrahmen (*terminus post/ante quem*) abgesteckt wird. Generell gilt: Je genauer *Entstehungsort*, *Entstehungszeitpunkt* und *Autor* festgestellt werden können, desto präziser kann die Quelle kontextualisiert werden. Daher ist die Beantwortung der Fragen, wer die Quelle wann und wo verfasst hat, Grundlage für viele weitere Überlegungen.

II.2.4 Kategorisierung: Quellenarten, Gattungen und geprägte Sprachformen

Um sich in der Welt zu orientieren, brauchen Menschen Möglichkeiten der Ordnung, der Systematisierung und der Unterscheidung. So problematisch ein Denken in festen Mustern in vielen Bereichen sein kann, so notwendig sind Kategorisierungen. Kategorisierungen helfen zur Orientierung, weil sie auf Wiedererkennung durch Analogiebildung, d. h. auf Vergleichen, beruhen.

Da es unendlich viele Quellen gibt, ist es notwendig und sinnvoll, die Quellen zu gruppieren und zu unterscheiden. In der Geschichtswissenschaft gibt es unterschiedliche Unterscheidungsmöglichkeiten. Im Folgenden gehen wir vom Großen zum Kleinen. Die sehr allgemeine Kategorisierung unterschiedlicher *Quellenarten* gibt einen Überblick darüber, mit welchen Quellen die Kirchengeschichte potenziell arbeiten kann. De facto sind die häufigsten Quellen, insbesondere in Seminaren, schriftliche Quellen. Für die Kategorisierung schriftlicher Quellen ist die Unterscheidung verschiedener *Gattungen* weiterführend. Innerhalb von schriftlichen Quellen gibt es wiederum *geprägte Sprachformen*, die zur Orientierung dienen. Das Erkennen und Analysieren geprägter Sprachformen berührt sich sowohl mit der Gattungsanalyse als auch ↗ II.2.6 der sprachlichen Analyse. Dabei wird es jedoch so speziell und vielfältig, dass im Rahmen dieses allgemeinen Lehrbuches nicht detaillierter darauf eingegangen werden kann.

Quellenarten

Eine häufige Unterscheidung ist die nach der Quellenart in *mündliche* und *Sachquellen*. Zu den Sachquellen sind auch alle bildlichen und schriftlichen Quellen zu zählen. Mündliche Quellen liegen uns z. B. in Form von Erzählungen durch Zeitzeugen, in Liedern oder Sagen vor. Sie stehen uns in mündlicher Form nur so lange zur Verfügung, wie der Zeitzeuge lebt oder die mündlichen Traditionen weitergegeben werden. Eine Materialisierung bewahrt vor dem Verlust mündlicher Quellen, sie sind dann jedoch keine mündlichen Quellen mehr. ↗ II.1.4

Eine Unterscheidungsmöglichkeit der Sachquellen ist nach dem Material möglich. Sachquellen sind Münzen, Siegel, Waffen, Kleidung, Gebrauchsgegenstände und Arbeitsgeräte, Kunstwerke, aber auch Gebäude und Anlagen, wie z. B. Kirchen, Friedhöfe usw. Auch schriftliche Quellen können nach ihren Beschreibstoffen und Schreibmaterialien unterschieden werden. Wichtige Beschreibstoffe sind Tontafeln, Papyrus, Pergament und Papier. Neben Instrumenten zur Bearbeitung der Tontafeln sind Tinten die wichtigsten Schreibmaterialien. Mit der Erfindung des Buchdrucks mit beweglichen Lettern um 1450 wird die Vervielfältigung von Texten wesentlich einfacher, jedoch erhöht sich der Anteil an der lesefähigen Bevölkerung zunächst kaum.

Daneben können Sachquellen auch nach ihrer Form und Funktion unterschieden werden. Flugschriften, die für die Reformationszeit von großer Bedeutung sind, werden von Flugblättern und Büchern durch ihre Form unterschieden. Die Quellenart der Flugschriften lässt sich wiederum unterschiedlichen Gattungen zuordnen, z. B. theologischen Traktaten, Dialogen, Fastnachtsspielen, astrologischen Schriften usw. Werden Quellen nach ihrer Funktion unterschieden, könnte ein Teil der reformatorischen Flugschriften ihrer Funktion nach der Propaganda zugeordnet werden. Aber natürlich dienen auch Reden oder große Aufmärsche zu Propagandazwecken. Eine Untersuchung könnte hier nach Gemeinsamkeiten oder Unterschieden propagandistischer Quellen aus verschiedenen Zeiten und Kontexten fragen.

Für die Entzifferung, Beschreibung und Erschließung der unterschiedlichen Sachquellen sind die *historischen Grundwissenschaften* – auch Hilfswissenschaften genannt – von unersetzbarem Wert.

- Die Sphragistik beispielsweise widmet sich der Erforschung der Siegel.
- Für Münzen ist die Numismatik auskunftsfähig.
- Heraldisches Spezialwissen entschlüsselt Wappen, Insignien und Symbole.
- Die Genealogie vermittelt Wissen über die familiären Abstammungsverhältnisse.
- Für die Orientierung in Zeit und Raum sind Kenntnisse aus der historischen Chronologie und der Geographie notwendig.
- Zu den zentralen Nachbardisziplinen im Umgang mit Sachquellen gehört die Archäologie.

Auch für den Umgang mit schriftlichen Quellen ist häufig Spezialwissen notwendig, das die historischen Grundwissenschaften zur Verfügung stellen.

- Die Paläographie und die Papyrologie etwa befassen sich mit den Beschreibstoffen, den Schreibgeräten und der Entwicklung der Schrift.
- Die Epigraphik ist die Wissenschaft von Inschriften.
- Die Diplomatik erschließt den Aufbau und die Struktur von Urkunden.
- Für die schriftlichen Quellen, die oft in Fremdsprachen oder anderen Sprachstufen vorliegen, sind die entsprechenden Philologien die notwendigen Grundwissenschaften.

↗ II.2.2 Nicht immer, jedoch sehr häufig wird in der Kirchengeschichte mit *kritischen Editionen* von Quellen gearbeitet, ob dies Inschriften, die Werkausgaben wirkmächtiger Theologen, Konzilsbeschlüsse, Flugschriftensammlungen oder Briefwechsel betrifft.

Bei der Erarbeitung von kritischen Editionen werden gleichwohl die Erkenntnisse der historischen Grundwissenschaften vorausgesetzt und in die Edition aufgenommen. Aufschluss darüber geben die Einleitungen, Apparate und Kommentare der Editionen. Je stärker man jedoch den Fokus von den bloßen Inhalten der Texte auf den konkreten, individuellen Gebrauch einzelner Quellen legt, desto mehr braucht es Kenntnisse der historischen Grundwissenschaften. Sie helfen, um beispielsweise mit den Eintragungen in einem frühmittelalterlichen Priesterbuch, den Gebrauchsspuren des Gebetbuches einer Adeligen der Frühen Neuzeit oder einer einzelnen handschriftlichen Vorlesungsmitschrift aus dem 19. Jahrhundert arbeiten zu können.

🖉 In der Kirchengeschichte des 20. Jahrhunderts bzw. der Zeitgeschichte ist der Archivbesuch meist konstitutiv. In den älteren Epochen wird dagegen selten, eher zur exemplarischen Anschauung, mit Drucken der Frühen Neuzeit oder mit mittelalterlichen Handschriften gearbeitet.

Gattungen

Schriftliche Quellen, also Texte, existieren nicht bloß als individuelle Texte. Sie haben in der Regel ein bestimmtes Vokabular, eine bestimmte Form und ein bestimmtes Thema, die mit anderen Texten vergleichbar sind. Diese sprachlichen Muster nennt man Gattungen.

Sie können sich dies am Beispiel eines Autounfalls mit Todesfolge verdeutlichen. Wenn ein solches Unglück geschieht, entstehen verschiedene Texte. Eine Polizistin schreibt einen Unfallbericht, ein Journalist verfasst einen Artikel für die Lokalzeitung, die Familie des Opfers formuliert eine Traueranzeige und die Pfarrerin hält eine Predigt bei der Beerdigung. All diese Texte rekurrieren auf dasselbe Ereignis, jedoch haben sie alle eine unterschiedliche Form und auch der Inhalt unterscheidet sich in vielerlei Hinsicht. Das hängt an der intendierten Leserschaft, dem Ort, an dem diese Texte platziert und wahrgenommen werden, an der Funktion, die sie haben, und an den Erwartungen, die an sie gestellt werden. Bibelverse werden beispielsweise in der Predigt erwartet, würden im Unfallbericht jedoch Verwunderung hervorrufen. Die Namen der Familienangehörigen stehen in der Traueranzeige, jedoch nicht im Zeitungsartikel usw. Der Unfallbericht, der Zeitungsartikel, die Traueranzeige und die Beerdigungspredigt sind unterschiedliche Gattungen. Gattungen zu erkennen und zu analysieren hilft, die konkrete Gestalt eines Textes, das, was von ihm und in ihm erwartet wird, und dadurch sowohl seine Funktion als auch seine inhaltlichen Besonderheiten zu verstehen.

Was hier beispielhaft an einer typischen gegenwärtigen Situation veranschaulicht wurde, lässt sich folgendermaßen verallgemeinern:

Gattungen sind *sprachliche Muster* (gewissermaßen Codes), nach denen Texte aufgebaut sind, die in bestimmten Kommunikationsvorgängen stehen und deren Funktionieren (also die Möglichkeit der Entschlüsselung der Codes) auf der *Bekanntheit* dieser Muster beruht. In der Regel haben Gattungen bestimmte (1.) *formale* und (2.) *inhaltliche* Merkmale, stammen aus einem typischen (3.) *Entstehungszusammenhang*, zielen auf einen bestimmten (4.) *Verwendungszusammenhang* und haben daher in den gegebenen Kommunikationsvorgängen eine bestimmte (5.) *Funktion*. Sie steuern dadurch in gewisser Hinsicht sowohl die *Produktion* als auch die *Rezeption* von Texten, weil eben in bestimmten Kontexten (wie z. B. der Polizeiakte, der Zeitung und dem Gottesdienst) bestimmte Formen *erwartet* werden. Das heißt aber auch: Weil Gattungen an bestimmte Erwartungshaltungen bezüglich Form und Inhalt, Entstehungs- und Verwendungszusammenhang geknüpft sind, kann auch die Verfremdung einzelner Elemente gezielt eingesetzt werden, denn gerade die Nichtentsprechung der Erwartung erzeugt Aufmerksamkeit.

✐ Wie bei allen methodischen Werkzeugen gilt auch hier: Die Kategorisierung von Quellen und konkret die Gattungsanalyse ist kein Selbstzweck! Das Ziel der Bestimmung einer Gattung besteht nicht in dieser Bestimmung als solcher. Zu fragen ist vielmehr: Inwiefern kann durch die Gattungsbestimmung die *Quelle in ihrem historischen Kontext besser verstanden* werden und inwiefern dient die Gattungsbestimmung der Quelle zur *Beantwortung der erkenntnisleitenden Fragestellung*?

In historischer Perspektive gilt es, besonders die *Wandelbarkeit und Zeitbedingtheit* von Gattungen zu berücksichtigen: Gattungen können zwar eine lange Lebensdauer haben. So ist ein in Strophen gegliedertes und mit Reimen versehenes geistliches Lied aus früheren Jahrhunderten ohne Probleme auch heute noch als solches erkennbar und vielleicht ist es sogar nach wie vor im gottesdienstlichen Gebrauch. Gleichwohl sind sowohl manche Gattungen als Ganzes als auch einzelne Elemente oder Kennzeichen von bestimmten Gattungen wandelbar. Gattungen sind prinzipiell *abhängig von den Konventionen der Zeit*, eben weil sie, wie bereits gesagt, konkreten Kommunikationsvorgängen angehören. Diese Kommunikationsvorgänge und damit der Wiedererkennungswert der sprachlichen Muster können sich ändern und von früheren oder späteren Zeiten unterschieden sein. So dürfen beispielsweise keine heute gängigen Konventionen bei Briefen als Erwartung an antike, mittelalterliche oder frühneuzeitliche Korrespondenzen gelegt werden (Anachronismusgefahr!). Diese Briefe waren keine Privatbriefe, die im modernen Sinne dem Postgeheimnis unterlagen, sondern waren Medium in einem mehr oder weniger offenen Kommunikationsnetzwerk. Die Briefe wurden ganz oder teilweise abgeschrieben, weitergegeben, übersetzt und veröffentlicht und waren damit für eine begrenzte Öffentlichkeit zugänglich und übernahmen teilweise die Funktion von Zeitungen, also der Übermittlung von neusten Nachrichten. Vergleichbar damit sind eventuell heutige Chatgruppen.

Schließlich gilt es zu beachten, dass nicht nur – wie in dem Autounfall-Beispiel – unterschiedliche Textgattungen nebeneinander stehen, sondern dass es auch weiter gefasste und enger gefasste Gattungen gibt. So ist die Beerdigungspredigt (Leichenpredigt) eine Untergattung der Predigt. Zur Bestimmung der Gattung Predigt müssen sehr allgemeine Kennzeichen gefunden werden, weil es sehr unterschiedliche Formen von und Anlässe für Predigten gibt. Spezifischer ist die Gattung der Beerdigungspredigt, die sich im Verhältnis zur Predigt im Allgemeinen durch (2.) inhaltliche Merkmale (der Bezug auf den Tod einer Person) und einen typischen (4.) Verwendungszusammenhang (die Beerdigung) auszeichnet. Ebenso kann die Leichenpredigt den Funeralschriften (von *funus*: Bestattung, Begräbnis, Todesfall) zugeordnet werden, also all jenen Texten, die im Kontext eines Todesfalls oder eines Begräbnisses entstehen. Das heißt, eine schriftliche Quelle kann unter Umständen unterschiedlichen Gattungen zugeordnet werden und genauso kann es vorkommen, dass sich für eine schriftliche Quelle keine adäquate Gattungsbezeichnung findet. Sollten sich keinerlei Gattungsbegriffe auf die zu analysierende Quelle übertragen lassen, muss die Gattung anhand ihrer formalen und inhaltlichen Merkmale, ihres Entstehungszusammenhangs, ihres Verwendungszusammenhanges und ihrer Funktion beschrieben und eventuell ein passender Begriff eingeführt werden.

Q Zur Verdeutlichung der allgemein gehaltenen Ausführungen sei abschließend auf das Beispiel des bis heute bekannten Liedes *Nun freut euch, lieben Christen g'mein* von Martin Luther aus dem Jahr 1523, also der frühen Reformationszeit, eingegangen. Diesem deutschsprachigen Text aus vielen kleinen Abschnitten (Strophen), die jeweils aus mehreren, in etwa gleich langen Zeilen (Versen) bestehen und am Ende ähnlich klingen (Reime), sind Noten beigegeben, damit er gesungen werden kann (Lied). Wie viele ähnlich strukturierte Texte, lässt er sich also (1.) *formal* der volkssprachlichen Lyrik zuordnen. Er behandelt (2.) *inhaltlich* Themen des christlichen Glaubens, ist also ein geistliches Lied. Dass ein geistliches Lied von dem Priester Martin Luther verfasst wurde (3. *Entstehungszusammenhang*), stellt zeitgenössisch keine Besonderheit dar. Bedeutend für das Verständnis der Quelle in ihrem historischen Kontext ist jedoch, dass das Lied unter anderem für den Gesang im Gottesdienst verfasst wurde (4. *Verwendungszusammenhang*). Denn, obgleich ein Predigtlied mitunter in spätmittelalterlichen Liturgien vorgesehen war, wurde der volkssprachliche Gemeindegesang erst durch die Reformation zu einem selbstverständlichen Teil des Gottesdienstes. *Nun freut euch, lieben Christen g'mein* ist also als ein *volkssprachliches Gemeindelied* gedacht, das sowohl zentrale Inhalte des reformatorischen Glaubens ausdrücken als auch durch das Mitsingen zum Einstimmen und damit zum Einprägen und Verinnerlichen beitragen soll (5. *Funktion*). Als solches ist es entsprechend auch ein Zeugnis für einen sich im frühen 16. Jahrhundert vollziehenden Wandel im Bereich der geistlichen Lyrik. Die Funktionen des Liedes lassen sich sogar noch erweitern, wenn beachtet wird, wie das Lied in der frühen Reformationszeit rezipiert worden ist. Das Singen des Liedes konnte auch Bekenntnis und Propaganda sein. Mit reformatorischen Liedern wurden altgläubige Gottesdienste gestört, man sang diese Lieder auf dem Markt und in der Wirtschaft. Das Singen und besonders das gemeinsame Singen reformatorischer Lieder trug zudem zur Identitätsbildung bei, vergleichbar mit Hymnen von Fußballvereinen. Die Kombination aus gereimter Volkssprache und meist bekannten Melodien verbesserte die Memorierbarkeit, was in einer Gesellschaft von mehrheitlich Nichtlesekundigen hilfreich war. Das Lied konnte zugleich als neue Zeitung, also zur Nachrichtenübermittlung genutzt werden. Nicht zu vergessen ist bei geistlichen Liedern, dass die Verbindung von Text und Melodie Emotionalität erzeugte, die für seelische Entlastung und Trost sorgen konnte (therapeutische Theologie).

Im Blick auf eine inhaltliche Interpretation dieses Liedes, das über die Strophen hinweg eine Geschichte erzählt, lässt sich die Bestimmung als volkssprachliches Gemeindelied noch weiter fruchtbar machen. Denn es kann gefragt werden, wessen Geschichte in dem Lied erzählt wird: Handelt es sich um die lyrische Schilderung einer biographischen Erfahrung des Autors Martin Luther, um die exemplarische Geschichte eines jeden Christen oder soll die Heilsgeschichte als Ganzes vermittelt werden? Durch den intendierten Verwendungszusammenhang, den Gemeindegesang im Gottesdienst, kann zumindest die erste Option insofern ausgeschlossen werden, als in das „Ich" des Liedes die singenden Gemeindeglieder einstimmen können sollen. Es muss also um mehr gehen als um eine individuelle biographische Schilderung. Zugleich ist nicht ausgeschlossen, dass der Autor eigene Erfahrungen im Horizont biblisch-theologischer Begrifflichkeit und Narrative generalisiert, sodass auch der Frage nach Spuren biographischer Verarbeitung nachgegangen werden kann.

Was für schriftliche Quellen dargestellt wurde, gilt ebenfalls für andere Sachquellen (Bauwerke, bildende Kunst, Musik), denn auch auf diese lassen sich die
fünf genannten Gattungsmerkmale anwenden. Es soll zudem noch einmal darauf hingewiesen werden, dass eine Gattungszuordnung nicht immer eindeutig
ist und die Zuordnung wiederum begründet werden muss.

🖉 Wenn Sie die Gattungsanalyse einer bestimmten Quelle durchführen, gehen
Sie am besten so vor, dass Sie zunächst für Ihre Einzelquelle versuchen, die
fünf genannten Merkmale möglichst allgemein zu bestimmen. Anschließend
suchen Sie, ob die Kennzeichen so oder in ähnlicher Weise typisch für andere Quellen sind, ob der einzelne Text also einer Gattung zugeordnet werden
kann. Falls nur manche Kennzeichen mit anderen Texten vergleichbar sind,
könnte dies ein Zeichen dafür sein, dass Ihre Quelle bewusst Konventionen
umgeht. Auf solche auffälligen Elemente gilt es zu achten und zu überlegen,
welche Funktion diese haben könnten.

Geprägte Sprachformen

Gattungen sind ganze Textsorten. Sie setzen sich in der Regel aus geprägten
Sprachformen und wiederkehrenden Wendungen zusammen. Von geprägten
Sprachformen lässt sich also unterhalb der Ebene von Gattungen sprechen. Es
sind, einfach gesagt, kleinere sprachliche Einheiten, die bis zu einfachen geprägten Wortgruppen und Wendungen reichen. Zu einem Brief gehören beispielsweise, bei aller formalen und inhaltlichen Vielfalt, ein Absender und ein Adressat, eine Begrüßung bzw. Anrede am Anfang und ein Gruß o. ä. am Ende. Für
Begrüßungen und Grußformeln gibt es geprägte Sprachformen, die natürlich
wieder von Zeit zu Zeit, von Ort zu Ort und von Kommunikationszusammen-
↗ II.2.8   hang zu Kommunikationszusammenhang verschieden sein können. Die Analyse geprägter Sprachformen überschneidet sich mit der allgemeinen sprach-
↗ II.2.6   lichen Analyse.

Auch in kirchlichen und theologischen Texten finden sich vielfach geprägte
Wendungen. Diese müssen erkannt werden, um ihre Verwendungsweise richtig
einordnen und ihren Inhalt angemessen verstehen zu können. Werden geprägte Sprachformen, Wendungen und Formeln nicht erkannt, ist dies ein häufiger
Grund für Fehlinterpretationen.

Q Eine geprägte Wendung als Bezeichnung für den Papst ist die Formulierung
servus servorum Dei („Diener der Diener Gottes"). Sie begegnet sowohl als
Selbstbezeichnung des Papstes als auch als Anrede oder in Texten über den
↗ II.2.6   Papst. Auf der Ebene der Wortbedeutung, der semantischen Ebene, ist dies
eine ausgesprochen demütige Äußerung, da sie aussagt, dass der Papst ein
Diener derjenigen ist, die sich dem Dienst Gottes verpflichtet haben, also
konkret den Priestern. Bedenkt man jedoch den Anspruch des Papsttums,

wie er sich über Jahrhunderte seit der Antike entwickelt hat, in Kombination mit dem biblischen Hintergrund dieser Formulierung, zeigt sich, dass mit dieser Demutsbekundung, der unterste der Diener zu sein, zugleich dem Anspruch Ausdruck verliehen wird, an oberster Stelle zu stehen – heißt es doch in einem Ausspruch Jesu nach Mk 10,44: „Wer bei euch der Erste sein will, soll der Diener/Sklave aller sein (Vulgata: *erit omnium servus*)." Aus der bloßen Verwendung der Formulierung *servus servorum Dei* kann demnach, gerade weil sie eine geprägte Wendung ist, im Einzelfall noch kein Schluss auf das Selbstverständnis bzw. Verständnis des Papstes und seines Amtes gezogen werden. Zwar könnte es der echte Anspruch sein, als Diener der Christenheit zu wirken, doch selbstverständlich ist dies keineswegs. Es könnte sich auch um eine bloß traditionelle Verwendung handeln und nichts anderes als einfach den Papst bezeichnen oder es könnte damit auch ein geistlicher Herrschaftsanspruch ausgesagt werden.

Wurde eingangs betont, dass Gattungen nicht selten aus bestimmten geprägten Sprachformen zusammengesetzt sind, so ist gleichzeitig zu vermerken, dass der Umkehrschluss nicht gilt: Man könne unmittelbar aus dem Vorkommen geprägter Sprachformen und Formulierungen auf eine Gattung schließen. Auch wenn beispielsweise Gebete und Predigten mit einem „Amen." enden, so heißt dies nicht, dass jeder Text, der auf ein „Amen." endet, ein Gebet oder eine Predigt darstellt.

So wichtig das Erkennen von geprägten Sprachformen, Wendungen und Formeln ist, so wenig gibt es dafür ein Patentrezept. Manchmal finden sich Hinweise im Sachapparat einer kritischen Edition, manchmal gibt es entsprechende Hinweise in der einschlägigen Fachliteratur zu bestimmten Gattungen oder es gibt bereits Forschungen zu den entsprechenden Quellen, die auf solche geprägten Sprachformen und Wendungen hinweisen.

⊘ Zunächst ist jedes Zeugnis der Vergangenheit ein Unikat. Nicht nur der Übersichtlichkeit halber, sondern um Quellen besser vergleichen zu können und um den Zweck bzw. Gebrauch von Quellen zu erschließen, sind Kategorisierungen nötig. Grob kann man zwischen *Quellenarten* unterscheiden – etwa in mündlich und schriftlich oder nach dem verwendeten Material. Bestimmte Quellenarten werden von bestimmten *historischen Grundwissenschaften* tiefergehend untersucht – diese sind für die Bearbeitung der jeweiligen Quelle unabdingbar. Bei *schriftlichen Quellen* lassen sich nach formalen, inhaltlichen, kontextuellen und funktionalen Merkmalen *Gattungen* unterscheiden. In bestimmten Gattungen finden sich wiederum bestimmte *geprägte Sprachformen*. Wichtig ist jedoch, dass Gattungen und Sprachformen sowie ihr jeweiliges Verständnis wandelbar und zeitbedingt sind.

II.2.5 Aufbau und Struktur eines Quellentextes

In der Kirchengeschichte wird, auch wenn andere Arten von Quellen grundsätzlich mit in ihren Horizont gehören, aufgrund des inhaltlichen Fokus de facto
↗ I.2.3   primär mit Texten gearbeitet. In den vorherigen Kapiteln haben wir uns den
Texten mit Fragen nach dem Autor, dem Ursprung (Zeit/Ort) und der Überlieferung eher ‚von außen‘ genähert. Nun wollen wir in den Text selbst hinein-
tauchen. Denn wissenschaftliches Arbeiten mit Texten versucht, durch Analysen
in die Tiefenstruktur eines Textes zu gelangen, um mehr zu entdecken, als der
erste Anschein oder ein flüchtiges Lesen hergeben. Darin liegt ein entscheidender Unterschied zum Schmökern oder interessierten Lesen, bei dem meistens
nur eine Oberfläche wahrgenommen wird. Ein Text, egal ob kurz oder lang, egal
welcher Sprache oder welcher Herkunft, ist jedoch nie eindimensional. Was ist
damit gemeint?

Ein häufig verwendetes Bild für die Multidimensionalität eines Textes ist das
Gewebe (lateinisch *textus/texere*: „gewebt“, „zusammengefügt“, d. h. unser Wort
„Text“ heißt eigentlich „Gewebe“). Wie kommt es dazu? Wie ein Textil ist auch
↗ II.2.6   ein Text zusammengewebt – aus verschiedenen Zeichen, Wörtern und Sätzen,
aber auch aus verschiedenen Bildern, Motiven und Stilmitteln, Argumenten,
Thesen und Gegenthesen, Beispielen und Zitaten. Schon das sichtbare, ober-
flächliche Bild besteht aus einer Fülle von Bildern.

Schauen wir uns, um dies zu verdeutlichen, ein echtes Textil an: den Reformationsteppich der Universität Greifswald („Croÿ-Teppich“).

Abb. 1: Croÿ-Teppich, Peter Heymans (um 1554).

Auf dem Teppich finden sich eine Ansammlung von reformationszeitlichen Fürsten unter einem Kruzifix und einer Kanzel, auf der Luther predigt, samt unzähligen Details, Schriftzügen und Wappen. Schon um dieses Bild zu begreifen, müssen wir die verschiedenen Motive zusammenfügen und ihre Anordnung zueinander verstehen. Dazu kommt bei einem Teppich, dass vieles auf den ersten Blick verborgen ist. Einerseits stellt das Bild ein Ereignis des 16. Jahrhunderts dar, die Hochzeit von Philipp I. von Pommern mit Maria von Sachsen. Es ist jedoch keine objektive Darstellung des ‚Geschehens‘, sondern der Künstler hat verschiedene Motive zusammengefügt wie ein Komponist ein Musikstück. Andererseits nimmt der oberflächliche Blick die vielen Fäden, aus denen der Teppich besteht, gar nicht wahr. Um diese zu erkennen, muss man den Teppich z. B. von der Rückseite betrachten und erhält ein ganz neues Bild. Durch diesen veränderten Blick können andere Fragen gestellt und beantwortet werden, etwa wie der Teppich entstanden ist, mit welchen Materialien gearbeitet wurde usw. Manches erkennt man nur mit der Lupe, anderes wiederum (z. B. den großen Zusammenhang) nur aus der Entfernung.

In einem Text sind darüber hinaus viele unausgesprochene bzw. nicht ausformulierte Gedanken und Thesen präsent:

- die Vorannahmen und Traditionen, die der Autor einer Quelle einfließen lässt oder voraussetzt,   ↗ II.2.7
- das Kommunikationsgeschehen zwischen Verfasser und Adressaten,   ↗ II.2.8
- die Frage, wie die Quelle die Perspektive auf das Dargestellte lenkt,   ↗ II.2.9
- generell gesagt: die Kontextualisierung der Quelle in ihrem Entstehungszeitraum.

Wenn wir den Reformationsteppich ansehen, ist damit fast alles eingeschlossen. Die Kleidung und der Habitus der dargestellten Personen wirken auf moderne Betrachter fremd. Wer diese Personen sind und wie sie zueinander bzw. zum Auftraggeber des Teppichs, Philipp I. von Pommern, stehen, sagt uns der Teppich nicht direkt. Wie und warum der Teppich angefertigt wurde, muss ebenfalls durch eine genauere Analyse herausgefunden werden.

Wenn wir einen Text also mit einem Gewebe wie dem Croÿ-Teppich vergleichen, dann müssen wir ganz analog vorgehen. Mal ist das große Ganze zu betrachten, mal muss an den Text bis ins kleinste Detail herangezoomt werden. Das Ziel dabei muss jedoch immer sein, die verschiedenen Beobachtungen zu einer Deutung zu verbinden.   ↗ II.3

Darum ist die erste tiefergehende Herangehensweise an einen Text sinnvollerweise, seine Struktur zu ergründen. Ziel ist es, sowohl eine Quelle als Ganzes, also z. B. ein Buch oder einen Traktat, zu skizzieren als auch kleinere Binnengliederungen, z. B. eines Kapitels oder Abschnitts. Prinzipiell kann es verschiedene Gliederungsebenen und ein weites Spektrum vom Großen zum Kleinen geben. Zur einfacheren Orientierung unterscheiden wir zwischen *Makrogliederung* (bezogen auf das Ganze) und *Mikrogliederung* (bezogen auf einen Abschnitt). Hierbei geht es darum, die Quelle bzw. einen Quellenabschnitt auf seiner argumentativen, inhaltlichen und sprachlichen Ebene zu kartographieren: Was sind die Hauptfäden, also die Hauptargumente und -thesen, was sind Ausschmückungen, Details oder Beispiele? Wo ist ein einzelner Abschnitt im Gesamten der Quelle zu finden und welche Rolle spielt dieser und jener Teil für das Ganze?

Die *Makrogliederung* ist wichtig, um die gesamte Argumentation einer Quelle in den Blick zu nehmen. Dabei wird in zwei Schritten vorgegangen.

Erstens wird – unabhängig von der zu untersuchenden Passage – generell gefragt: Welche durchgängigen Argumentationslinien verfolgt die Quelle? Woran orientiert sich die Gliederung? Manche Quellen orientieren sich in ihrer Gliederung an Vorgegebenem. So folgen Bibelkommentare oder Homilien dem Bibeltext bzw. dem Text eines biblischen Buches oder einer Perikope; zahlreiche kontroverstheologische Traktate folgen der Schrift, die widerlegt werden soll etc. Andere Quellen sind chronologisch oder thematisch aufgebaut. Wichtig ist zu beachten, dass die Makrogliederung einer Quelle nicht immer völlig stringent sein muss. Manches erklärt sich einem auch erst ausgehend von der Detailarbeit. Gleichwohl ist es unerlässlich für ein Verständnis, das grobe Gliederungsprinzip einer Quelle zu verstehen.

Q Das chronologische Vorgehen kann teleologisch (von τέλος/telos: „Ziel") motiviert sein. Die Geschichte zielt dann auf ein Ende ab. Ein teleologisches Geschichtsbild ist häufig an der Heilsgeschichte orientiert. Sogenannte Weltchroniken, wie sie im Mittelalter beliebt waren, beginnen mit der Schöpfung und schildern dann die biblische und ‚historische' Erzählung z. T. mit eschatologischem Ausblick. Anders als teleologische Geschichtsschreibung gibt es auch zyklische (von κύκλος/kyklos: „Kreis"). Statt eines klaren Endes bzw. Ziels der Geschichte wird Geschichte eher als ständige Wiederholung bestimmter Muster geschildert. Ein bekannter Zyklus ist etwa das Kirchenjahr, in dem immer wieder anhand von Christi Lebensweg die Kernelemente christlichen Glaubens dargestellt werden. Allerdings können auch verschiedene Modelle kombiniert werden: Augustinus' *De civitate Dei* ist z. B. teleologisch ausgerichtet (von Schöpfung, über Sündenfall und irdischer Geschichte zum Eschaton), verbindet dies aber mit sechs ähnlich strukturierten Weltzeitaltern (zyklisch). Die Art der Geschichtsschreibung, z. B. teleologisch oder zyklisch, gibt die große *Perspektive* vor, in der alles andere einsortiert wird. Eine teleologische Weltchronik etwa sieht die irdische Geschichte eingebettet in Gottes Heilsplan; eine zyklische nimmt eher Grundkonstanten des Menschseins in den Blick.

↗ II.2.9

Wenn eine einzelne Passage im Fokus der Untersuchung steht, wie etwa in Seminararbeiten üblich, so muss diese – dies ist der zweite Schritt – in den Gesamtzusammenhang der Quelle eingeordnet werden. Denn der Blick auf den literarischen Kontext ist für das Verständnis eines Textabschnittes unverzichtbar. Interessant hierbei sind nicht nur die Passagen vor und nach dem zu untersuchenden Textabschnitt, sondern auch ob dieser mit anderen Textabschnitten verbunden ist, etwa durch inhaltliche Überschneidungen, Wiederholungen, direkte (auch sprachliche) Anspielungen.

Q Ein zentrales Ereignis der Schweizer Reformation war die sogenannte erste Zürcher Disputation, für die der Reformator Hyldrich Zwingli 67 Thesen („Schlussreden") verfasst hat. Die anschließend publizierte Schrift *Ußlegen und gründ der schlußreden oder artickeln* ist eines seiner Hauptwerke. Sie geht formal gesehen lediglich an den Thesen von der ersten bis zur letzten entlang. Jedoch sind die Thesen inhaltlich an Themen orientiert. Teilweise behandeln nur eine oder zwei Thesen ein Thema, es können aber auch zehn Thesen einem Thema gewidmet sein. Die Aufgabe der Makrogliederung ist, diese thematische Gliederung zu erkennen, um eine einzelne These und ihre Begründung im Gesamtzusammenhang korrekt zu verorten und zu verstehen zu können.

Im Gegensatz zum Gesamtplan einer Quelle untersucht die *Mikrogliederung* einen konkreten Abschnitt nach Thesen, Argumenten, Widerlegungen, Beispielen, Bibelverweisen etc. Dabei geht es darum, bestimmte Argumentationslinien zu entschlüsseln.

✐ Bei der Mikrogliederung kann sehr feinteilig Satzteil für Satzteil vorgegangen werden. Dies durchzuführen, ist jedoch bei vielen kirchengeschichtlichen Quellen bzw. Quellenabschnitten aufgrund deren Länge unrealistisch. Bei Seminararbeiten sollten Sie deshalb – je nach Länge – gegebenenfalls eher abschnittsweise vorgehen.

Während bei der Makrogliederung eher inhaltliche Erwägungen entscheidend sind, spielen bei der Mikrogliederung verstärkt das syntaktische Gefüge (Haupt-/Nebensätze) und Konjunktionen eine wichtige Rolle.

✐ Um die Gliederung eines Textes zu visualisieren, macht es Sinn, mit verschiedenen Gliederungsebenen zu arbeiten. Oft ist es hilfreich, präzise Überschriften für Abschnitte und Unterabschnitte zu formulieren.

Bei der Mikrogliederung sollten Sie sich nicht automatisch durch Überschriften oder die Zählung von Kapiteln und Abschnitten beeindrucken lassen. Prüfen Sie, ob diese womöglich erst nachträglich (etwa vom Drucker oder vom Herausgeber bzw. Editor) eingefügt wurden. Wichtig ist, dass Gliederungsmerkmale sowohl sprachlicher als auch inhaltlicher Natur einbezogen werden. Sprachliche Gliederungsmerkmale können etwa eine Aufzählung sein (erstens, zweitens etc.), aber auch Gliederungspartikel (z. B. einerseits – andererseits; danach). Auch da, wo ein Autor selbst Zählungen vornimmt, lässt sich die Mikrogliederung oft nicht darauf beschränken. Vielmehr bedarf es auch inhaltlicher Gliederungsmerkmale. So können beispielsweise eine neue These oder ein neuer Bibelvers den Beginn eines oder den Übergang zu einem neuen Abschnitt signalisieren. Bei historiographischen Werken deuten häufig Orts-, Zeit- oder Personenwechsel einen neuen Abschnitt an. Wichtig ist also, auch die Gattung einzubeziehen, da diese bereits eine bestimmte Gliederungsart nahelegen kann.

↗ II.2.4

Q Im Mittelalter etablierten sich die Sentenzen des Petrus Lombardus als ein Standardwerk der Universitätstheologie (Scholastik). Als eine typisch scholastische Gattung bildete sich im 13. Jahrhundert daher der Sentenzenkommentar heraus. Er gliedert sich in *quaestiones* („Fragen"), die wiederum aus mehreren *articuli* („Artikeln") bestehen, welche jeweils ein bestimmtes theologisches Problem thematisieren. Jeder Artikel folgt in der Bearbeitung wiederum einer bestimmten Methode (*Sic et non*, d. h. so viel wie Ja und Nein), die zugleich die Gliederung vorgibt. Als Beispiel mag *quaestio 1, articulus 1* des Sentenzenkommentars von Thomas von Aquin dienen: Zunächst bietet er drei Pro-Argumente, anschließend zwei Contra-Argumente, gefolgt von einer Lösung und schließlich der Widerlegung der drei (falschen) Pro-Argumente. Dieses standardisierte Schema der Binnengliederung der *articuli*, das durch kleine Signalwörter („Erstens ...", weiter ..., außerdem ..."; dann „Dagegen ..."; schließlich „Lösung ...") gekennzeichnet ist, muss erkannt werden, um den Rang und den Zweck eines Arguments im Zusammenhang der Gesamtargumentation angemessen zu erfassen.

Wichtig ist es für das Verständnis der Quelle, den Zusammenhang der einzelnen Quellenteile nicht aus den Augen zu verlieren. Bereits bei der *Makrogliederung* ist es deshalb sinnvoll, nach internen Referenzen Ausschau zu halten. Greift die Quelle vor bzw. nach dem zu untersuchenden Textabschnitt einen Aspekt, z. B. ein Argument oder einen wichtigen Begriff, bereits bzw. wieder auf? Findet sich eine Person, ein Ereignis oder auch die Exegese eines Bibelverses noch an anderen Stellen in der Quelle?

Insofern ist bereits in diesem Arbeitsabschnitt ein Wechsel zwischen Detailansicht (auf die zu untersuchende Textpassage) und Zurücktreten, um das große Ganze zu betrachten, wichtig. Neben dem Gewebe kann dabei eine Wanderung durch einen Wald im Mittelgebirge das Vorgehen bei der Textarbeit visualisieren. In der Detailarbeit lässt sich jeder Baum und Strauch betrachten, wenn Sie langsamen Schrittes auf dem Waldweg oder einem Trampelpfad voranschreiten, hier eine Blume, dort einen Vogel beobachten. Bei den vielen Beobachtungen kann dabei der Wald vor lauter Bäumen aus dem Auge verloren werden. Darum hilft es, immer wieder von den Gipfeln und Höhen hinab zu schauen. Durch die Baumkronen fallen dabei viele Details nicht ins Auge, aber dafür die großen Wegmarken, wo der Weg längs geht oder ein Bach fließt.

In den nächsten Kapiteln wollen wir gemeinsam auf diese Wanderung durch den Text gehen. Mal geht es um den Blick aus der Weite, mal um den Fokus aufs

Detail; mal wird das zunächst Unsichtbare erhellt, mal stärker die Oberfläche betrachtet.

⊘ Um einen Text und seine Argumentation zu verstehen, muss die Struktur dieses Textes nachvollzogen werden. Dabei bedarf es sowohl eines Überblickes über die gesamte Quelle (*Makrogliederung*) als auch über den detaillierter zu analysierenden Quellenabschnitt (*Mikrogliederung*). Durch eine sorgfältige Gliederung können sowohl die großen (inhaltlichen) Linien und die Gesamtperspektive eines Textes erschlossen werden als auch einzelne Argumente oder sprachliche und inhaltliche Brüche. Die Gliederung ist häufig ein erster, für das Verständnis jedoch entscheidender Schritt, um einen Text zu verstehen.

II.2.6 Sprachliche Analyse

Der Inhalt eines Textes und die (mögliche) Intention eines Autors in einer bestimmten historischen Situation kann nur durch eine genaue Analyse des Textes, der sprachlich verfasst ist, erfasst werden. Deshalb ist der Kern jeder Textanalyse die sprachliche Analyse. Sie nimmt ernst, dass Sprache zeichenhaft ist: Buchstaben, Wörter und Sätze sind Zeichen bzw. Symbole. Zwar ist Sprache oft erheblich komplexer als bildliche Symbole wie Smileys oder Verkehrsschilder, im Grundsatz funktionieren sie jedoch ähnlich. Die sprachliche Analyse versucht, diese Symbole zu verstehen.

Bei einem alltäglichen Satz in der eigenen Muttersprache geschieht die Entschlüsselung der Symbole in der Regel automatisch und ohne tiefergreifende Reflexion. Wenn ich als Beifahrer die Fahrerin unseres Autos darauf hinweise: „Rechts ist eine Sackgasse!", dann hat die Aussage mehrere Dimensionen, die im Alltag unmittelbar verständlich sind: (a) Die Fahrerin weiß, was das Wort „Sackgasse" bedeutet, nämlich dass die Straße endet und man dann nicht weiterfahren kann. (b) Das Wort „Sackgasse" steht jedoch nicht für sich, sondern im Zusammenhang eines Satzes, durch den das Subjekt („eine Sackgasse") vermittels eines Prädikats („ist") eine lokale Näherbestimmung erfährt („rechts"). Durch die Voranstellung des Adjektivs „rechts" wird dieses betont. (c) Die Aussage tätige ich jedoch nicht einfach nur als Feststellung, sondern beispielsweise, weil das Ziel unserer Fahrt rechterhand liegt und ich die Fahrerin des Autos darauf hinweisen möchte, dass wir erst in die nächste Straße rechts abbiegen sollten, weil wir nicht durch die Sackgasse hindurch fahren können und entsprechend nicht das Ziel erreichen würden.

Was in diesem Beispiel differenziert wurde, ist (a) die Bedeutung eines Wortes, (b) die Struktur eines Satzes und (c) die Wirkabsicht der Aussage, die mit einer bestimmten Intention getätigt wurde. Sprache hat prinzipiell diese drei Dimensionen, die in der Sprachwissenschaft als (a) Semantik, (b) Syntax und (c) Pragmatik bezeichnet werden:

- Die *Semantik* (von σημεῖον/sēmeion: „Zeichen") fragt nach der *Begriffsbedeutung*, d. h. nach der Verbindung vom Symbol zum dargestellten Gegenstand.
- Die *Syntax* (von σύνταξις/syntaxis: „Zusammenordnung") fragt nach dem Zusammenhang der Symbole, d. h. der Verbindung von Buchstaben zu Worten, die Bestimmung grammatikalischer Formen, das Nachvollziehen des *Satzbaus* (Bestimmung der Worte zueinander) und das Verbinden von Sätzen zu Texten.
- Die *Pragmatik* (von πρᾶγμα/pragma: „Sache", „Handlung") fragt nach der Funktion der Worte bzw. Sätze innerhalb der Kommunikation, d. h. nach der Verbindung vom Symbol zum Rezipienten.

In der Regel sind die Quellentexte, mit denen wir es in der Kirchengeschichte zu tun haben, jedoch aus drei Gründen komplizierter als in dem genannten Alltagsbeispiel:

Erstens sind sie häufig in einer Fremdsprache (meist Latein) verfasst, sodass eine Übersetzung die Grundlage des Textverständnisses bildet. Bevor im Folgenden etwas genauer auf die sprachliche Analyse anhand von Semantik, Syntax und Pragmatik eingegangen wird, sind daher ein paar Bemerkungen zur Übersetzung zu machen.

Zweitens sind Texte an sich komplexer als einzelne Sätze und arbeiten oft mit bestimmten Stilmitteln, sodass die Analyse der Rhetorik für das Textverständnis von großer Relevanz ist. Die *Rhetorik* (von ῥητορική [τέχνη]/rhetorikē [technē]: „Handwerk der Rede", „Redekunst") analysiert die sprachlichen Mittel eines Textes. Sie geht davon aus, dass Texte bewusst und damit (in unterschiedlichem Grad) kunstvoll gestaltet sind.

Zwar lassen sich auch rhetorische Mittel hinsichtlich ihrer semantischen, syntaktischen und pragmatischen Dimension unterscheiden und liegen daher nicht auf einer Ebene mit diesen Dimensionen. Doch ist die Rhetorik für das Verständnis vieler typischer Quellen der Kirchengeschichte, wie z. B. Predigten, Kontroversschriften, Lieder, Meditationen und Gebete etc., relevant und soll daher eigens behandelt werden.

Drittens wandelt sich Sprache über die Zeit. Das gilt es bei allen Aspekten zu beachten: Die Bedeutung von Wörtern, die Struktur der Sprache und auch die verwendeten Stilmittel können andere sein, als wir es in unserer Gegenwart gewohnt sind.

𝒫 Die Methoden und theoretischen Ansätze der Philologien (als Sprach- und Literaturwissenschaften), der sich die sprachliche Analyse bedient, sind so umfangreich und vielfältig, dass hier nur ein überblicksartiger Einstieg geboten werden kann.

Textgrundlage und Übersetzung

Bereits *der erste Blick* in eine Quelle gehört zur sprachlichen Analyse, da durch das Lesen ein subjektiver Eindruck vom Text entsteht. Deshalb ist es wichtig, bereits die erste eigene Lektüre zu reflektieren. Hilfreich ist dabei, durch Markierungen und Notizen Fragen, Unklarheiten, Gedanken etc. zu einzelnen Sätzen bzw. Abschnitten festzuhalten.

Wichtig ist, dass sich die sprachliche Analyse einer Quelle immer auf ihren ursprünglichen Text bezieht. ↗ II.2.2

🖉 Wenn Sie z. B. einen Text von Augustinus als Quelle untersuchen, müssen Sie eine wissenschaftliche Edition verwenden. Anders sieht es aus, wenn Sie die Augustinus-Rezeption der Reformationszeit betrachten. Ihr Referenztext sollte jetzt die in dieser Zeit bekannte Version des Textes von Augustinus sein; dieser muss nicht dem ursprünglichen Text, wie er in einer wissenschaftlichen Edition zugänglich ist, entsprechen.

Bei fremdsprachlichen Quellen können Übersetzungen zur Hilfe herangezogen werden, diese können die Lektüre in der Originalsprache jedoch nicht ersetzen. Die sprachliche Analyse setzt eine genaue und wiederholte Lektüre des Textes voraus! Dabei bedient sich die Geschichtswissenschaft der Philologie: Deren Hilfsmittel sind Lexika, Wörterbücher, Grammatiken und Konkordanzen.

🖉 Um einen möglichst unvoreingenommenen Blick auf die Quelle zu gewinnen, sollte die anfängliche sprachliche Analyse nur mit philologischen Hilfsmitteln ohne Fachliteratur durchgeführt werden. Wichtig bei diesem Arbeitsschritt ist es, die eigenen Gedanken zur und Fragen an die Quelle zu notieren, z. B. als Exzerpt oder an den Seitenrand.

Wenn Sie einen Text in einer Fremdsprache, v. a. Altgriechisch und Latein, analysieren, ist der erste Schritt der sprachlichen Analyse zumeist eine *Übersetzung*. Gleiches gilt häufig für mittel- oder frühneuhochdeutsche Texte. Da die Übersetzung zur sprachlichen Analyse gehört, soll sich die Übersetzung an der Ausgangssprache orientieren (natürlich unter Einhaltung der deutschen Grammatik [Zielsprache]). Die Übersetzung trifft bereits Entscheidungen der sprachlichen Analyse bzw. nimmt sie auf. Es ist z. B. zu fragen: Welche Bedeutungsvariante eines Begriffes wird gewählt? Ist ein Genitiv ein *genitivus objectivus* oder *subjectivus*? Insofern ist die eigene Übersetzung immer wieder anhand der Ergebnisse der sprachlichen Analyse zu prüfen und eventuell zu korrigieren.

Veröffentlichte Übersetzungen können selbstverständlich als Hilfsmittel herangezogen werden. Doch nur eine *eigenständige Übersetzung* ermöglicht es, sprachliche Auffälligkeiten und Details zu beobachten. Die Qualität von veröffentlichten Übersetzungen divergiert außerdem sehr stark. Manche Übersetzungen orientieren sich nicht zuerst an der Ausgangssprache, sondern an der

Zielsprache und sind folglich eher Übertragungen. Ältere Übersetzungen basieren zudem häufig auf veralteten Editionen oder Textausgaben. Schließlich trifft auf diese Übersetzungen zu, was auch für Ihre eigene gilt: Sie sind keine genaue Wiedergabe des Textes, sondern Interpretationen. Einen hohen Wert haben veröffentlichte Übersetzungen aber, wenn Sie Ihre Quelle bzw. weitere Quellen überblicksartig durchlesen wollen.

🖉 Bei fremdsprachigen Quellen (v. a. Latein, Altgriechisch) empfiehlt es sich, bereits während der Anfertigung einer (Arbeits-)Übersetzung sprachliche Auffälligkeiten zu markieren bzw. zu notieren.

Begriffe und Begriffsbedeutungen: Semantik

Die kleinsten Einheiten eines Textes sind die jeweiligen Wörter und Begriffe. Der in der Grundform enthaltene Begriff (auch *Lemma* genannt, von λῆμμα/ lēmma: „das Angenommene") hat ein bestimmtes *Bedeutungsspektrum*. Dieses lässt sich häufig in Enzyklopädien und Lexika nachschlagen. Datenbanken (z. B. Thesaurus Linguae Latinae, Thesaurus Linguae Graecea) und Konkordanzen ermöglichen, einen Überblick über die Verwendung eines Begriffes (Lemmas) zu gewinnen. Bei manchen Begriffen ist die Bedeutung schnell ersichtlich, sodass sich eine tiefergehende Untersuchung erübrigt – auch hier gilt jedoch, dass Nuancen entscheidende Unterschiede machen können. Andere Begriffe bedürfen jedoch einer Erklärung; hierzu gehören z. B. Eigennamen von Personen und Orten. Schließlich gibt es Begriffe, die von Anfang an mehrdeutig sind. Folglich muss deren Bedeutung aus einer textinternen Definition oder dem Kontext erschlossen werden, denn Bedeutungen von Begriffen hängen immer an den Beziehungen, in denen sie stehen.

Q Der Begriff „Wort" meint erst einmal die kleinste selbstständige sprachliche Einheit von Lautung und Inhalt. In der Verbindung „Herrenwort" kennzeichnet es jedoch einen Ausspruch Jesu, dem damit Autorität zugesprochen wird. In der Verbindung „Wort Gottes" meint es entweder ein Offenbarungshandeln oder die zweite Person der Trinität. Im kirchlichen Kontext des 20. Jahrhunderts schließlich begegnen öffentliche Stellungnahmen evangelischer Kirchen oft unter dem Titel eines „Wortes" – beispielsweise das *Wort des Rates der EKD zur politischen Spaltung Deutschlands* vom 12. Oktober 1949, mit dem die EKD sich zur Gründung der beiden deutschen Staaten nach dem Zweiten Weltkrieg positionierte.

Begriffe, in denen philosophische bzw. theologische Grundgedanken gebündelt sind und die auch als Theologumena bezeichnet werden können, stehen für die kirchengeschichtliche Forschung besonders im Mittelpunkt des Interesses. Um solche Theologumena zu untersuchen, eignen sich Fachlexika.

📝 Beim Blick auf Bedeutungsspektrum und -nuancen ist es allerdings wichtig im Hinterkopf zu behalten, dass viele Autoren und Quellen Begriffe nicht immer konsequent verwenden oder voneinander abtrennen. Augustinus nutzt beispielsweise *amor, caritas* und *dilectio* – alles Begriffe für Liebe – häufig synonym; andere Autoren differenzieren diese Begriffe mit unterschiedlichen Bedeutungsnuancen: *amor* z. B. für die (erotische) Liebe, *caritas* für die Nächstenliebe.

Die *Begriffsbedeutung* kann sich im Laufe der Zeit und bei unterschiedlichen Autoren auch verändern. In diesem Fall kann man die *Begriffsgeschichte* untersuchen. Bei der Begriffsgeschichte setzen Historiker unterschiedliche Begriffsbedeutungen (bei unterschiedlichen Autoren oder demselben Autor) in Beziehung zueinander. Diese ist insbesondere für die Frage nach Traditionen von ↗ II.2.7 großer Bedeutung. Auch die Herkunft eines Worte (*Etymologie,* von ἐτυμολογία/ etymologia: „Lehre des innewohnenden Wahren") kann dazugehören, z. B. bei der Untersuchung von Eigennamen.

🔍 Das griechische Wort αἵρεσις (hairesis, lateinisch *haeresis*) kommt vom Verb αἱρέω (haireō: „nehmen", „ergreifen"), davon abgeleitet wird es im klassischen Griechisch für Wahl (z. B. von Meinungen) und deshalb auch für philosophische Schulen verwendet. Im christlichen Kontext findet jedoch eine Umdeutung statt: αἵρεσις bzw. lateinisch *haeresis* wird nun – zunehmend selbstverständlich – als Abweichung bzw. Irrlehre verstanden, wie es auch die Bedeutung des deutschen Lehnwortes „Häresie" ist.

Dieses Beispiel zeigt auch eine Schwierigkeit beim Umgang mit Einträgen aus Lexika: Viele altsprachliche Lexika und (Schul-)Wörterbücher haben einen Fokus auf das klassische Griechisch (ca. 6.–3. Jh. v. Chr.) oder Latein (ca. 1. Jh. v. Chr.–2. Jh. n. Chr.) – die kirchengeschichtlichen Quellen sind folglich weniger stark abgebildet. Diese Lücke ergänzen Spezialwörterbücher, auf die hierfür zurückgegriffen werden muss. Die Begriffsgeschichte ist häufig auch in dogmen- und theologiegeschichtlichen Entwicklungen relevant. Denn viele theologische Kontroversen waren und sind Debatten um den Sinn und die Verwendungsweise bestimmter Begriffe oder Formulierungen.

🔍 Ein zentraler Begriff des Nizänischen Glaubensbekenntnisses (325 bzw. 381 n. Chr.) ist das Homoousios (ὁμοούσιος: „wesensgleich") von Gott-Vater und Gott-Sohn. Dieser Begriff wurde jedoch von vielen Gruppen abgelehnt. Ein Problem dabei war, dass der Begriff οὐσία (ousia: „Sein", „Wesen") ein großes Bedeutungsspektrum hatte. Die Differenzierung des Begriffs οὐσία von dem nahe verwandten ὑπόστασις (von ὑφίστημι/hyphistēmi, wörtlich „etwas, was darunter steht", „Fundament", davon abgeleitet „Substanz") war einer der entscheidenden Schritte der neunizänischen Trinitätslehre (die Trinität als eine οὐσία und drei ὑποστάσεις/hypostaseis). Insofern war der erfolgreiche

Lösungsansatz im Trinitarischen Streit eine zugespitzte Definition von umstrittenen Begriffen. Im Christologischen Streit hingegen versuchte man eine Kompromissformel aufzustellen. Auf dem Konzil von Chalcedon (451) formulierte man in der Hoffnung, dass beide Konfliktseiten sich in der Formel wiederfinden können, bewusst als Paradox, dass die zwei Naturen Christi „unvermischt, unveränderlich, ungetrennt und unteilbar" seien.

Neben der Betrachtung einzelner Begriffe lässt sich ein Text auch anhand von *Wortfeldern* analysieren. Ein Wortfeld kann sich dabei sowohl auf den Wortstamm als auch auf das Bedeutungsspektrum beziehen. Diese Untersuchung zielt darauf ab, Schwerpunkte in einem Text zu erkennen. Dabei können z. B. zwei opponierende Wortfelder bzw. in einem Wortfeld zwei sich gegenüberstehende Positionen auffallen. Ein Begriff kann auf verschiedene Weisen und in verschiedenen Kontexten eingeführt oder sehr enggeführt verwendet werden.

Von Worten zu Sätzen und zu Texten: Syntax

Nach den einzelnen Begriffen analysieren wir das Gefüge eines Textes. Grundlage dafür sind die grammatikalischen Formen der Begriffe (Deklinationen und Flexionen). Insbesondere in narrativen Texten sind die Zeitformen der Verben bzw. der Haupt- und Nebensätze von immenser Bedeutung. Die Wechsel der Zeitform oder Signalwörter (z. B. dann, danach, gestern) verweisen auf unterschiedliche Zeitebenen in der Erzählung (Vor-, Gleich- oder Nachzeitigkeit). Dies zu analysieren ist Grundvoraussetzung, um ereignisgeschichtliche Abläufe zu rekonstruieren.

Von einzelnen Worten geht der Blick weiter auf das *Satzgefüge* aus Haupt- und Nebensätzen, sowie deren Verbindungen etwa durch Konjunktionen. Die Hauptfrage ist dabei: In welche Beziehungen setzt die Quelle bestimmte Argumente, Ereignisse oder Thesen? Wichtige Beziehungen sind z. B.

- additiv (von *addere*: „hinzufügen"; und)
- adversativ (von *adversum*: „gegenüber"; aber)
- disjunktiv (von *disiungere*: „trennen"; oder)
- final (von *finis*: „Ende", „Ziel"; damit, um zu)
- kausal (von *casus*: „Ursache", „Grund"; da, weil)
- komparativ (von *comparare*: „vergleichen"; wie, als)
- konditional (von *conditio*: „Bedingung"; wenn, falls)
- konsekutiv (von *consequi*: „nachfolgen"; [so] dass)
- konzessiv (von *concedere*: „einräumen"; obwohl, wenn auch)
- modal (von *modus*: „Art und Weise"; indem)
- relativ (von *relatio*: „Beziehung"; der/die/das, welcher/welche/welches)
- temporal (von *tempus*: „Zeit"; als, während, nachdem, sobald, bis).

📝 Insbesondere bei fremdsprachigen Texten ist die Entscheidung, mit welchem Typ von Nebensatz Sie Partizipien oder syntaktische Konstruktionen wie dem lateinischen *ablativus absolutus* übersetzen, elementar für Ihr Verständnis des Satzes.

Schließlich ist der Blick auf die *Textsyntax* zu richten: Erst durch die Verbindung von Satzteilen und Sätzen zueinander entsteht aus Einzelaussagen ein Text. Bezüglich des Text-Zusammenhangs lassen sich *Kohäsion* (formal-syntaktischer Zusammenhang) und *Kohärenz* (inhaltlich-semantischer Zusammenhang) (beide von *cohaerere*: „zusammenhängen") unterscheiden.

🔍 Wenn die beiden Aussagen „Ich bade gern." und „Ich mache oft Urlaub am Meer." in einem Text beieinanderstehen, so ist Kohärenz gegeben, weil sie inhaltlich einen sinnvollen Zusammenhang bilden. Wenn sie miteinander durch ein „weil" verbunden sind („Ich mache oft Urlaub am Meer, weil ich gern bade."), so ist auch ein formal-syntaktischer Zusammenhang (Kohäsion) hergestellt.

Was hier beispielhaft an zwei einfachen Sätzen verdeutlicht wurde, lässt sich auch auf ganze Texte und Bücher übertragen: Gibt es sprachlich bzw. inhaltlich abgrenzbare Abschnitte? Ist der Aufbau einer Quelle – ihrer Gattung gemäß – stringent und nachvollziehbar? Wichtig ist, dass syntaktische Strukturen nicht nur behauptet, sondern anhand von sprachlichen Merkmalen aufgewiesen werden. Je nach Texttyp können diese Merkmale recht verschieden sein. Bei einer erzählenden Quelle kann es beispielsweise um die chronologische Abfolge einer Darstellung gehen oder auch um die Orientierung an verschiedenen Personen, Orten und Handlungszusammenhängen. Für argumentative Texte sind hingegen häufig die Konjunktionen (s. o.) besonders wichtig, weil sie das Zueinander von Aussagen strukturieren. Bei Quellen mit direkten Adressaten oder bei dialogischen Quellen spielt wiederum die Verwendung der Pronomen oft eine wichtige Rolle.

↗ II.2.5
↗ II.2.4

📝 Gehen Sie – falls die Entstehungs- und Überlieferungsgeschichte dem nicht prinzipiell widerspricht – zunächst immer davon aus, dass ein Text sinnvoll und bewusst gestaltet ist. Wenn Sie auf Textteile stoßen, deren Sinn Sie im Zusammenhang des Textganzen nicht sofort nachvollziehen können, rechnen Sie zunächst dennoch damit, dass sich der Autor des Textes etwas dabei gedacht hat, es so und nicht anders zu schreiben. Gibt es vielleicht Hinweise aus dem (biographischen, institutionellen etc.) Kontext, den verarbeiteten Traditionen, der Kommunikationssituation oder der spezifischen Perspektive des Autors, die das Verständnis des Textteiles erhellen?

↗ II.2.2
↗ II.2.3

↗ II.2.7
↗ II.2.8
↗ II.2.9

Die angezielte Wirkung von Texten: Pragmatik

Unsere Analyse der Texte bewegte sich bis hierhin allein auf der Ebene der sprachlichen Darstellung im Text. Wir haben bisher noch keine Aussagen darüber gemacht, warum der Autor dies geschrieben hat, in welchen *Kommunikationszusammenhängen* Autor und Quelle zu verorten sind oder inwiefern etwa das Geschilderte einer historiographischen Quelle historisch plausibel ist. Die Frage, mit welchen sprachlichen Mitteln eine Quelle welchen Zweck in welchen Kommunikationszusammenhängen verfolgt, wird als die *pragmatische Dimension* des Textes behandelt. Denn jeder Text verfolgt einen *Zweck*, er will eine *Wirkung* bei Lesern auslösen. Wir werden die *Kommunikationszusammenhänge* und die *Perspektive* sowie die *historische Plausibilität* noch gesondert betrachten. Im Zusammenhang der sprachlichen Analyse ist jedoch bereits danach zu fragen, welche sprachlichen Merkmale eine Quelle aufweist, um ihre *Wirkung* zu entfalten. Nicht selten gibt es für sprachlich auffällige Stellen pragmatische Gründe.

↗ II.2.8
↗ II.2.9

📎 Für die historische Gesamtinterpretation einer Quelle ist zu beachten, dass Sie nicht unmittelbar von der intendierten Wirkung, wie Sie sie analysiert haben, auf die tatsächliche Wirkung schließen! Kein Text kann eine bestimmte Wirkung bei seinen Lesern erzwingen. Denn die Rezeption eines Textes beruht auf vielen Faktoren, etwa auch auf den Vorprägungen der Leserinnen und Leser. Die Frage der faktischen Wirkung, die häufig nur begrenzt oder zum Teil auch gar nicht zu erheben ist, muss von der intendierten Wirkung und – bezüglich der sprachlichen Analyse – der pragmatischen Dimension des Textes unterschieden werden.

Stilistische Mittel: Rhetorik

Nicht nur, aber insbesondere in pragmatischer Hinsicht spielt die Rhetorik häufig eine wichtige Rolle, denn Texte transportieren eine Botschaft und wollen darin überzeugen. Die Rhetorik liegt nicht auf derselben Ebene wie die Unterscheidung von Semantik, Syntax und Pragmatik, verdient jedoch gesondert erwähnt zu werden. Stilistische Mittel zu erkennen und zu beschreiben ist für das angemessene Verständnis eines Textes nämlich oft elementar.

So verdienen *auffällige Strukturen* in einem Text bzw. Abschnitt, wie Antithesen, Chiasmen und Parallelismen, besondere Betrachtung. Mit solchen Figuren werden Aussagen etwa zueinander in Beziehung gesetzt oder betont. Parallelismen können beispielsweise zur Aufzählung verwendet werden und Antithesen, um zwei (oder mehrere) Aussagen als Alternativen darzustellen. Man spricht diesbezüglich von *rhetorischen Figuren bzw. Tropen* (von τροπή/tropē bzw. τρόπος/tropos: „Wendung").

Q Manche Theologen nutzen gern klare Antithesen, um ihre Positionen und die ihrer Gegner gegenüberzustellen und voneinander abzugrenzen. Außerdem erzeugen sie so das Bild, dass es zu bestimmten Fragen nur zwei Möglichkeiten gebe. Damit können sie auch ihre Leser unter Zugzwang setzen, sich für oder gegen ihre Position zu entscheiden. Das betrifft nicht nur einzelne Sätze: Häufig sind ganze Texte auf diese Weise antithetisch strukturiert. Ein Beispiel dafür ist Karl Holl, der zu Beginn des 20. Jahrhunderts in Berlin Kirchengeschichte lehrte. In seinem Vortrag „Der Modernismus" von 1908 behandelt er die als „Modernismus-Streit" bezeichneten Auseinandersetzungen zwischen dem Vatikan und mehreren historisch-kritisch arbeitenden römisch-katholischen Theologen. Dabei stilisiert er Protestantismus und römischen Katholizismus als einander radikal entgegengesetzte Prinzipien: Während der Protestantismus auf der individuellen Aneignung des christlichen Glaubens beruhe, basiere der römische Katholizismus auf der Unterwerfung unter die Autorität des Papstes.

∅ Wenn Texte intensiv mit strukturierenden rhetorischen Mitteln wie z. B. Parallelismen oder Antithesen arbeiten, bietet es sich etwa an, diese graphisch aufzuarbeiten, beispielsweise in tabellarischer Form.

Neben einzelnen rhetorischen Figuren im Text und den Text durchziehenden Strukturen kann auch die rhetorische Gesamtausrichtung eines Textes von Bedeutung sein. Dies zeigt sich gerade im Vergleich mehrerer Quellen und ihrer sprachlichen Verfasstheit. Das Verständnis eines Textes wird vertieft, wenn man sich fragt, warum sich verschiedene Texte (z. B. eines Autors oder zu einem Thema) hinsichtlich ihrer Sprache oder ihres Stils unterscheiden.

Q Martin Luther hat im Laufe seines Lebens verschiedene Auslegungen des Vaterunsers vorgelegt. Nach *Eine kurze Form, das Paternoster zu verstehen und zu beten* (1519) wird das Herrengebet auch im *Kleinen Katechismus* und im *Großen Katechismus* (1529) und in einem Lied (1538/39) ausgelegt. Die verschiedenen Auslegungen sind sprachlich ganz verschieden gestaltet, was unter anderem eng mit den verschiedenen Gattungen und ihren unterschiedlichen Verwendungsweisen zusammenhängt. Mal ist die Auslegung in der ↗ II.2.4 Form einer Meditation oder eines Gebetes an Gott gerichtet, mal in Frage-Antwort-Form zum Unterrichten bzw. Auswendiglernen, mal als sachliche Erläuterung in Form von Aussagesätzen.

Zur Anwendung der sprachlichen Analyse

Während die sprachliche Analyse den Quellentext exklusiv in den Blick nimmt, stellen die nächsten Kapitel Methoden vor, um den Quellentext mit anderen Quellen und weiterem Wissen zu kontextualisieren. Die sprachliche Analyse eines Textes ist insofern lediglich ein erster Zugang zu seinem Verständnis – oder anders gesagt: Die sprachliche Analyse ist das Fundament kirchenhistorischen Arbeitens mit Texten. Sie ermöglicht ein reflektiertes Lesen und Verstehen der Quelle – insofern ist die sprachliche Analyse deskriptiv orientiert. Darüber hinaus macht sie darauf aufmerksam, wo etwas unklar ist oder vertiefter Untersuchung bedarf. Immer wieder wird es deswegen so sein, dass neue Erkenntnisse, die Sie durch andere Werkzeuge der Quellenerschließung gewinnen, eine erneute sprachliche Analyse des gesamten Textes oder einzelner Bestandteile herausfordern.

Die sprachliche Analyse ist auch das grundlegende Handwerkszeug der alt- und neutestamentlichen Exegese. Darum kann ein Blick in Methodenlehrbücher zum Alten bzw. Neuen Testament hilfreich sein.[11] Allerdings sind die Textabschnitte, die in der Kirchengeschichte analysiert werden, meistens deutlich länger. Ein sehr kleinteiliges Vorgehen, das jeden Begriff oder jede grammatikalische und syntaktische Auffälligkeit untersuchen will, ist deshalb nur selten praktikabel. Die Aufgabe der anfänglichen sprachlichen Analyse ist somit auch das Auswählen, welche Begriffe, Wortfelder und Satzteile für das Verständnis des Textes entscheidend sind. Diese *Selektion* orientiert sich dabei an den Fragen, die Sie als Kirchenhistorikerin, als Kirchenhistoriker an den Text stellen. Bei einer Analyse eines bestimmten Begriffes (bei einem Autor bzw. in einer Zeit) würde der Schwerpunkt z. B. genau auf diesem Begriff, seinem Vorkommen und seiner semantischen, syntaktischen und pragmatischen Verwendung liegen.

↗ II.2.1
↗ III

📎 Natürlich gibt es auch in der Kirchengeschichte Fragestellungen, die eine minutiöse sprachliche Analyse erfordern, z. B. mit Statistiken von Begriffen oder grammatikalischen Formen. So ein Vorgehen kann z. B. in der Echtheitskritik relevant sein, wenn gefragt wird: Passt das sprachliche Profil einer Quelle zum vermuteten Autor?

↗ II.2.3

Abschließend sei beispielhaft die sprachliche Analyse eines einzelnen Satzes aus einer theologischen Schrift des Kirchenvaters Ambrosius vorgeführt.

🔍 Ambrosius' *De fide* 1,6: Der folgende Satz zeigt verschiedene Aspekte auf, die wir untersuchen wollen; allerdings ist er wie fast jeder Satz nicht sprachlich-rein bzw. stereotyp.

---

[11] Für die sprachliche Analyse empfehlenswert sind beispielsweise Wilhelm Egger/Peter Wick, Methodenlehre zum Neuen Testament. Biblische Texte selbständig auslegen, Freiburg ⁶2011 und Jan Rüggemeier/Sönke Finnern, Methoden der neutestamentlichen Exegese. Ein Lehr- und Arbeitsbuch, Tübingen 2016.

<u>Adsertio autem nostrae fidei haec est,</u>
ut unum Deum esse dicamus
  neque ut gentes filium separemus
    neque ut Iudaei natum ex patre ante tempora et ex virgine postea editum denegemus
      neque ut Sabellius patrem confundamus et verbum, ut eundem patrem adseramus et filium,
    neque ut Fotinus initium filii ex virgine disputemus
  neque ut Arrius – plures credendo et dissimiles potestates – plures deos gentili errore faciamus,
quia scriptum est: Audi, Istrahel, Dominus Deus tuus, Deus unus est.[12]

Da die Quelle auf Latein vorliegt, bedarf es zuerst einer *Übersetzung*. Diese sollte insbesondere die Struktur des Satzes wiedergeben. Gleichzeitig müssen z. B. lateinische Partizipien an die deutsche Sprachgewohnheit angepasst werden.

<u>Grundsatz unseres Glaubens ist nämlich dieser,</u>
dass wir sagen, dass es einen Gott gibt,
  und wir **weder** wie die Heiden den Sohn [gemeint: vom Vater] abtrennen
    noch wie die Juden leugnen, dass er [gemeint: der Sohn] aus dem Vater vor der Zeit gezeugt und aus der Jungfrau später geboren wurde,
      noch wie Sabellius den Vater und das Wort vermischen, dass wir erklären, Vater und Sohn seien derselbe,
    noch wie Photin den Beginn des Sohnes aus der Jungfrau lehren,
  noch wie Arius – durch das Glauben an mehrere und unähnliche Mächte – mehrere zu Göttern mit dem heidnischen Irrtum machen,
weil geschrieben steht: „Höre, Israel, der Herr dein Gott ist ein Gott."

Semantische Ebene: In diesem Satz fallen einzelne *Begriffe* auf: Die Eigennamen (Sabellius, Photin, Arius) sind allesamt im Trinitarischen Streit als Häretiker verurteilte bzw. verschriene Figuren; Begriffe wie Vater/*pater*, Sohn/*filius* und Wort/*verbum* können eine sehr allgemeine bzw. weite Bedeutung haben – gerade der Begriff *verbum* (auf Griechisch Logos) hat eine große *Begriffsgeschichte*, er steht jedoch in trinitätstheologischem und christologischem Kontext für die zweite Person der Trinität. Die Verben *separare* (trennen) und *confundere* (vermischen), die Antonyme sind, haben in diesem Kontext die Bedeutungsnuance, dass sie die Relation der trinitarischen Personen bestimmen.

---

[12] Ambrosius, *De fide* 1,6 (CSEL 78, 6,2–7,10 Faller); die Übersetzung folgt – mit eigenen Abänderungen – Christoph Markschies, Ambrosius von Mailand: De fide ad Gratianum (FC 47,1), Turnhout 2005, 145.

Syntaktisch besteht der Satz aus einem kurzen Hauptsatz (<u>unterstrichen</u>). Darauf folgt ein Konsekutivsatz mit *ut* und Konjunktiv, der durch fünfmaliges *neque* – also eine Negation – in sechs Teile unterteilt wird; die anderen *ut* sind keine Konjunktionen, sondern bedeuten „wie"; ausgenommen *ut eundem patrem adseramus et filium*, was ein nochmalig untergeordneter Nebensatz ist. Der *Satzbau* weist dabei sowohl parallele Strukturen auf (s. o.) als auch chiastische (siehe die Einrückung) – dieser Chiasmus (A-B-C-B'-A') ist sprachlich nicht komplett rein, bezieht sich aber auf folgende inhaltliche wie sprachliche Aspekte: (A) Heiden (*gentes*) und (A') Arius würden gemeinsam mehrere Götter lehren und damit den Monotheismus ablehnen (*unum Deum esse*) – während vor (A) die Betonung des Monotheismus steht (*unum Deus*), folgt auf (A') Dtn 6,4; (B) Juden (*Iudaei*) und (B') Photin (*Fotinus*) würden die Präexistenz Christi leugnen: dies zeige sich am Verhältnis zur Jungfrauengeburt Christi (*ex virigine*/aus der Jungfrau), erstere leugneten dies, letzterer sehe darin den Beginn des Sohnes; (C) Sabellius hingegen vermische Vater und Sohn und sehe sie als ein und denselben an.

Pragmatik: Der Satz stellt somit Ambrosius' Glaubensgrundsatz durch eine positive und fünf negative Aussagen dar. Ambrosius möchte sich von allen Lehren abgrenzen, die er für häretisch hält.

Die sprachliche Analyse dieses Satzes lässt den Kirchenhistoriker bzw. die Kirchenhistorikerin jedoch auch mit vielen Fragen zurück: Gibt Ambrosius die Meinung der geschilderten Personen wirklich richtig wieder? Und wenn nicht (um dies vorwegzunehmen), warum? Zu welchem Zweck verfasst Ambrosius generell diesen Satz? Warum wählt er ausgerechnet diese Positionen (Heiden, Juden, Sabellius, Photin, Arius) aus? Was evoziert er dabei bei seinen Hörern? Welche theologische Position vertritt Ambrosius und welche lehnt er ab?

⊘ Texte vermitteln ihre Inhalte durch Sprache. Daher ist die sprachliche Analyse für das Verständnis von Texten elementar. Sprache hat verschiedene Ebenen, die analytisch unterschieden werden können: Die *semantische Analyse* untersucht *Begriffsbedeutungen* und – eventuell – die *Begriffsgeschichte*. Die *syntaktische Analyse* fokussiert das Satzgefüge und damit zusammenhängend die Struktur bzw. Argumentation eines Textes. Die *pragmatische Analyse* wiederum fragt nach der beabsichtigten Wirkung auf die Adressatenkreise. Die *stilistische Analyse* hat auffällige sprachliche Mittel und rhetorische Figuren zum Gegenstand. Da ein Text sprachlich fast unbegrenzt analysiert werden kann, ist stets eine Auswahl und Begrenzung aufgrund der erkenntnisleitenden Fragestellungen zwingend notwendig. Für die kirchenhistorische Arbeit ist die sprachliche Analyse Mittel zum Zweck. Für die sprachliche Analyse ist es unabdingbar, die Quelle in ihrer Entstehungssprache als *Textgrundlage* zu nehmen anstatt in Übersetzungen oder Übertragungen.

II.2.7 Geistige Prägungen:
Intellektueller Horizont, Traditionen und Autoritäten

Bei der Analyse des intellektuellen Horizontes, der Traditionen und Autoritäten eines Autors oder einer Autorin geht es um deren geistige Prägungen. Dem inhaltlichen Fokus kirchengeschichtlichen Arbeitens entsprechend sind die geistigen Prägungen und deren bewussten Aneignungen sowie Transformationen oft von großer Bedeutung. *Intellektueller Horizont* ist ein weit gefasster Begriff, der ein großes Spektrum geistiger Prägungen umfasst: von groben weltanschaulichen Allgemeinplätzen der jeweiligen Zeit bis zu konkreten Überzeugungen in einzelnen theologischen Fragen, die dieser und jener Autor von seinem Lehrer übernimmt. *Traditionen* (von *tradere*: „übergeben", „anvertrauen" bzw. *traditio*: „Überlieferung") sind alle mehr oder weniger konkret benennbaren Überlieferungen wie Denkansätze, Ideen und Lehrsysteme, die das Denken – ob bewusst oder unbewusst, ausgesprochen oder unausgesprochen – geprägt haben. *Autoritäten* (von *auctoritas*: „Ansehen", „Einfluss", „Glaubwürdigkeit") sind demgegenüber jene Traditionen, die ein Autor explizit anführt, auf die er sich in seinen Schriften also stützt – selbst dann, wenn der Autor sich von diesen explizit abgrenzt („Gegen-Autorität").

↗ I.2.3

✐ Die drei Begriffe zu unterscheiden ist sinnvoll, weil sie sich auf unterschiedliche Arten von geistiger Prägung beziehen. Gleichwohl ist die Trennlinie zwischen ihnen nicht immer eindeutig.

Um die Unterscheidung von intellektuellem Horizont, Traditionen und Autoritäten zu veranschaulichen, stellen Sie sich eine Theologin am Schreibtisch vor. In deren intellektuellen Horizont gehört alles, was sie irgendwann seit Kindertagen gehört und gelernt hat. Die prägenden Traditionen werden repräsentiert von den Lehrbüchern und der Literatur, mit denen sie in der Schule oder im Studium gearbeitet hatte und von denen sie einige ausgewählte auch weiter nutzt. Autoritäten sind schließlich diejenigen Schriften und Personen, die sie zitiert und benennt. (Der Vergleich hat seine Grenzen, weil sich der Umgang mit Traditionen und Autoritäten über die Jahrhunderte gewandelt hat, aber er mag eine Vorstellung davon vermitteln, worum es im Groben geht.)
Um die geistigen Prägungen einer Quelle zu untersuchen, bedarf es eines Zweischritts:

- Welcher intellektuelle Horizont, welche Traditionen und welche Autoritäten sind in der Quelle vorhanden bzw. aufgenommen?
- Wie geht die Quelle mit den aufgenommenen Traditionen und Autoritäten um?

Der erste Schritt (unter-)sucht in der Quelle gewissermaßen Spuren und Verweise auf die Quellen der Quelle. Der zweite Schritt vergleicht dann die zu untersuchende Quelle mit ihren Quellen.

Welcher intellektuelle Horizont, welche Traditionen und
welche Autoritäten sind in der Quelle vorhanden bzw. aufgenommen?

Jeder Mensch ist vorgeprägt in seinem gesellschaftlichen, intellektuellen, kulturellen, politischen, religiösen und sprachlichen Denken. Dies liegt darin begründet, dass jeder Mensch sich in unterschiedlichen *Kontexten* bewegt. Jede Quelle steht in Kontexten und setzt diese voraus. Insofern bedarf das Verständnis einer Quelle immer auch das ihres Kontextes. Verschiedene Einzelkontexte machen die *Umwelt* einer Quelle aus. Dies beginnt schon bei der Sprache, bezieht sich jedoch auch auf unterschiedliche Bereiche der jeweiligen Umwelt.

Q Augustinus verwendet beispielsweise das Bild von wilder Olive (*oleaster*) und kultivierter Olive (*oliva*), um zu veranschaulichen, warum das Kind zweier Christen (gleichgesetzt mit der *oliva*) trotzdem unter der Wirkung der Sünde gezeugt wird (gleichgesetzt mit dem *oleaster*). Dieses Bild ist nur verständlich, wenn man der lateinischen Sprache mächtig ist und antikes Agrarwissen miteinbezieht: Auch aus dem Samen der kultivierten Olive entsteht nämlich eine wilde Olive (*oleaster*), die in eine kultivierte Olive eingepfropft wird. Dazu rezipiert Augustinus ein Pauluszitat (aus der *Vetus Latina*), ohne dies kenntlich zu machen. So werden in Röm 11,24 die Christen als eingepfropfter *oleaster* bezeichnet.

Jede (literarische) Darstellung des eigenen Denkens enthält explizit und implizit den intellektuellen Horizont, durch den die Autorin vorgeprägt ist. Insofern gehört es zu den wichtigen Aufgaben der Quellenanalyse, den intellektuellen Horizont der Quelle und somit der Autorin zu erschließen. Anders gesagt: es geht darum, die *Quellen der Quelle* zu untersuchen. In der heutigen Wissenschaft wird dies durch Literaturangaben erleichtert. Eine wissenschaftlich arbeitende Autorin hat offenzulegen, wenn sie fremde Gedanken rezipiert. Dies ist in früheren Zeiten nicht der Fall gewesen. Welche Traditionen, Autoritäten und Quellen eine Quelle verwendet, muss deshalb eruiert werden. Dazu lassen sich sowohl direkte Zitate und Anspielungen als auch implizite Anknüpfungen verwenden. Im besten Fall gibt der Autor der Quelle direkt den Ursprung seines
↗ II.2.2 Zitates an. Darüber hinaus erleichtern Editionen durch ihren Quellenapparat oder kommentierte Ausgaben das Auffinden (in)direkter Zitate.

Das Aufspüren impliziter Adaptionen setzt eine vertiefte Auseinandersetzung mit der Quelle, ihrem argumentativen Duktus und ihrem theologiegeschichtlichen Kontext voraus. Dazu bedarf es des Vergleiches mit anderen Quellen.

Festmachen lassen sich Traditionen und intellektuelle Horizonte beispielsweise an gemeinsam genutzten Begriffen bzw. Wortfeldern – hierbei kann die
↗ II.2.6 Begriffsgeschichte einen wichtigen Beitrag liefern. Verwendet die Quelle bestimmte Schlagwörter positiv oder negativ? Bezieht sie sich auf eine vorgeprägte Begriffsbedeutung? Als Hilfsmittel können Konkordanzen oder Lexikonartikel dienen. Durch digitale Suchtools ist es deutlich erleichtert worden, die

Verwendung von Phrasen und Begriffen an anderen Orten (gleiches Werk, gleicher Autor, verschiedene Autoren) zu suchen. Beispiele für diese Suchtools sind: Library of Latin Texts, TLG (Thesaurus Linguae Graecae) und TLL (Thesaurus Linguae Latinae). Die Gefahr dieser Suchtools ist jedoch eine Überflutung mit Material. So finden sich zu *gratia* (Gnade) beispielsweise über 6.000 Belege allein in Augustinus' Werken. Entscheidend ist also eine begründete Auswahl.

Da sich der intellektuelle Horizont jedes Menschen entwickelt und verändert, gehören zur Untersuchung des intellektuellen Horizontes eines Autors auch Kenntnisse über dessen Biographie und seinen (theologie-)geschichtlichen Kontext. Ausgehend von diesem Kontextwissen lassen sich häufig weitere Autoritäten, Traditionen und Quellen einer Quelle finden. Wichtig ist dabei immer zu fragen, was dem Autor zum Zeitpunkt der Abfassung bekannt war bzw. sein konnte.

Zu den prägenden Traditionen des abendländischen Denkens verschiedener Couleur gehören philosophische Grundausrichtungen, von denen bis in die Frühe Neuzeit hinein aristotelische und platonische (bzw. neuplatonische) Denkansätze und Begrifflichkeiten einflussreich waren. In der Neuzeit kommen weitere philosophisch-weltanschauliche Ausrichtungen hinzu, die ebenso für die Theologie von immenser Bedeutung sind. Theologinnen und Theologen müssen daher für die kirchenhistorische Arbeit eine gewisse philosophiegeschichtliche Grundbildung erwerben.

✐ Wichtig ist zu beachten, dass solche philosophischen Grundausrichtungen in der Regel nicht in Reinform begegnen. Gerade was aristotelisches und (neu-) platonisches Denken anbelangt, lassen sich in der Theologiegeschichte häufig nur gewisse Tendenzen ausmachen. Ein im Grundsatz eher platonisch ausgerichteter Denker wie Bonaventura (1221–1274) beispielsweise verwendet selbstverständlich auch aristotelische Begrifflichkeiten und kann sich zudem dezidiert auf Aristoteles berufen.

Zum intellektuellen Horizont gehören nicht nur theologisch-philosophische Denkansätze, sondern alle (reflektierten) Rahmenbedingungen menschlichen Handelns. Exemplarisch soll dies an der *Frömmigkeit* eines Autors gezeigt werden. Diese basiert ebenfalls auf Traditionen. Die monastische (von μοναχός/ monachos: „Mönch") Frömmigkeitsform entspringt z. B. bestimmten theologischen Lehren. Die Vorprägung eines in einem abgeschiedenen Kloster lebenden Mönchs ist eine andere als die eines Theologen, der zur gleichen Zeit an einer höfischen Universität wirkt (siehe auch zur Perspektive eines Autors). Die Lieder und die Liturgie, die jemand von Kindheit an im Gottesdienst singt, prägen häufig das ganze Leben hindurch. Dennoch kann es sein, dass sich in den Werken dieser Autoren kaum direkte Hinweise auf das Klosterleben bzw. die Kirchenlieder finden. Obwohl die Frömmigkeitsform zu den prägendsten Elementen des intellektuellen Horizonts gehört, wird sie regelmäßig nicht (explizit) reflektiert.

↗ II.1.1

↗ II.2.9

Neben Begriffen und biographischen Beobachtungen ist auf inhaltliche bzw. theologische Überschneidungen mit anderen Quellen zu achten. Häufig beziehen sich Schriften, die in zeitlicher Nähe das gleiche Thema bzw. die gleiche Fragestellung behandeln, auf die gleichen Autoritäten, Traditionen und Quellen, insbesondere dann, wenn sie ähnliche Lösungsansätze bieten. Um komplexe Zusammenhänge darzustellen, kategorisieren Theologen schon seit der Alten Kirche übergreifende Denkrichtungen als „Lehrschulen" und „Häresien". Diese Kategorien sind meistens Fremdzuschreibungen. Dabei sind Häretikerbezeichnungen prägend („Arianer", „Pelagianer"), die von Kirchenhistorikern als „-ismen" übernommen wurden: „Arianismus", „Pelagianismus". Die neuere Forschung lehnt solche Bezeichnungen häufig ab, da sie abwertend und zu stark verallgemeinernd sind. Stattdessen versucht sie, diese durch wertneutrale Begriffe zu ersetzen, die bestimmte Charakteristika einer Gruppe wiedergeben: Statt als „Arianer" bezeichnet man etwa verschiedene theologische Gruppierung innerhalb des Trinitarischen Streites als „Homöer", „Heteroousianer" oder „Homoiousianer". Zur Kontextualisierung einer Quelle während des Trinitarischen Streites können solche Kategorien helfen, solange sie kritisch reflektiert werden.

Wie geht die Quelle mit den aufgenommenen Traditionen und Autoritäten um?

Dass ein Autor bestimmte Traditionen aufgenommen und als Autoritäten angeführt hat, bedeutet keinesfalls eine unmittelbare Übernahme eines intellektuellen Horizontes oder eine lineare Entwicklung. Wäre dies der Fall, müssten beispielsweise alle Bibelauslegungen gleich sein oder zumindest einem klaren Modell folgen. Stattdessen zeigt sich häufig ein kreativer und eigenständiger Umgang sowohl mit Traditionen als auch mit Autoritäten.

Q Ein Beispiel dafür ist die Transsubstantiationslehre, die im Mittelalter für das Verständnis der Wandlung von Brot und Wein in Leib und Blut Christi bei der Eucharistie entwickelt wurde. Sie verwendet aristotelische Kategorien (Substanz, Akzidenz), allerdings in umgekehrter Weise als dies nach aristotelischem Verständnis der Kategorien eigentlich naheliegen würde: Die (nach Aristoteles) unveränderbare Substanz (das Wesen) verändert sich – aus Wein wird Blut Christi –, die veränderbaren Akzidenzen (Eigenschaften) bleiben erhalten.

Wie das Beispiel der Transsubstantiationslehre zeigt, ist die Analyse, welche Autoritäten, Traditionen und Quellen ein Autor rezipiert, meist nur die Vorarbeit. Entscheidend ist der Umgang der Quelle mit diesen Autoritäten und Traditionen.

Grundlegend für das Anwendungsgebiet der christlichen Theologie- und Kirchengeschichte ist, dass *biblische Schriften bzw. die Bibel* meistens als Tradition besonders prägend waren und auch als Autorität verwendet wurden. Folglich

finden sich in den meisten kirchengeschichtlich rezipierten Quellen mannig-
fach Zitate und Anspielungen auf biblische Schriften. Ohne solide bibelkund-
liche Kenntnisse ist kirchenhistorisches Arbeiten daher nicht möglich.

✐ Denken Sie insbesondere bei Bibelzitaten daran, dass Sie die von der Quelle
verwendete Bibelausgabe heranziehen. Ambrosius und Augustinus zitieren
wie mittelalterliche Theologen aus lateinisch-sprachigen Bibelübersetzun-
gen, ersterer aber vorwiegend aus der *Vetus Latina*, die *Vulgata* setzte sich
erst später durch.

Eine besonders intensive Beschäftigung mit der Bibel weisen oft die kirchenhistorisch relevanten Gattungen der Predigt bzw. Homilie und des biblisch-exege-   ↗ II.2.4
tischen Kommentars auf. Diese Gattungen sind dadurch charakterisiert, dass
ihnen einzelne biblische Bücher oder Perikopen als Autorität und zugleich aus-
zulegender Text zugrunde liegen.

Eine Beschäftigung mit der Bibel findet sich aber nicht nur in literarischen
Quellen. In der christlichen Ikonographie dominieren biblische Bildmotive.
Deren Darstellung hängt wiederum an bestimmten Auslegungen, die häufig in
schriftlichen Quellen nachvollziehbar sind. Ein berühmtes Beispiel ist der Cranach-Altar in Schneeberg, wo von links nach rechts die Vertreibung aus dem
Paradies, Mose als Gesetzgeber sowie Adam und Eva unter dem Baum der Erkenntnis, die Kreuzigung Christi sowie die eherne Schlange (Num 21,6–9) und
Christi Auferstehung sowie die Verkündigung der Geburt Jesu dargestellt werden. Die Darstellung der biblischen Geschichten basiert dabei auf Grundsätzen
von Luthers Theologie.

Abb. 2: Cranach-Altar, St. Wolfgang Schneeberg (1532–1539).

Für Kirchenhistorikerinnen und Kirchenhistoriker ist die Art und Weise der Verwendung und Interpretation biblischer Schriften bedeutsam. Dabei gibt es verschiedene Fragehorizonte: Welche biblischen Schriften werden als kanonisch akzeptiert? Diese Frage nach der *Kanonizität* bestimmter biblischer Schriften ist insbesondere in der Alten Kirche relevant, taucht jedoch bis in die Gegenwart auf. Euseb von Caesarea diskutiert z. B. ausführlich, welche Schriften warum kanonisch sind und welche nicht. Aber auch in anderen Epochen kann untersucht werden, ob bestimmte biblische Schriften unterschiedlich gewertet werden bzw. welche Bücher der Bibel im Vordergrund stehen. Der Bibelexegese können unterschiedliche *hermeneutische Grundannahmen* zugrunde liegen. Ebenso verwenden unterschiedliche Autoren unterschiedliche *exegetische Methoden*, die sich wiederum über die Jahrhunderte gewandelt haben. Zuletzt lässt sich die konkrete Auslegung einzelner Bibelverse untersuchen und vergleichen. Wie in der Begriffsgeschichte gibt es zu einzelnen Bibelversen *Auslegungsgeschichten*. Eine bestimmte Auslegung eines Bibelverses bzw. einer Perikope wird dabei als Tradition rezipiert und gegebenenfalls angepasst bzw. verändert. Insbesondere theologiegeschichtliche Forschungsansätze untersuchen die Bibelexegese und -interpretation, da sich dadurch theologische Systeme und Thesen einer Quelle erschließen lassen. Weil die Bibel oft als Hauptautorität einer theologiegeschichtlich relevanten Quelle benannt wird, bildet die Exegese biblischer Schriften häufig die Grundlage theologischer Argumentationen.

↗ II.2.5

↗ II.2.10

Q In der Frage, ob und wie sich Augustinus' Theologie Zeit seines Lebens verändert und entwickelt, spielt etwa Röm 7 eine besondere Rolle. Während Augustinus anfangs, beispielsweise in seiner kurz vor 400 verfassten Schrift *Ad Simplicianum*, Röm 7 eher auf den Menschen unter dem Gesetz bezogen hatte, änderte er im Laufe der Zeit seine Einschätzung: Röm 7 stelle den Menschen unter der Gnade dar, so in seiner 420 verfassten Schrift *Contra duas epistulas Pelagianorum*. Dadurch betont Augustinus stärker als vorher, dass auch Christen noch unter der Wirkung von Sünde und Begierde leben. Augustinus' Röm 7-Exegese war nicht unumstritten, aber sehr einflussreich. Luther adaptierte Augustinus' Ansätze; für ihn begründete Röm 7 das Konzept des *simul iustus et peccator*.

Auch für Martin Luther selbst lassen sich solche Entwicklungen beobachten und Luther hat diese sogar explizit formuliert. In einem Brief an Johann von Staupitz vom 30. Mai 1518 berichtet Luther von einer exegetischen Erkenntnis, die ihn wesentlich geprägt hat und in seine Kritik am Ablass mündete. Er schildert im Rückblick wie sich sein Verständnis des Begriffes der Buße, *poenitentia*, verwandelte von einem Wort, das ihm bitter war, hin zu einem Wort, das ihm süß schmeckte. Mit ‚bitter' und ‚süß' greift Luther dabei mystische Terminologie auf. Doch für ihn änderte sich nicht nur der Klang oder Geschmack der Worte, hinter diesen sprachlichen Metaphern stand eine inhaltliche Neudeutung des theologischen Verständnisses der Buße.

Um den Umgang einer Quelle mit Autoritäten und Traditionen zu bewerten, bedarf es häufig eines *Vergleiches zwischen zwei oder mehreren Quellen*. Die folgende Schematisierung soll zeigen, auf welche Weise eine Quelle auf eine andere Quelle Bezug nimmt (siehe Grafik S. 84). In der Realität ist dies allerdings häufig deutlich komplexer, da sich meistens verschiedene Traditionen und Neudeutungen in einer Quelle verbinden.

Ein Ausgangspunkt für einen Quellenvergleich ist die Frage nach der *Datierung*. Eine Tradition muss per definitionem bereits vorliegen, also älter sein, um ⁊ II.2.3 als Tradition aufgenommen werden zu können. Ist Quelle b) jünger als Quelle a), kann Quelle b) keine Tradition von Quelle a) sein. Es ließe sich allerdings fragen, ob Quelle b) ältere Traditionen enthält.

Q Viele Quellen der ersten drei christlichen Jahrhunderte bieten eher fragmentarische Erkenntnisse über die Geschehnisse dieser Zeit. Kann man Eusebs *Kirchengeschichte*, die im frühen 4. Jahrhundert geschrieben wurde und deshalb jünger ist als Quellen des 1.–3. Jahrhunderts (Quelle a), vergleichend als Quelle b) heranziehen? Dies funktioniert deshalb, weil Eusebs *Kirchengeschichte* viele Traditionen der ersten drei christlichen Jahrhunderte zitiert. Somit kann Eusebs *Kirchengeschichte* sowohl als Quelle für Eusebs Geschichtstheologie dienen als auch als Quelle für Geschehnisse und Entwicklungen der vornizänischen Kirche. Beides muss jedoch getrennt betrachtet werden.

Wenn Quelle b) jünger ist und keine älteren Traditionen enthält, scheidet Quelle b) als Tradition für Quelle a) aus und kann höchstens für die Rezeptionsgeschichte nutzbar gemacht werden. Die *Rezeptionsgeschichte* (von *receptum*: „das Aufgenommene") untersucht die spätere Bewertung eines Ereignisses oder einer theologischen These. Eine Rezeptionsgeschichte Luthers kann z. B. anhand der Reformationsjubiläen betrachten, wie sich das Lutherbild der jeweiligen Zeit geändert hat. Ihr Untersuchungsgegenstand wäre somit nicht Luther selbst, sondern die jeweilige Bewertung Luthers.

Neben der Datierung lässt sich nach den *Autoren* fragen. Vergleicht man *zwei* ⁊ II.2.3 *Quellen eines Autors*, kann dies einerseits dazu dienen, die Gedankenwelt des Autors besser zu beleuchten: Quelle b) dient dann dazu, Quelle a) besser zu verstehen, z. B. weil etwas in Quelle b) ausführlicher dargestellt wird als in Quelle a). Andererseits kann zwischen Quelle b) und Quelle a) eine Entwicklung stattgefunden haben.

Q Ein Vergleich zwischen der 1918 publizierten ersten Auflage (Quelle a) des Römerbriefkommentars des Schweizer Theologen Karl Barth mit der zweiten Auflage, die Barth 1921/22 veröffentlichte (Quelle b), zeigt die theologische Entwicklung, die Barth in den frühen Jahren nach dem Ersten Weltkrieg durchmachte: Quelle a) durchbricht die sprachlichen Gepflogenheiten der zeitgenössischen Theologie und gilt wegen ihrer kontrastreichen sprach-

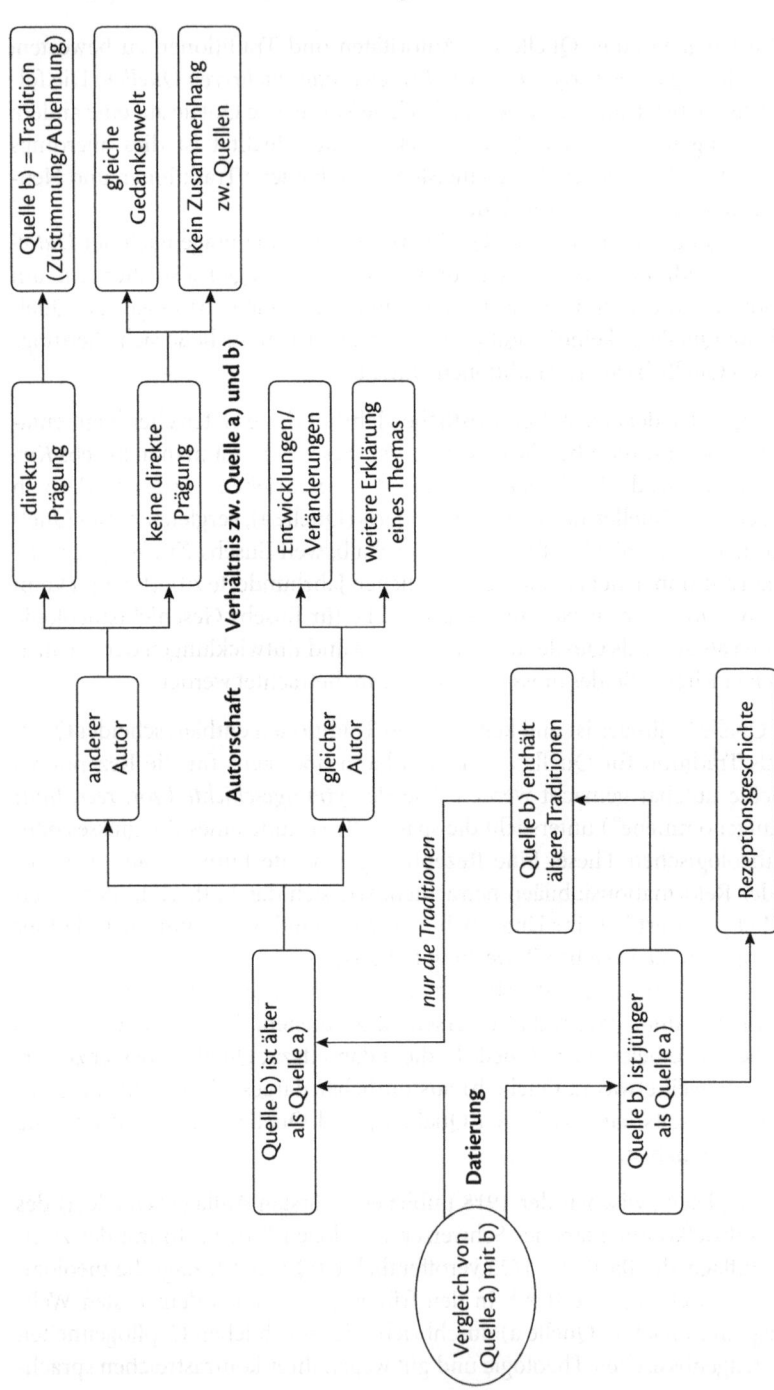

Die Graphik soll einen Vergleich zwischen zwei Quellen schematisch darstellen: Quelle a) ist die Ausgangsquelle, die analysiert werden soll. Quelle b) ist die als Vergleich herangezogene Quelle, die darauf befragt wird, ob sie eine Tradition für Quelle a) sein kann.

lichen Bilder als ein Beispiel expressionistischer Literatur. Demgegenüber formuliert Quelle b) präziser die schon in Quelle a) angelegten Leitgedanken: Gott ist der „ganz andere"; er ist für die menschliche Vernunft unzugänglich, gibt sich aber in Jesus Christus zu erkennen, der auch das Ziel der Menschheitsgeschichte ist. Quelle b) zeigt also die begriffliche und sachliche Weiterentwicklung von Gedanken, die bereits in Quelle a) angelegt sind.

Handelt es sich um *unterschiedliche Autoren*, so gibt es unterschiedliche Möglichkeiten: Quelle a) kann von Quelle b) direkt geprägt sein. Eine direkte *Prägung* erfordert jedoch mehr als bloße *Ähnlichkeit*. Entscheidend ist, dass ein bestimmtes Ereignis oder ein theologisches Thema explizit übernommen wird. Dies lässt sich etwa über direkte Zitate (oder deutliche Anspielungen bzw. Paraphrasierungen) nachweisen. Wenn Quelle a) Quelle b) zitiert, nimmt Quelle a) Quelle b) als Tradition auf. Wird dieses Zitat namentlich gekennzeichnet („wie schon Quelle b) sagte ..."), so ist Quelle b) für Quelle a) eine Autorität. Hier stellt sich dann die Folgefrage, ob die Tradition bzw. Autorität bejaht oder abgelehnt wird, ob sie ergänzt oder verkürzt wird. In diesem Kontext finden sich in der Forschungsgeschichte häufig Fragen nach *Entwicklungen* und *Originalität*. Die Frage nach Entwicklungen und Originalität ist relevant für übergreifende theologiegeschichtliche Fragen wie die Entwicklung bestimmter theologischer Lehren. Allerdings ist unser Originalitätsverständnis für die Vormoderne anachronistisch. Damals hatten Tradition und Kontinuität einen höheren Stellenwert als Neuerungen, weswegen Neuerungen häufig als traditionell ausgegeben wurden. Ebenfalls kann die Suche nach Originalität problematisch werden, wenn die Bewertung zu einseitig ist und z. B. auf eine Linie bzw. wenige Personen verengt wird.

Q Oft handelt es sich nicht um eine, sondern um mehrere Traditionen: Die *Theologische Erklärung*, die auf der Reichsbekenntnissynode in Barmen am 31. Mai 1934 verabschiedet wurde (Quelle a), zitiert in ihrer Präambel explizit die Artikel 1 und 2 der Verfassung der Deutschen Evangelischen Kirche vom 11. Juli 1933 (Quelle b). Jeder der sechs Artikel der Barmer Theologischen Erklärung beginnt mit einem expliziten Zitat aus der Bibel (Quelle c); es folgt eine positive Lehraussage und auf diese eine Verwerfung, mit welcher der Artikel schließt. Der erste Artikel formuliert positiv: „Jesus Christus, wie er uns in der Heiligen Schrift bezeugt wird, ist das eine Wort Gottes, das wir zu hören, *dem wir im Leben und Sterben zu vertrauen und zu gehorchen haben*"[13]. Dieser Satz spielt auf die erste Frage und Antwort des Heidelberger Katechismus (Quelle d) an: „Was ist dein einiger trost *in leben und in sterben*? Antwort. Das ich mit Leib und Seel, beyde *in leben und in sterben*

---

[13] Die Barmer „Theologische Erklärung zur gegenwärtigen Lage der Deutschen Evangelischen Kirche" (Mai 1934), These 1, in: KThGQ V, 110.

nicht mein, sonder meines getreuen Heilands Jesu Christi eigen bin ..."[14]. In der Verwerfungsformulierung „Wir verwerfen die falsche Lehre, als könne und müsse die Kirche als Quelle ihrer Verkündigung außer und neben diesem einen Worte Gottes auch noch andere Ereignisse und Mächte, Gestalten und Wahrheiten als Gottes Offenbarung anerkennen"[15], bezieht sich die *Barmer Theologische Erklärung* implizit auf die „Glaubensbewegung Deutsche Christen", deren Vertreter in der Ernennung Adolf Hitlers zum Reichskanzler am 30. Januar 1933 ein religiöses Ereignis mit Offenbarungscharakter sahen (Quelle e). Die *Barmer Theologische Erklärung* als Quelle a) verarbeitet also (mindestens) vier andere Quellen (Quellen b–e), die somit in unterschiedlicher Ausprägung zu ihren Traditionen gehören: Die deutschchristliche Theologie (Quelle e) wird nicht explizit zitiert, sondern es wird implizit auf sie Bezug genommen, und zwar ablehnend. Quelle e) ist somit eine Art „Gegen-Tradition". Quelle d), der *Heidelberger Katechismus*, wird ebenfalls nicht explizit zitiert, Quelle a) nimmt aber sprachlich auf ihn Bezug, und zwar positiv. Quelle d) ist somit eine positiv aufgenommene Tradition für Quelle a). Quelle b), die Verfassung der Deutschen Evangelischen Kirche, wird einmal in der Präambel zitiert, damit die Legitimität von Quelle a) bewiesen werden kann. Diese Funktion und auch die Tatsache, dass Quelle b) explizit genannt wird, machen sie im Gebrauch von Quelle a) zur Autorität. Die Bibel (Quelle c) wird durchgängig von Quelle a) explizit zitiert und dient jeweils dazu, die Position von Quelle a) als rechtgläubig zu kennzeichnen. Damit ist Quelle c) ebenfalls eine Autorität für Quelle a). Trotzdem der Text von Quelle a) so viele Traditionen und Autoritäten aufnimmt, wäre der Vorwurf mangelnder Originalität jedoch verfehlt: Zum einen besteht ein Anliegen dieses Textes gerade darin, *keine* theologischen Neuigkeiten mitzuteilen, sondern die fortdauernde Gültigkeit altüberkommener theologischer Sachverhalte zu betonen. Zum anderen handelt es sich bei der Aufnahme und Verarbeitung von Traditionen und Autoritäten durchaus um einen kreativen Prozess.

Nur weil Quelle a) und b) einen gleichen Gegenstand oder ähnliche Thesen haben, heißt dies nicht, dass eine direkte Prägung bestehen muss. Ohne nachweisbare Verbindung kann Quelle b) jedoch eine *gemeinsame Gedankenwelt* mit Quelle a) wiedergeben: Folglich dient Quelle b) dann dazu, den theologischen, spirituellen oder kirchlichen *Kontext* von Quelle a) zu rekonstruieren. Zur Tradition einer Quelle gehören somit auch Argumente, die die kirchen- und theologiegeschichtliche Gedankenwelt ausmachen. Auch diese Traditionen können bejaht oder verneint, abgeändert oder ergänzt werden.

---

[14] Der Heidelberger Katechismus (1563), 1. Frage, in: Die Bekenntnisschriften der reformierten Kirche. In authentischen Texten mit geschichtlicher Einleitung und Register hg. v. E. F. K. Müller, Leipzig 1903 (= Waltrop 1999), 682, 20–23. KThGQ III, 222.

[15] Die Barmer „Theologische Erklärung zur gegenwärtigen Lage der Deutschen Evangelischen Kirche" (Mai 1934), These 1, in: KThGQ V, 110.

Q Möchte man ein spätmittelalterliches Andachtsbuch mit Gebeten und Meditationen zum Leiden und Sterben Jesu Christi (Quelle a) im Kontext der zeitgenössischen Passionsfrömmigkeit verstehen, so geht es nicht primär darum, literarische Abhängigkeiten von anderen Texten herauszufinden. Es sollten grundsätzlich nicht nur schriftliche Quellen hinzugezogen werden, sondern vielmehr auch zeitgenössisch typische Bildwerke (Quelle b): Das Motiv der Pietà, der um ihren verstorbenen Sohn trauernden Gottesmutter Maria, die den toten Jesus auf dem Schoß hält, oder das Motiv des Schmerzensmanns, des mit den Wunden der Passion und Kreuzigung zu sehenden halbnackten Jesus, waren weit verbreitet – ob als Altarbild, Skulptur oder Holzschnitt. Sie geben gute Einblicke in eine auf das Mitleiden (*compassio*) mit Christus bzw. Maria ausgerichteten Frömmigkeit, in der der menschliche, leidende Erlöser im Zentrum steht. Nun spielt es für die Interpretation des Andachtsbuches (Quelle a) keine große Rolle, ob der Autor Kenntnis von diesem oder jenem konkreten Bildnis (Quelle b) hatte. Denn die Bilder (Quelle b) können mit ihren zeitgenössisch typischen Motiven zur Rekonstruktion der Mentalitäts-, Frömmigkeits- und Gedankenwelt der Gebete und Meditationen des Andachtsbuches (Quelle a) genutzt werden.

Oft gehören mehrere Quellen zur gleichen Gedankenwelt, auch wenn direkte Prägungen schwierig nachzuweisen sind. Zuletzt gibt es aber auch Quellen, die in keinem gemeinsamen Kontext zueinander stehen. Während die Systematische Theologie Konzeptionen aus diesen Quellen vergleichen kann, muss die Kirchengeschichte hier vorsichtiger sein. Quellen miteinander ins Gespräch zu bringen, die historisch in keiner Beziehung zueinander stehen, birgt nämlich die Gefahr, den historischen Kontext aus den Augen zu verlieren. ↗ II.2.10

Für die Rekonstruktion des intellektuellen Horizontes müssen somit die verschiedenen Traditionen und Autoritäten einer Quelle zuerst gefunden werden. Danach muss ein Abgleich zwischen der rezipierten Tradition und der Quelle stattfinden, um die Frage zu beantworten: Wie wird die Tradition aufgegriffen und bewertet?

⊘ Dieses Kapitel legt den Schwerpunkt auf die Frage, welche Denkansätze, Ideen, Lehren und Weltanschauungen eine Quelle bzw. ein Autor oder eine Autorin von anderen Quellen bzw. Personen übernimmt. Die *geistige Prägung* von Autoren bzw. Quellen besteht aus einem weiten *intellektuellen Horizont*, aber auch klar bestimmbaren *Traditionen* und explizit benannten *Autoritäten*. Untrennbar verbunden mit der Frage, *welche* Traditionen und Autoritäten aufgenommen wurden, ist die Frage, *wie* diese Traditionen und Autoritäten rezipiert und verarbeitet wurden (Aufnahme, Ablehnung, Transformation etc.). Um dies zu erschließen, bedarf es des Vergleichs zweier oder mehrerer Quellen. *Quellenvergleiche* müssen sowohl das historische Verhältnis der Quellen zueinander bedenken (Datierung, Autoren, Bekanntheit der Quelle?) als auch die inhaltliche Positionierung der jüngeren Quelle zur älteren.

II.2.8 Kommunikationszusammenhänge

Während das vorherige Kapitel die geistigen Prägungen von Autor und Quelle in den Blick nimmt, betrachtet dieses Kapitel die Quelle als Teil eines Diskurses. Denn keine Quelle befindet sich im luftleeren Raum. Jede Quelle steht vielmehr in bestimmten *Kommunikationszusammenhängen*. Dies trifft auf den Menschen als kommunikatives und soziales Wesen insgesamt zu. Die Quellen sind Ausdruck von *Kommunikation* vergangener Zeiten und müssen, um angemessen verstanden zu werden, bestmöglich in der vergangenen Kommunikationssituation lokalisiert werden. *Kommunikation* ist dabei immer multidimensional. Hilfreich erscheint hier der Blick auf das kommunikationspsychologische Vier-Seiten-Modell von Friedemann Schulz von Thun.[16] Eine Nachricht habe grundsätzlich vier Aspekte: den Sachaspekt, den Beziehungsaspekt, den Selbstoffenbarungsaspekt und den Appellaspekt, und könne entsprechend auch mit vier Ohren empfangen werden. Nehmen wir zur Veranschaulichung den berühmten Loriot-Sketch „Das Ei ist hart," so kann diese Aussage z. B. als Sachinformation verstanden werden (das Ei ist hartgekocht) oder als Kritik (du hättest das Ei kürzer kochen müssen). Der Sketch entfaltet dabei seinen Witz gerade aus dem Vermischen der beiden Ebenen und dem damit einhergehenden Missverständnis zwischen Ehemann und Ehefrau.

Die meisten Quellen sind einem Reflexionsprozess entsprungen. Sie transportieren Botschaften mit einem *Zweck*. Dieser Zweck besteht meistens darin, eine bestimmte Perspektive auf ein Ereignis oder ein theologisches Thema darzustellen, weiterzuverbreiten oder zu verteidigen. Die Kommunikation steht dazu unter der Voraussetzung, dass sie von einem oder mehreren Adressaten verstanden wird. Insofern spiegelt eine Quelle immer auch das kontextuelle Verständnis von Autor und Adressat wider. Das kontextuelle Verständnis ist wie ein Code, ohne den eine Quelle unverständlich bleibt. Am einfachsten lässt sich dies an der Sprache zeigen. Sehr viele vorneuzeitliche Quellen sind auf Latein oder Griechisch verfasst. Sie setzen somit Sprachkenntnisse bei Autor und Adressat voraus. Gleiches gilt für spezifische Begriffe wie Fachtermini: Wenn diese nicht definiert werden müssen, bedeutet dies, dass ein Konsens über deren Bedeutung vorausgesetzt wird.

↗ II.2.9

⌀ Zu manchen Epochen (v. a. christliche Antike und Frühmittelalter) und Themen sind die Quellen nur ein kleiner Ausschnitt vergangener Kommunikationen, die uns nur spärlich erhalten sind. In späteren Epochen sieht die Quellenlage deutlich besser aus. Hier sind uns Kommunikationszusammenhänge durch Briefe, Gesprächsmitschriften und Akten oft deutlich detaillierter erhalten. Aus verschiedenen Quellen lassen sich somit Netzwerke aus Kommunikationsteilnehmern rekonstruieren.

---

[16] Friedemann Schulz von Thun, Miteinander reden 1: Störungen und Klärungen. Allgemeine Psychologie der Kommunikation, Reinbek [50]2013.

Zu einem Kommunikationsgeschehen gehört nicht nur die Perspektive der Quelle bzw. ihres Autors, sondern auch wie Adressaten die Perspektive dieser Quelle annehmen bzw. übernehmen. Manchmal ist dies überliefert, manchmal fehlen uns dazu aber die Quellen (s. o.). Natürlich kommt und kam es wie im Loriot-Sketch häufig dazu, dass Adressaten die intendierte Botschaft einer Quelle missverstanden bzw. anders deuteten. Das Unstrittige, nämlich die Kontextcodes, die für das Verständnis der Kommunikationszusammenhänge notwendig sind, werden hingegen meistens vorausgesetzt. Deshalb müssen sie von heutigen Leserinnen und Lesern dekodiert werden, indem die Kommunikationszusammenhänge einer Quelle rekonstruiert werden. Relevante Fragen sind dabei: An wen ist die Quelle adressiert? In welchem Umfeld denkt und schreibt der Autor? Wie verbreitet sich eine Quelle?

Q Der Kommunikationszusammenhang mehrerer reformatorischer Flugschriften lässt sich an folgenden Schriften gut aufzeigen. 1524 erschien in Leipzig die pseudonyme Flugschrift Henricus P. V. H., *Antwurt wider das unchristlich Lesterbuch Ursula Weydyn*. Ausgangspunkt der *Antwort* war die 1524 in Leipzig erschienene Schrift des Abtes zu Pegau, Simon Blich, in der der Abt das Klosterleben verteidigt. Auf die Schrift des Abtes respondierte Ursula Weida, die Frau des Schössers zu Eisenberg. Und schließlich reagierte Henricus P. V. H. mit seiner *Antwort* auf die Schrift von Ursula Weida. Simon Blich, Ursula Weida und Henricus P. V. H. verfassen ihre Flugschriften jeweils in ihrem intellektuellen Horizonte und greifen dafür auf die für sie relevanten Traditionen und Autoritäten zurück, beziehen jedoch auch klar Stellung zu den benutzten Traditionen und Autoritäten der vorangehenden gegnerischen Schrift.

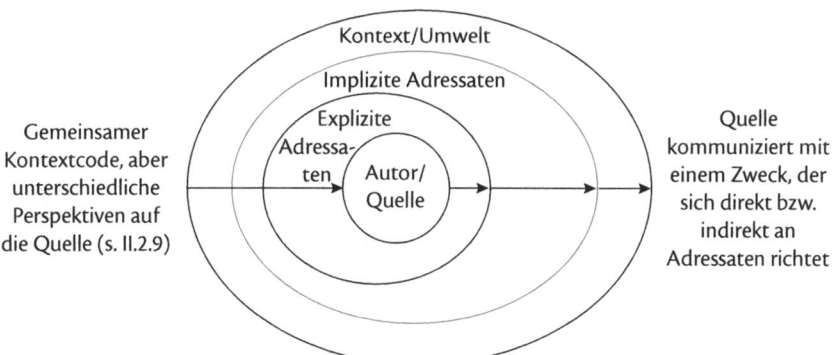

Situierung der Quelle (darum im Mittelpunkt) in verschiedenen Kommunikationszusammenhängen. Manche Kommunikationspartner stehen der Quelle näher (explizite Adressaten), andere ferner; die Grenzen sind dabei als fließend zu verstehen. Entscheidend ist, dass sowohl die Adressaten bzw. die Umwelt eine Perspektive auf die Quelle haben (Pfeil links) sowie die Quelle direkt bzw. indirekt auf die Adressaten einwirkt (Pfeile rechts).

Eine Quelle kann *explizite* und *implizite Adressaten* sowie *intendierte* und *nicht-intendierte Leser* bzw. *Rezipienten* haben. Mit bestimmten Personen findet ein direkter Austausch statt; mit diesen Personen teilt ein Autor häufig viele gemeinsame Kontextcodes und Interessen (nicht aber unbedingt deren Meinung). Hierzu gehören insbesondere die *expliziten Adressaten*, die meistens in der Quelle benannt werden. In einem Brief finden sich die expliziten Adressaten etwa in der Grußformel. Auch literarische Werke sind häufig einer bestimmten Person gewidmet.

Jedoch müssen nicht alle *intendierten Leser* explizit benannt werden. Die allermeisten schriftlichen Quellen richten sich an eine größere Leserschaft als an die expliziten Adressaten. Davon zeugen Abschriften bzw. Drucke oder die Rezeption einer Quelle durch andere Personen. Der explizite Adressat kann z. B. ein Repräsentant für eine Gruppe sein.

Q Dies lässt sich besonders gut anhand von Briefen zeigen – und zwar von den Alten Kirche bis hin in die Kirchliche Zeitgeschichte. Denn viele Briefe lassen sich nicht als Privatbriefe zwischen zwei Personen verstehen.

Augustinus schrieb etwa 419 einen Brief (*ep.* 194) an den Presbyter Sixtus in Rom über Gnade und Willensfreiheit. Sixtus ist also der *explizite Adressat*, der und dessen Anfragen (eines nicht erhaltenen Briefes) in *ep.* 194 angesprochen werden. Über Sixtus hinaus richtet sich Augustinus jedoch auch an ein weiteres theologisch interessiertes Publikum im westlichen Mittelmeerraum – Augustinus selbst schreibt in diesem Brief, dass es viele Theologen gibt, die noch von seiner Lehre zu überzeugen seien (*intendierte Leser*). Greifbar wird dieser Brief (*ep.* 194) fünf Jahre später, als er in einem Kloster in Nordafrika (!) eine handfeste theologische Kontroverse auslöste.

Ostern 1943 erhielt der bayerische Landesbischof Hans Meiser einen Brief eines Münchner Kreises. In diesem Brief protestieren die namentlich nicht genannten Autoren gegen die Judenpolitik der Nationalsozialisten und rufen Meiser zum Protest auf. Obwohl der Brief einen expliziten Adressaten hat, strebten die Autoren des Briefes dessen öffentliche Verlesung in den Gottesdiensten an. Meiser sandte diesen Brief an seinen württembergischen Amtskollegen Theophil Wurm. Der Schweizer evangelische Pressedienst veröffentlichte diesen Brief und auch in Deutschland kursierte der Brief unter der Hand und wurde öffentlich im Gottesdienst verlesen. Zu dem expliziten Adressaten treten zahlreich implizite hinzu. Zu den impliziten Adressaten zählt auch die nationalsozialistische Regierung, gegen die sich der Protest richtet.

↗ II.2.4 Nicht alle Quellen haben explizite Adressaten. Hier hilft häufig ein Blick auf die Gattung, denn bestimmte Gattungen setzen bestimmte Kommunikationszusammenhänge voraus bzw. evozieren sie. Predigten, Flugschriften, Zeitungen oder Internetblogs haben von vornherein einen mehr oder weniger offenen Adressatenkreis. Trotzdem lässt sich meistens eine *Zielgruppe* erschließen. Im Bild der Graphik oben (S. 89) gesprochen: Es gibt (fast) immer Personen, die für die Quelle direkte Kommunikationspartner sind (enger Kreis). Predigten erreichen vorrangig ein christlich-konfessionelles Binnenpublikum einer bestimmten Gegend bzw. Region – z. T. lässt sich dies noch stärker eingrenzen. Eine Predigt, die explizit Nicht-Christen anspricht, fällt z. B. durch missionarische Appelle auf. Zeitungen haben politische Prägungen, die sie für bestimmte Gruppen interessanter als für andere machen. Die Kommunikationszusammenhänge von Predigten und Zeitungen sind zudem durch Sprache und regionale Verbreitung begrenzt. Kommunikationszusammenhänge einer Quelle können sich zu Lebzeiten des Autors bzw. nach seinem Tod verändern. Übersetzungen erweitern den Adressatenkreis einer Quelle und erschließen damit neue Kommunikationszusammenhänge. Auch der technische Fortschritt (z. B. Druckerpresse, Radio, Photographie, Internet) führte zu neuen Möglichkeiten von Kommunikation und neuen Quellen.

Der Unterschied zwischen *impliziten Adressaten* und nicht-intendierten Rezipienten ist also, dass der Autor erstere als Ziele seiner Kommunikation im Blick hat, letztere dagegen nicht.

Auch andere Sachquellen wie Inschriften, Münzen oder Bauwerke befinden sich in Kommunikationszusammenhängen. Bei Münzen zeigt sich dies in mehreren Dimensionen: Als Zahlungsmittel haben sie einen Wert, den ihr Menschen zusprechen. Außerdem wird auf Münzen ein Bild bzw. eine Inschrift geprägt, die eine bestimmte Reaktion hervorrufen soll.

Q Ein Beispiel aus der Architektur bzw. Urbanistik (Stadtforschung) sind Kirchbauten. Hohe Kirchtürme etwa dienten im Mittelalter nicht nur der Ehre Gottes, sondern auch als Wegmarken (z. B. für Schiffe und bei Reisen über Land) oder als Symbol des Einflusses oder Renommees der Bauherren. Städte konkurrierten um den höchsten Turm, innerhalb einer Stadt sogar bestimmte Bevölkerungsgruppen, z. B. in Lübeck die Kaufleute mit der Marienkirche und der Klerus mit dem Dom. D. h. der Bau einer Kirche zielte kommunikativ nicht nur auf eine Gemeinde ab, sondern auch auf inner- bzw. zwischenstädtische Wettstreitigkeiten um Ansehen.

Um die Kommunikationszusammenhänge einer Quelle zu bestimmen, sind die *impliziten Adressaten* also höchst relevant. Allerdings ist es häufig schwierig zu rekonstruieren, wer die ungenannten Adressaten sind. Hinweise können verschiedene Aspekte liefern:

Das Umfeld eines Autors lässt sich durch biographische Informationen und über weitere Quellen rekonstruieren. Dabei muss auf die Datierung der Quelle Bezug genommen werden. Befindet sich der Autor zum Zeitpunkt der Abfassung der Quelle in einem bestimmbaren Netzwerk oder einem abgrenzbaren Milieu? Der intellektuelle Horizont des Autors hat ebenfalls große Bedeutung ↗ II.2.7 für die Kommunikationszusammenhänge der Quelle: Zielt die Quelle auf ein konkretes theologisches oder religiöses Themenfeld ab? Ist sie in einer bestimmbaren theologischen Kontroverse zu verordnen? In diesem Fall können somit weitere Werke dieser Kontroverse zur Kontextualisierung der Quelle herangezogen werden. Solche Fragen zielen auf den „*Sitz im Leben*" einer Quelle ab. Dies geht über die bloßen Adressaten bzw. die Zielgruppe einer Quelle hinaus und meint die konkrete historische Situation, in die die Quelle hineingeschrieben wurde. D. h. die Kommunikationszusammenhänge beziehen sich immer auf die ↗ II.2.3   *Entstehungssituation.*

Kommunikationszusammenhänge können enger und weiter gefasst werden. Neben den unmittelbaren Kommunikationszusammenhängen einer Quelle können in der Theologie- und Dogmengeschichte rückblickend auch übergreifende Diskurse rekonstruiert werden, die in Ort und Zeit (also der *Entstehungssituation*) sowie dem Diskursthema konvergieren, z. B. die christologischen und trinitarischen Streitigkeiten der Alten Kirche, die mittelalterlichen Armutsstreitigkeiten, die innerprotestantischen Streitkreise der Frühen Neuzeit oder der Apostolikumsstreit des 19. und frühen 20. Jahrhunderts. Die Rekonstruktion solcher übergeordneter Diskurse hat Vor- und Nachteile. Wie bei der Ab-
↗ II.1.2   grenzung von Epochen kann dadurch die Kirchengeschichte in übersichtlichere Abschnitte eingeteilt werden. Die Einteilung in große Kommunikationszusammenhänge ermöglicht es zudem, Entwicklungen und Diskurse zu analysieren
↗ II.2.10   und theologische Denkansätze zu vergleichen. Solche konstruierten Kommunikationszusammenhänge sind jedoch auch gefährlich, wenn sie den Blick auf die konkreten, meistens deutlich begrenzteren Kommunikationszusammenhänge einer Quelle bzw. eines Autors verstellen. Genauso dürfen Abgrenzungen nicht verabsolutiert werden oder als zwangsläufig angesehen werden.

Q Aus historischer Sicht endete der Trinitarische Streit nicht automatisch 381 mit dem *Nizäno-Konstantinopolitanum*. Dass dieses Glaubensbekenntnis erst knapp hundert Jahre später das *Nizänum* ersetzte, zeigt, wie konstruiert die Abgrenzung von Trinitarischem Streit bis 381 und Christologischem Streit ab 381 ist. Auch die innerprotestantischen Diskussionen um das rechte Verständnis und die rechte Praxis des Abendmahls enden nicht mit dem Marburger Religionsgespräch 1529, sondern flammten bis ins 20. Jahrhundert immer wieder auf und dürften selbst mit der *Leuenberger Konkordie* von 1973 nicht beendet sein.

Neben dem biographischen und kirchenhistorisch-kontextuellen Zugang können auch sprachliche Besonderheiten in der Quelle Hinweise auf Zielgruppe und implizite Adressaten liefern. Dazu gehören Anreden und Gruppenbezeichnungen: Wer wird in der Quelle als Freund, wer als Feind bezeichnet? Wird von „außen" und „innen" gesprochen, richtet sich die Quelle wahrscheinlich eher an eine Zielgruppe, die die Meinung des Autors teilt. Der Argumentationsduktus sagt viel über den Kommunikationszusammenhang aus: Was setzt die Quelle an

Grundannahmen und Wissen voraus? Werden bestimmte Begriffsbedeutungen vorausgesetzt oder werden sie definiert bzw. verteidigt?

Q Der *rekonstruierte übergreifende Kommunikationszusammenhang* von Ambrosius' Schrift *De fide* lässt sich aufgrund von *Entstehungssituation* (Mailand/Norditalien, 379/80), thematischem Schwerpunkt und Ausrichtung (gegen die „Arianer") als später Trinitarischer Streit ausmachen. Wichtig ist aber zu bedenken, dass Ambrosius während der Abfassung nicht wissen konnte, dass 381 zwei Konzilien (Konstantinopel und Aquileia) für das nizänische Glaubensbekenntnis votierten, und noch viel weniger, dass spätere Generationen dies als Endpunkt des Trinitarischen Streites bezeichnen würden. Als *expliziten Adressaten* nennt Ambrosius in *De fide* den damaligen Kaiser Gratian. Das Verhältnis zwischen Bischof Ambrosius und Kaiser Gratian war jedoch vermutlich nicht so eng, wie Ambrosius suggeriert. Die Frage nach den *impliziten Adressaten* ist schwieriger. Die auf Latein verfasste Schrift richtet sich an ein westliches Publikum, während der Trinitarische Streit größtenteils im griechisch-sprachigen Osten tobte. Die Schrift nimmt Bezug auf vorherige und zeitgenössische Schriften (z. B. Nizänisches Glaubensbekenntnis) und Personen (z. B. Arius, Basilius), die auch dem Trinitarischen Streit zugeordnet werden. Ambrosius rezipiert theologische Ansätze von Athanasius und Basilius positiv, *De fide* weist aber auch erhebliche Kenntnislücken über entscheidende Geschehnisse und Meinungen während dieses Streites auf. Die „Arianer" werden widerlegt und als Gegner bezeichnet. Die intendierte Leserschaft sind somit lateinisch-sprachige Bischöfe und Theologen, die Ambrosius in der noch offenen Kontroverse für seine Meinung (pro-nizänisch) gewinnen will (*Zweck*). Ob die homöischen Gegner von Ambrosius' *De fide*, die sogar eine Widerlegungsschrift dagegen schrieben, intendierte oder nicht-intendierte Leser waren, kann man diskutieren. Der *Gesamtkontext* des Kommunikationszusammenhangs (*Sitz im Leben*) von *De fide* lässt sich als Teil einer Auseinandersetzung von lateinisch-sprachigen „Nizänern" und „Homöern" im späten 4. Jahrhundert bestimmen, die selektiv griechisch-sprachige Meinungen zur Trinität rezipierten.

Ein Beispiel wie aus einer abwertenden Fremdbezeichnung oder sogar einem Spottnamen eine positive Selbstbezeichnung wurde, ist die Bezeichnung „Pietist". Joachim Feller, Professor für Poesie in Leipzig, verwandelte 1689 den in dieser Zeit üblichen Spottnamen in einem Gedicht in eine Selbstbezeichnung und charakterisierte den Pietisten als denjenigen, der sich intensiv mit dem Wort Gottes beschäftigt und sein Leben nach diesem ausrichtet. Eine Ketzerei könne Feller in dieser christlichen Haltung nicht erkennen und auch die Form der Namensbildung kenne Analogien. Fellers positive Deutung des Spottnamens trug mit dazu bei, dass „Pietist" zur positiv besetzten Selbstbezeichnung wurde. Diese Umdeutung des Begriffsgebrauchs ist natürlich in einen konkreten Kommunikationszusammenhang eingebunden – die pietistischen Streitigkeiten, die in Leipzig u. a. mit August Hermann Francke verbunden sind. Ist der Kommunikationszusammenhang nicht bekannt, könnte das Gedicht Fellers lediglich als Definition der Bezeichnung angesehen werden, doch das greift eben zu kurz. Es ist zudem gar nicht ganz klar, wer in diesem Fall die impliziten und expliziten Adressaten von Fellers Gedicht sind: die Gegner der Pietisten oder die Pietisten selbst. Ersteren wird klar gemacht, dass ihre Anschuldigung haltlos ist, Letztere werden in ihrer Haltung bestätigt und bekommen einen ins Positive gewendeten Namen.

⊙ Während die Frage nach der geistigen Prägung das Gespräch der Quelle mit vorherigen Quellen untersucht, nimmt die Frage nach den Adressaten den Platz der Quelle innerhalb der Gespräche bzw. *Kommunikationszusammenhänge* zum Zeitpunkt der Abfassung, d. h. die *Entstehungssituation*, in den Blick. Adressaten einer Quelle sind nicht nur die *explizit* genannten, sondern eine Quelle ist vielmehr in unterschiedliche Kommunikationszusammenhänge mehr oder weniger involviert (von impliziten Adressaten bis zur Umwelt der Quelle). Um dies zu erschließen, bedarf es des genauen Studiums von Hinweisen innerhalb der Quelle und es müssen weitere Quellen hinzugezogen werden. Die Rekonstruktion der Kommunikationszusammenhänge und der Entstehungssituation helfen zu klären, warum und wozu ein Text verfasst wurde (*Zweck* der Quelle).

II.2.9 Die Perspektive des Autors/der Autorin bzw. der Quelle

↗ I.1.1

↗ II.2.8

↗ I.2.4

Wissenschaftlichkeit wird manchmal als gleichbedeutend mit Objektivität angesehen. Allerdings ist kein Autor und keine Autorin und somit auch keine Quelle objektiv. Stattdessen spiegelt eine Quelle die *Haltung und Sichtweise* der jeweiligen Autoren zu Ereignissen oder (theologischen) Diskussionen wider. Jedes Zeugnis der Vergangenheit hatte einen bestimmten Zweck in einem spezifischen Kommunikationszusammenhang. Häufig wird diese Haltung bzw. Sichtweise als *Tendenz* einer Quelle bezeichnet. Allerdings hat der Tendenzbegriff einen negativen Beigeschmack: Eine ‚tendenziöse‘ Quelle gilt mitunter als unbrauchbar, weil sie nicht ‚objektiv‘ berichtet. Damit wurde nicht selten das Anliegen verbunden, die Quellen von der Tendenz zu reinigen. Weil aber grundsätzlich jede Quelle – wie auch jede Geschichtsschreibung – perspektivisch ist, erscheint es ratsam, diese *Perspektive* bewusst zu machen, zu reflektieren und mit anderen (möglichen) Perspektiven auf denselben Gegenstand, dasselbe Ereignis, dasselbe Thema oder dieselbe Kontroverse ins Gespräch zu bringen.

Q An der Gattung des theologischen Traktats lässt sich einfach zeigen, dass solche Quellen immer perspektivisch sind: Die Dialektische Theologie, eine theologische Reformströmung zwischen den beiden Weltkriegen des 20. Jahrhunderts, zerbrach Mitte der 1930er Jahre unter anderem an einer Kontroverse um Fragen der Gotteserkenntnis und der Anthropologie. Emil Brunner meinte in seiner Schrift *Natur und Gnade. Zum Gespräch mit Karl Barth* darzulegen, was Barth ‚eigentlich will und meint' und dass er lediglich die falschen Konsequenzen daraus ziehen würde. Karl Barth antwortete darauf mit einem schroffen *Nein! Antwort an Emil Brunner*, worin er Brunner vorwarf, ihn falsch zu verstehen, sodass Barth seine Position noch deutlicher in Abgrenzung zu Brunner formulierte. Die Aufgabe historisch-theologischen Arbeitens ist es nun nicht, die Debatte zwischen beiden auf einer höheren, womöglich ‚objektiven' Ebene zu lösen, sondern die jeweilige *Perspektive* der beiden dialektischen Theologen so genau wie möglich zu rekonstruieren, um verstehen zu können, warum beide in ihrem jeweiligen Denk- und Lebenshorizont das schrieben, was sie geschrieben und wie sie es geschrieben haben.[17]

Das gleiche gilt auch für historiographische Werke: Jede Darstellung historischer Ereignisse ist geprägt durch das eigene Wahrnehmen und durch eigene Deutungen, also die eigene Perspektive. Ein Ereignis kann z. B. ähnlich geschildert, aber unterschiedlich bewertet werden. Alltägliche Beispiele dafür sind Zeitungsartikel, die häufig auf Grund derselben Faktenlage ein Ereignis unterschiedlich interpretieren. Die scheinbar objektive Darstellung ein und desselben Ereignisses durch Augenzeugen kann bereits unterschiedlich oder gar widersprüchlich sein. Da die unhintergehbare Perspektivität auch für die Person des Kirchenhistorikers bzw. der Kirchenhistorikerin gilt, ist diesbezüglich auch immer die Selbstreflexion der eigenen Perspektive wichtig.   ↗ II.1.5

Indem eine Quelle perspektivisch etwas bewertet, reagiert sie auf bereits vorgegebene Ereignisse und Entwicklungen. Der Verfasser einer Quelle beschreibt und deutet ausgehend von seiner Perspektive Ereignisse oder fremde theologische Thesen. Wer historisch tätig ist, muss den Weg andersherum gehen. Denn das Ereignis oder die theologischen Dispute sind nur durch die Perspektive einer oder mehrerer Quellen bekannt. Der direkte Blick auf das Ereignis ist versperrt – allerdings wäre auch dieser direkte Blick ein Blick aus einer bestimmten Perspektive. Das Erkennen der Perspektive ist für Historiker somit unverzichtbar, um das in der Quelle Dargestellte einordnen zu können: Welchen Zweck verfolgt die Quelle? Wie vertrauenswürdig berichtet die Quelle? Was lässt sich über das berichtete Ereignis aussagen?

---

[17] In Kapitel **I.2.5** haben wir als ein Charakteristikum der Kirchengeschichte herausgestellt, dass diese von Theologinnen und Theologen betrieben wird, wobei die kirchenhistorische Arbeit stets auch die theologische Existenz beeinflusst und umgekehrt. Als Theologen können Kirchenhistoriker natürlich auch weiter fragen, was in ihrer Perspektive die Kontroverse zwischen Brunner und Barth für eine gegenwartsorientierte Theologie austrägt. Theologische Kontroversen der Vergangenheit sind hervorragendes Übungsfeld, um auch den eigenen theologischen Standpunkt zu finden und argumentativ verteidigen zu lernen. Dies geht jedoch über die Aufgabe der historisch-theologischen Rekonstruktion hinaus. Als hermeneutische Wissenschaft   ↗ I.1.1
möchte Kirchengeschichte Vergangenes nachvollziehend verstehen.

Die Frage nach der Perspektive einer Quelle untersucht deshalb, wie sich eine Quelle zu einem Ereignis oder einer theologischen Meinung verhält. Liegen verschiedene Quellen eines Autors zu einem Ereignis oder einem Thema vor, kann ein Vergleich hilfreich sein. Denn die Perspektive eines Autors ist nicht statisch, sondern kann sich verändern.

Wie lässt sich die Perspektive einer Quelle erschließen?

Die Perspektive einer Quelle ist abhängig von mehreren Faktoren, die man zu bedenken hat:

1. Welche *Kenntnisse* hat der Autor während der Abfassung dieser Quelle?
↗ II.2.7 2. Was sind die *geistigen Prägungen* des Autors?
↗ II.2.8 3. In welchem *Kommunikationszusammenhang* steht die Quelle?

(1.) Welche *Kenntnisse* hat der Autor während der Abfassung dieser Quelle? Zuerst muss die Zeit, in der ein Ereignis geschah, und die Zeit, in der eine Quelle
↗ II.2.3 von diesem Ereignis berichtet, unterschieden werden. Zwischen beiden kann eine große Zeitspanne liegen. Manche Chroniken berichten z. B. von Ereignissen, die hunderte Jahre vor der Abfassung der Chronik geschehen sind. Die entscheidende Frage ist folglich, was der Autor zum Zeitpunkt, als er die Quelle verfasste, vom geschilderten Ereignis wusste. Insbesondere wenn es mehrere Quellen gibt, die ein Ereignis bezeugen, kann man auch fragen, was einem Autor eventuell unbekannt war.

Dabei stellt sich zuerst die Frage, ob der Autor Augenzeuge oder Zeitzeuge dessen ist, was er berichtet. Ist der Autor ein Augenzeuge, stärkt dies seine Vertrauenswürdigkeit – garantiert diese aber auch nicht. Wenn der Autor kein Augenzeuge war, stellt sich die Frage nach seinen Quellen, auf deren Grundlage er berichtet. Dies gilt auch für Zeitzeugen, die keine Augenzeugen waren, insbesondere wenn die Zeitzeugen in erheblicher Entfernung (z. B. lokal, aber auch sozial) zum Berichteten standen. Durch seine Quellen ist der Autor dann bereits vorgeprägt. Denn die Perspektive des Autors bzw. der Quelle basiert dann auf einer bereits vorgegebenen Perspektive. Wie wir bei der Analyse der Traditionen gesehen haben, kann der Autor jedoch diese vorgegebene Perspektive auch
↗ II.2.8 neu- oder umgedeutet haben. In diesen Fällen haben Kirchenhistorikerinnen und Kirchenhistoriker zwei Perspektiven in einer Quelle zu unterscheiden: die der genutzten Tradition und die der Quelle selbst.

Die Frage nach der Kenntnis des Autors ist mit Blick auf die Ereignisgeschichte evident.

Q Eine der berühmtesten Chroniken des Mittelalters ist die *Chronik des Konzils von Konstanz* (1414–1418) von Ulrich Richental. Sie gehört ohne Zweifel zu den wichtigsten Quellen dieses spätmittelalterlichen Reformkonzils,

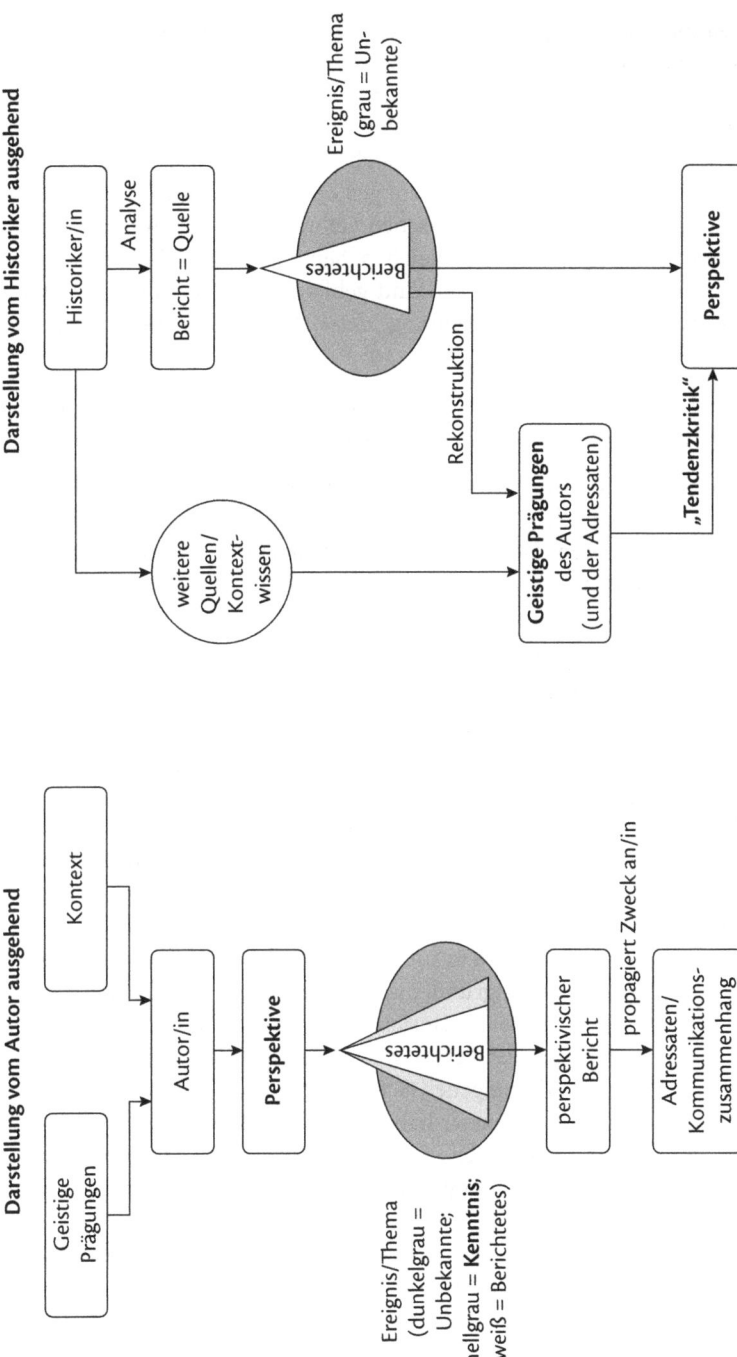

Die beiden Graphiken zeigen die Perspektive einer Quelle ausgehend vom Autor bzw. der Autorin – im Kontext der Entstehung der Quelle – (links) und vom Historiker bzw. der Historikerin (rechts). Der Kapitelaufbau orientiert sich stärker an der linken Graphik (ausgehend vom Autor und der Entstehung der Quelle). Allerdings ist es hilfreich, abwechselnd den Blick auf beide Graphiken zu werfen.

da der Autor Augenzeuge war, die Chronik zeitnah verfasst wurde und (später) sogar mit zahlreichen Bildern versehen wurde, die über Kleidung, Prozessionen, Wappen usw. Auskunft geben. Zu beachten gilt es im Blick auf die *Perspektive des Autors*, die sich in der Art der Berichterstattung spiegelt, dass Ulrich Richental weder Kleriker noch Konzilsteilnehmer war, also beispielsweise keinen Einblick in die Sitzungen des Konzils hatte und auch nicht alles von den verschiedenen liturgischen Gebräuchen verstand. Diesbezüglich wären andere Quellen heranzuziehen. Seine Chronik zeigt vielmehr die Wahrnehmung eines interessierten und gebildeten Bürgers der Stadt Konstanz an einem Ereignis von Weltrang, das sich gewissermaßen vor seiner Haustür abspielte.

Auch in theologischen Auseinandersetzungen ist zu bedenken, welche anderen Perspektiven und theologische Darstellungen der Autor der Quelle kannte.

Q In Hinblick auf Ambrosius' antiarianischer Trinitätstheologie in *De fide* ist es beispielsweise eine wichtige Frage, welche trinitätstheologischen Werke Ambrosius bekannt waren. Daraus lässt sich erschließen, wie detailliert er bestimmte Traditionen rezipierte bzw. welche Kenntnis er von der Meinung seiner Widersacher überhaupt hatte.

Der Blickwinkel der Quelle ist neben der Kenntnis auch von der Perspektive des Autors selbst abhängig. Denn jeder Autor geht mit seinem Wissen *selektiv* um: Welche Aspekte eines Ereignisses oder von theologischen Diskussionen hält der Autor für berichtenswert? Welche lässt er aus? Dies ist meistens von seiner Perspektive und dem Zweck, den er mit seinem Werk erreichen will, gelenkt. Im Idealfall können zwei Berichte eines Ereignisses miteinander verglichen werden. Gerade bei schlecht bezeugten Ereignissen stehen Kirchenhistorikerinnen und Kirchenhistoriker jedoch vor dem Problem, vieles nicht zu wissen. Die *argumentatio ex silentio*, das heißt, ein Argument auf der Nicht-Erwähnung von etwas theoretisch Erwähnenswertem aufzubauen, ist dabei ein mögliches Mittel. Allerdings muss dies sorgsam begründet werden und ist z. T. sehr spekulativ. Ein häufiges Problem stellen in dieser Hinsicht als Häretiker verurteilte Personen wie Arius in der Spätantike oder Petrus Valdes, auf den die Waldenser zurückgehen, im Mittelalter dar. Ihre eigenen Schriften sind meistens nicht oder nur fragmentarisch erhalten, ihre Gegner haben jedoch selektiv und perspektivisch ihre Gedanken wiedergegeben. Denn in theologischen Disputen geht es selten um eine detaillierte Darstellung der gegnerischen Meinungen, sondern eher um deren Widerlegung.

↗ II.2.7   (2.) Die Frage nach den *geistigen Prägungen* eines Autors und seiner Umwelt ist ein entscheidender Faktor für die Perspektive einer Quelle. Wenn wir uns mit einer Quelle beschäftigen, müssen wir die Perspektive des Autors rekonstruieren. Um diesen subjektiven Blick nachvollziehen zu können, müssen wir auch die (häufig nicht explizierten) Hintergrundgedanken einbeziehen. Denn eine Quelle bewertet und beschreibt Ereignisse oder Meinungen aufgrund bereits vorherrschender Haltungen und Einstellungen des Autors. Unter Einbezug der geistigen Prägungen wird die Perspektive einer Quelle erschlossen, indem nach argumentativer Zielrichtung und Zweck gefragt wird: Welche Meinung befürwortet die Quelle, welche verurteilt sie? Wie bewertet die Quelle Personen und deren Handlungen? Es gibt dabei Quellen, die stark parteiisch sind. Gerade in theologischen Disputen findet sich dies häufig, denn oft wird die eigene Position sehr offen vertreten und die gegnerische verdammt. Andere Quellen verbergen ihre Perspektive stärker. Dazu gehören teilweise geschichtsschreibende Quellen. Chroniken suggerieren mitunter einen ‚objektiven‘ Blick auf Ereignisse: zuerst geschah dies, dann das etc. – der Historiograph (Geschichtsschreiber) und seine geistigen Prägungen bleiben eher im Hintergrund; seine Perspektive ist damit schwerer zu ergründen. Deshalb kann es auf Kleinigkeiten ankommen, z. B. wie eine Person charakterisiert wird. Die Perspektive lässt sich auch daran ablesen, was die Quelle als wichtig herausstellt und was sie (bewusst?) nicht erwähnt. So kann – je nach Perspektive – Positives oder Negatives über eine bestimmte Person gesagt bzw. verschwiegen werden. Insbesondere bei vormodernen historiographischen Werken wird nicht selten die Geschichte als Ergebnis göttlichen Handelns dargestellt. Diese Interpretation der Geschichte gibt Rückschlüsse auf die Perspektive frei: Wer handelt – aus der Perspektive des Autors/der Quelle – gottgefällig, wer nicht, wen bzw. was unterstützt Gott, greift Gott aktiv in die Geschichte ein und wenn ja, wie?

Q Ein berühmtes Beispiel ist die Schilderung der Vision Konstantins bei dem spätantiken christlichen Historiographen Euseb von Caesarea. Gott offenbart sich dabei Konstantin in Vision und Traum; Konstantin, auf der Suche nach dem wahren Gott, erkennt dabei Christus als eben diesen. In der folgenden Schlacht an der Milvischen Brücke siegt Konstantin dann durch Gottes Hilfe über seine ‚heidnischen‘ Gegner. In dieser Schilderung wird Eusebs Perspektive deutlich. Er deutet die Ereignisse als eine Art Bekehrung Konstantins, der als Gottes Diener und somit legitimer Kaiser über das Römische Reich herrscht. Kirchenhistorikerinnen und Kirchenhistoriker müssen bei der Betrachtung des Geschilderten (Vision, Traum, Schlacht) nun immer diese Perspektive miteinbeziehen.

Auch ein Blick in weitere Schriften des gleichen Autors kann Rückschlüsse auf die Perspektive geben. Denn möglicherweise gibt der Autor in einem anderen Werk seine Perspektive offener zu erkennen. Ein Grund für solche Unterschiede können unterschiedliche Gattungen und Kommunikationszusammenhänge der Quellen sein, womit wir zum nächsten Faktor kommen.

(3.) Als weiterer Aspekt im Blick auf die Perspektive müssen die *Kommunikationszusammenhänge* der Quelle einbezogen werden. Denn der Zweck einer ↗ II.2.8 Quelle ergibt sich nur aus dem Kommunikationszusammenhang. Auch, was warum und wie berichtet bzw. nicht berichtet wird, hängt nicht nur vom Autor, sondern auch von den Adressaten ab. Wenn Autor und Adressaten Zeugen des Geschilderten sind, kann dies mehrere Konsequenzen haben: Gemeinsam Bekanntes wird verschwiegen, da es vorausgesetzt wird; der Autor kann schwerer etwas dazudichten, ohne dass dies entdeckt wird. Es macht auch einen deutlichen Unterschied, ob jemand eine Schrift in einer konfessionellen Binnenperspektive schreibt oder ob das gleiche Thema an Vertreter anderer Konfessionen oder an nicht-christliche Gruppierungen gerichtet ist. In dem einen Fall kann der Autor etwa die Bibel oder bestimmte Bekenntnisse als akzeptierte Grundlage voraussetzen, im anderen Fall nicht. Viele historiographische Werke sind einflussreichen Personen gewidmet oder gar von diesen in Auftrag gegeben worden. Dass die Quelle diese positiv wertet, liegt folglich nahe. Die Kommunikationszusammenhänge geben Aufschluss darüber, in welcher Umwelt sich die Quelle bewegt. Denn die Perspektive der Quelle ist immer durch Zustimmung oder Ablehnung zu beschriebenen Ereignissen, Personen oder Meinungen bestimmt.

Wie lässt sich das Berichtete ausgehend von der Perspektive interpretieren?

Das Herausfinden der Perspektive der Quelle bzw. des Autors kann bereits das Ziel einer kirchenhistorischen Arbeit sein. Ausschlaggebend ist dabei die Frage, mit der eine Quelle untersucht wird.

↗ II.2.1

Q Man kann beispielsweise analysieren, wie Augustinus den Pelagianismus betrachtet. Die Fragestellung der Untersuchung richtet sich also auf die Perspektive von Augustinus. Anders wäre es, danach zu fragen, ob es um 410 eine ‚pelagianische' Theologie gab, wie diese ausgeprägt war, in welchen Netzwerken ihre Vertreter agierten usw.

Ein anderes Beispiel wäre Luthers ‚Thesenanschlag': Kirchenhistorikerinnen und Kirchenhistoriker können untersuchen, was genau am 31. Oktober 1517 in Wittenberg geschehen ist, aber auch, in welchem Kontext und mit welchem Ziel überhaupt ein ‚Thesenanschlag' geschildert wurde und welche unterschiedlichen Schilderungen es gibt, d. h. in welcher Perspektive und wann die jeweilige Darstellung erscheint.

In beiden Beispielen werden zwei Herangehensweisen unterschieden: Einerseits kann gefragt werden, was geschehen ist; andererseits kann gefragt werden, wie etwas aus welchen Gründen geschildert wird. Auch wenn wir betonen, dass jede Quelle perspektivisch ist, bedeutet dies gerade im Blick auf ereignisgeschichtliche Zusammenhänge nicht, den Unterschied zwischen (eher) zutreffenden Schilderungen und Fälschungen oder Fiktionen zu leugnen. Nicht in jedem Geschilderten liegt ein wahrer Kern; aber jede Quelle beruht auf einem menschlichen Geisteswirken, das bestimmte Aspekte der Umwelt ihres Autors aufnimmt.

Historische Rekonstruktion ist immer eine Frage von *Plausibilitäten*. Wenn man von glaub- oder vertrauenswürdigen Quellen spricht, meint dies, dass Plausibilitätsargumente für die Darstellung in einer Quelle vorliegen. Um durch die Perspektive einer Quelle hindurch historische Ereignisse oder theologiegeschichtliche Zusammenhänge zu rekonstruieren, bedarf es einiger Kriterien, insbesondere wenn Widersprüchen zwischen Quellen oder sogar in ein und derselben Quelle vorhanden sind. Die Kriterien für die Glaubwürdigkeit einer Quelle nehmen dabei Bezug auf die oben genannten Faktoren.

(1.) Die Frage nach der *Kenntnis* der Quelle: Eine Quelle in zeitlicher Nähe zum beschriebenen Ereignis ist glaubwürdiger als eine in zeitlicher Ferne. Ebenfalls sind Quellen glaubwürdiger, wenn sie (zuverlässige) Augen- oder Zeitzeugen benennen. Dabei ist darauf zu achten, ob eine Quelle von einer anderen Quelle geprägt wird. Ein starkes Argument für Historizität ist, wenn nicht voneinander abhängige Quellen übereinstimmende Aussagen treffen (Kriterium der Mehrfachbezeugung). Demgegenüber haben Quellen, die von einer älteren Quelle geprägt sind, wenig zusätzliche Aussagekraft. Zusätzliche Details, die in solchen Quellen geboten werden, sind mit großer Vorsicht zu betrachten. Insofern muss die Quantität von Quellen nicht unbedingt Grund für Glaubwürdigkeit sein, insbesondere, wenn diese Quellen voneinander abhängig sind.

↗ II.2.7

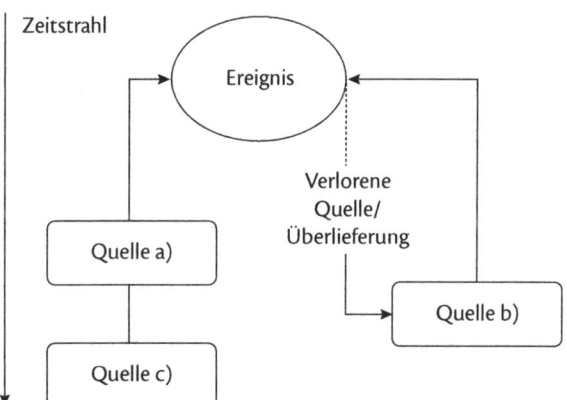

Die gezeigte Graphik kann dies verdeutlichen: Quelle a) ist zwar zeitlich am nächsten am Ereignis, aber Quelle b) enthält bzw. beruht auf einer älteren, aber verlorenen Quelle/Überlieferung. Hier ist aber zu fragen, wo Quelle b) die aufgenommene Quelle/Überlieferung deutet bzw. verlässt. Die jüngere Quelle c), die auf Quelle a) beruht und von ihr geprägt ist, ist wenig hilfreich, um das Ereignis zu untersuchen. Details, die Quelle c) über Quelle a) hinaus hat, sind insofern wenig vertrauenswürdig. Allerdings können diese Details Aussagen darüber machen, mit welcher Perspektive Quelle c) das Ereignis sieht. Die Ähnlichkeiten von Quelle a) und b) sind also die vertrauenswürdigsten Informationen zum Ereignis. Aussagen, die nur in Quelle a) oder Quelle b) vorkommen, müssen aber mitnichten falsch sein.

Eine solche Aufstellung nach Wann (Datierung) und Was (das Berichtete) ist aber noch nicht ausreichend. Nehmen wir an, die Quelle von Quelle b) ist ein Augenzeuge (Datierung), der jedoch das berichtete Ereignis in schwärzesten Farben malt und den handelnden Personen dunkle Motive vorwirft, während Quelle a) weniger wertet.

(2.) Deshalb ist das Wie (die Perspektive der Quelle) ein wichtiges Kriterium. Grundsätzlich ist zu prüfen, ob das Geschilderte überhaupt *möglich* sein kann. Dabei gibt es Quellen, die explizit angeben, fiktional oder zu Teilen fiktional zu sein; bei anderen ist dies implizit: Wenn die miteinander interagierenden Figuren z. B. nachweislich nicht gleichzeitig am Schauplatz der Handlung gewesen sein können, dann ist die geschilderte Handlung unplausibel und damit nicht vertrauenswürdig. Des Weiteren ist die Vertrauenswürdigkeit einer feindlich und polemisch eingestellten Quelle ebenso zu hinterfragen wie diejenige einer verherrlichenden und hagiographischen Quelle. In beiden Fällen kann der Kirchenhistoriker bzw. die Kirchenhistorikerin vermuten, dass bestimmte Ereignisse und Personen dadurch, dass sie im Licht der polemischen oder verherrlichenden Perspektive erscheinen, verzerrt wurden. Auffälligkeiten sind dabei sogenannte *Topoi* (von τόπος/topos: „Ort", „Gemeinplatz"). Dies sind feste Bilder, Schemen und Stereotypen, die eine Botschaft verbreiten sollen, aber in unterschiedlichen Kontexten wiederverwertbar sind. Die Frage, wie eine Quelle ↗ II.2.4   mit Ereignissen umgeht, ist insofern auch gattungsspezifisch, da bestimmte Gattungen bestimmte Erzählmuster vorgeben.

Um die Perspektive einer Quelle einordnen zu können, werden häufig bestimmte Kategorien verwendet. Theologische Profile werden z. B. in theologische Schulen bzw. Lager kategorisiert. Die Zuordnung in eine Schule bzw. ein Lager kann dann Rückschlüsse auf die Perspektive bieten.

🖉 In solchen Kategorisierungen lauern Gefahren. Die Kirchen- und Theologiegeschichte darf nicht als eine große Kommode mit vielen Schubladen gedacht werden, in die jeder Theologe bzw. Denkansatz einfach einsortiert werden kann. Das Schubladendenken ist zur anfänglichen Orientierung zwar notwendig. Im weiteren Verlauf der kirchenhistorischen Arbeit sollten allerdings die Eigenheiten jeder Quelle mitbedacht werden.

Eine Quelle, in der das Ereignis stark von der Perspektive dominiert wird, z. B. indem sie polemisch oder hagiographisch ist, ist jedoch nicht wertlos. Zum einen kann sie durchaus vertrauenswürdige Informationen enthalten. Um diese zu eruieren, ist der Vergleich mit anderen Quellen notwendig (nicht nur im Blick auf das Ereignis, sondern auch im Blick auf die Gedankenwelt). Vor allem bei Widersprüchen sollte man fragen, welchen Zweck die Schilderung hat.

Q Eusebs Darstellung von Konstantin, auf die oben bereits eingegangen wurde, zielt darauf ab (*Zweck*), Konstantin als Christen und von Gott geliebten Kaiser darzustellen. Folglich schildert Euseb Konstantins Handeln konsequent als christlich motiviert. Wenn wir diese Perspektive herausgearbeitet haben, müssen wir dies bei jeder Schilderung einbeziehen. So zeigt etwa der erhaltene Gesetzestext des Sonntagsruhegebotes im Unterschied zu Eusebs Darstellung keine eindeutig christliche Religionspolitik auf. Spiegelt Konstantins ‚christliches' Handeln in Eusebs Schilderung also seine Religionspolitik wider oder Eusebs Interpretation derselben?

Zum anderen kann die Perspektive selbst viel über den Autor und auch über seine Umwelt und die Diskurslage aussagen.

(3.) Der Kontext und die *Kommunikationszusammenhänge* sind ebenfalls in die Abwägung der historischen Plausibilität einzuziehen. Denn die Perspektive einer Quelle ist davon abhängig, an wen und in welchem Kontext der Autor diese schreibt. Die Glaubwürdigkeit einer Quelle ist beispielsweise höher, wenn die Adressaten die Situation gut kennen. Wenn Rezeptionen der Quelle vorliegen, kann auch beurteilt werden, ob Adressaten das Geschilderte für plausibel und glaubwürdig erachteten.

Als weitere Fragen können Sie sich stellen: Sind der Autor und die Adressaten in bestimmte Streitigkeiten verwickelt? Stehen sie auf derselben oder auf unterschiedlichen Seiten? Steht der Autor unter dem Druck, sich rechtfertigen bzw. legitimieren zu müssen? Oder generell: Welchen Zweck soll die Quelle gegenüber den Adressaten erfüllen?

Q Auf den ersten Blick sind Augustins *Confessiones* mit geradezu entwaffnender Ehrlichkeit autobiographisch. Wenn man allerdings ihren Kommunikationszusammenhang und Zweck bedenkt, gibt es neben der autobiographischen Schilderung Weiteres zu bedenken. Augustinus war zwischenzeitlich Anhänger des Manichäismus, einer synkretistischen Religion in der Spätantike – die *Confessiones* erscheinen somit als eine Verteidigungsschrift, um die Deutungshoheit über das eigene Leben zu erhalten. Außerdem stilisiert Augustinus sich und seinen langen Weg zur Bekehrung mit Bibelbelegen und einer gnadentheologischen Sprache; anhand seiner eigenen Person demonstriert er somit seine Gnadenlehre und wirbt damit für seine Theologie. Wenn man nun nach der Historizität seiner autobiographischen Schilderungen fragt, muss der Zweck (apologetisch, werbend für seine Theologie) mitbedacht werden.

Aufgrund dieser drei Punkte können Kirchenhistorikerinnen und Kirchenhistoriker abwägen: Was von dem Berichteten ist historisch denkbar und plausibel, was weniger? Die Gründe für historische Plausibilität sind – wie gesehen – selten monokausal. Manche Ereignisse können folglich relativ sicher skizziert werden, bei anderen hingegen ist dies deutlich schwerer. Da es sich aber in jedem Fall um Wahrscheinlichkeitsurteile handelt, kann es in der Forschungsliteratur zu Kontroversen kommen.

Q Die Frage nach Luthers ‚Thesenanschlag‘, das heißt: was am 31. Oktober 1517 in Wittenberg geschah, wird etwa nach wie vor kontrovers diskutiert, obwohl man sich in vielen Fragen der Datierung von Quellen über den ‚Thesenanschlag‘ und ihrer jeweiligen Perspektivität weitgehend einig ist. Dennoch können Kirchenhistorikerinnen und Kirchenhistoriker die verfügbaren Quellen unterschiedlich gewichten und ihre Plausibilität verschieden einschätzen. Dies hat nun etwas mit den Kontexten der jeweiligen Kirchenhistorikerinnen und Kirchenhistorikern zu tun.

↗ II.3 ✎ Ein häufiger Fehler in der Frage, was historisch plausibel ist, ist die sogenannte *Teleologie*. Was im Rückblick als eine folgerichtige Entwicklung erscheinen mag, kann sich für die Akteure im Verlauf eines Prozesses auch ganz anders dargestellt haben. Die Entwicklung nach der Quelle bzw. dem Ereignis sollte folglich erst einmal ausgeblendet werden.

Bei Aspekten, deren Historizität unplausibel erscheint, ist folglich die Frage zu stellen: Warum schreibt dies jemand? Ist dies bewusste Fälschung oder Fiktion? Werden Legenden bzw. Traditionen verarbeitet? Welche Rückschlüsse lässt die Darstellung auf die Perspektive des Autors zu?

⊘ Quellen zeugen von Vorgegebenem, indem sie beispielsweise von Ereignissen berichten oder die Meinungen anderer wiedergeben. Wenn Ereignisse oder Meinungen dargestellt werden, geschieht dies immer aus der *Perspektive* des Autors der jeweiligen Quelle. Insofern muss die Analyse einer Quelle die *Haltung* und *Sichtweise* des Autors bzw. der Autorin erschließen. Dabei sind drei Faktoren entscheidend: Im Blick auf das Berichtete: Was weiß der Autor (*Kenntnis*)? Im Blick auf den Autor: Was sind seine *geistigen Prägungen*? Und beides verbindend: Was bezweckt der Autor mit seiner Schilderung? Hier sind wiederum die Adressaten und die Kommunikationszusammenhänge zu berücksichtigen. Nur unter Einbezug der Perspektive der Quelle können Rückschlüsse auf das Berichtete gewonnen werden: Was können wir über das Berichtete aussagen? Warum wurde es in der Quelle so geschildert, wie es geschildert wurde? Wie bei allen historischen Rekonstruktionen gilt es zu beachten, dass zur Beantwortung der Fragen *Plausibilitätsargumente* abgewogen werden müssen. Denn weder haben wir direkten Zugang zur Vergangenheit noch können wir in die Köpfe der damaligen Akteure hineinschauen.

II.2.10 Analyse theologischer Deutungskonzepte

Kirchenhistorikerinnen und Kirchenhistoriker analysieren Quellen als Theologinnen und Theologen. Die Quellen, die sie untersuchen, vertreten dabei häufig ein christliches Wirklichkeitsverständnis – so unterschiedlich dieses im Einzelnen verfasst und ausgeprägt gewesen sein mag. Als Theologinnen und Theologen nehmen wir ernst, dass dieses christliche Wirklichkeitsverständnis eine existenzbestimmende Relevanz hat oder zumindest potenziell haben kann. Umso mehr gilt dies – in für viele Personen in der heutigen Zeit kaum vorstellbarer Weise – für vormoderne, nicht-säkularisierte Gesellschaften, in denen der Glaube an transzendente Mächte und Erfahrungen mit Gott und himmlischen Wesen selbstverständliche Elemente der Denk- und Lebenswelt waren. ↗ I.1.2

Eine Folge dessen ist, dass Kirchengeschichte den Eigenwert und die Bedeutung von theologischen Deutungskonzepten der Wirklichkeit für die Menschen früherer Zeiten herauszustellen versucht. Theologische Streitigkeiten werden daher nicht auf bloße Machtfragen reduziert – so unbestreitbar in vielen theologischen Kontroversen auch kirchenpolitische Positionierungen im Ringen um Macht und Einfluss in konkreten historischen Situationen zu beobachten sind. Gleichwohl ist ernst zu nehmen, dass Kontroversen um Fragen der richtigen Lehre für die Beteiligten nicht nur als Fragen des Geschmacks oder der privaten Meinung, sondern meist als heilsentscheidend angesehen wurden. Dies ließe sich an den trinitarischen Streitigkeiten der Alten Kirche ebenso zeigen wie an den Kontroversen um Taufe und Abendmahl in der Reformationszeit oder in der Zeit des Nationalsozialismus um die Frage nach dem, was wahre Kirche ausmacht und wer (noch oder nicht mehr) dazugehört. Es ging dabei der Sache nach um existenzielle Fragen darüber, worauf Menschen ihre Hoffnung im Leben und im Sterben setzen.

Theologische Darstellungen oder Idealbilder können auf den ersten Blick zeitlos wirken bzw. als wären sie in und für die heutige Zeit geschrieben – sie basieren jedoch, wie bereits anhand von Traditionen und Perspektive gezeigt, auf Vorgegebenem und sie prägen auch das Folgende. Theologische Deutungskonzepte sind also immer untrennbar mit ihrem historischen Kontext verbunden. ↗ II.2.7
↗ II.2.9
Dass christliche Wirklichkeitsdeutungen und die existentielle wie auch gesellschaftliche und politische Geschichtsmächtigkeit des christlichen Glaubens in der Vergangenheit differenziert wahrgenommen und kritisch gewürdigt werden, ist ein Mehrwert der von Theologinnen und Theologen betriebenen Kirchengeschichte gegenüber nicht-theologischen geschichtswissenschaftlichen Herangehensweisen.[18] Unter dieser Voraussetzung können die Ergebnisse kirchenhis-

---

[18] Ein gutes Beispiel bietet Christoph Strohm, Kulturwirkungen des Christentums? Betrachtungen zu Thomas Karlaufs Stauffenberg und Jan Assmanns Totaler Religion, Tübingen 2021, der diesbezüglich festhält (a. a. O., 5): „Schließlich ist die Hilflosigkeit im Blick auf die Bewertung der Geschichtsmächtigkeit von Religion, die sich in der jüngeren Generation aus-

torischer Arbeit auch für die heutige Kirche und Gesellschaft fruchtbar gemacht

↗ I.1.3 werden.

Bis hierher haben wir uns einzelne Argumente, Traditionen und Perspektiven angesehen. Dieses Kapitel zur Analyse *theologischer Deutungskonzepte* zielt auf die großen theologischen Linien einer Quelle bzw. eines Autors ab. Im Bild des Waldspaziergangs sind wir somit nicht mehr auf einem einzelnen Pfad, sondern betrachten von erhöhter Position den ganzen Wald. Das Ziel ist es, die Charakteristika des Waldes zu betrachten, die Grenzen des Waldes, das Höhenprofil, große Lichtungen, sichtbare Pfade und Bäche. Da man aus dieser Vogelperspektive jedoch nicht alles sieht, muss die Vogelperspektive immer ergänzt, korrigiert und erweitert werden durch den Blick auf einzelne Bäume und kleine Wegabschnitte – und umgekehrt.

🖉 Die meisten Seminararbeiten untersuchen eher Detailfragen bzw. einzelne Textabschnitte – im Bild des Waldes: einzelne Bäume oder einen kleinen Wegabschnitt. Doch jeder Baum eines Waldes enthält auch Aspekte und Informationen, die für den Wald insgesamt charakteristisch sind. Daher muss der Zusammenhang zwischen exemplarischen Detailuntersuchungen und dem großen Ganzen theologischer Deutungskonzepte, deren Überblick v. a. über die Fachliteratur rezipiert wird, gesucht und anvisiert werden.

Die Analyse theologischer Deutungskonzepte kann man primär dem Arbeits-

↗ II.1.3 feld der *Theologie- und Dogmengeschichte* zuordnen. Allerdings findet theologische Reflexion nicht nur in theologischen Traktaten statt, sondern steht immer in einer Wechselwirkung mit Kirche, Kultur und Politik, also generell ihrem historischen Kontext. Christlich-theologische Argumentationen sind insbesondere auf individuelle, gruppenbezogene und kirchliche *Frömmigkeit* bezogen. Asketische oder monastische Literatur sind Beispiele, wie theologische Argumentationen (z. B. eine radikale Ethik) mit einer gruppenbezogenen Frömmigkeit verbunden sind. Bekenntnisse und Bekenntnisschriften, deren Erforschung klassisches Metier der Dogmengeschichte ist, sind verbunden mit der kirchlichen Frömmigkeit. Denn in den Bekenntnissen findet meistens eine Selbstdefinition einer kirchlichen Gruppe statt. Eine kirchengeschichtliche Analyse theologischer Deutungskonzepte kann bzw. sollte somit immer ihre Situierung in Kirche, Gesellschaft und Politik im Blick behalten.

Je stärker in der Kirchengeschichte die Inhalte theologischer Deutungskonzepte – allgemein gesprochen: christliche Deutungsperspektiven auf die Wirk-

---

breitet [...], zu thematisieren. Wenn weder persönliche Erfahrungen mit Religion noch grundlegende Kenntnis kirchlicher Lehre und Praxis [bei Historikerinnen und Historikern] vorhanden sind, wird es ungleich schwerer, die Rolle der Religion in der Biographie von Akteuren früherer Jahrhunderte einzuschätzen oder die prägende Wirkung eines christlichen Ethos auf allen Ebenen des Gemeinwesens in der Frühen Neuzeit zu fassen. Die Auswirkungen des Klimas auf die Geschichte sind heute leichter konsensfähig zu erläutern als diejenigen von Religion und Konfession."

lichkeit – zum Gegenstand werden, desto größer werden die Berührungspunkte und Überschneidungen der Kirchengeschichte und der *Systematischen Theologie*. Wie die Systematische Theologie versucht auch die Theologie- und Dogmengeschichte theologische Deutungskonzepte zu kategorisieren und zu systematisieren. Dies ist umso wichtiger, da die meisten (vorneuzeitlichen) Autoren (u. a. auch Augustinus oder Luther) ihre Theologie nicht in Form einer durchgegliederten Dogmatik verfasst haben. Die *Kategorisierungen* und *Systematisierungen* sind folglich Versuche, theologischen Strukturen nachzuspüren und die inneren Denkzusammenhänge zu rekonstruieren. Dafür müssen verschiedene Argumentationsstränge einer Quelle bzw. eines Autors zusammengeführt werden. Eine der diesbezüglichen Leitfragen ist, welche theologischen Kerngedanken einem Thema (wie z. B. der Gottesvorstellung, der Christologie oder der Erlösungslehre) zugrunde liegen und wie sich diese in unterschiedlichen Zusammenhängen äußern und weitere Felder des Denkens bzw. der Lehre beeinflussen.

🖉 In der Fachliteratur werden häufig Begriffe und Kategorien eingeführt, die nicht bei den Autoren bzw. in den Quellen zu finden sind. Ein Beispiel dafür wäre, dass zur Kategorisierung von Gemeinsamkeiten und Unterschieden von Rechtfertigungslehren verschiedener Theologen in der Frühen Neuzeit in theologiegeschichtlichen Darstellungen mit Leitbegriffen wie ‚forensischer‘ und ‚effektiver‘ Rechtfertigung gearbeitet wird. Zur groben Orientierung haben solche Kategorien zwar ihr Recht, da sie jedoch Abstraktionen darstellen, können sie den Blick auf die einzelne Quelle und das Denken eines bestimmten Autors auch in unangemessener Weise verzerren, da sie womöglich der jeweilig zu untersuchenden Quelle nicht gerecht werden. Übernehmen Sie also nicht vorschnell Kategorien aus der Fachliteratur, sondern prüfen Sie, ob diese der Argumentation der jeweiligen Quelle entsprechen und angemessen sind. Im Sinne einer deskriptiven Wissenschaft kann es mitunter besser sein, Begriffe der Quelle selbst zu nutzen als mit vorgegebenen Kategorien zu arbeiten.

Beim Vergleich von theologischen Konzepten können auch Entwicklungen einer Lehre nachgezeichnet werden. Denn Biographien und somit auch theologische Deutungskonzepte sind nicht statisch, sondern stets im Wandel begriffen. Diese Erkenntnis kann einerseits zu spannenden theologie- und dogmenhistorischen Fragen führen: Wie hat sich die Theologie einer bestimmten Person herausgebildet bzw. sich fortentwickelt? Eine besonders kontroverse Forschungsfrage ist beispielsweise die Genese von Luthers reformatorischer Theologie. Dabei kann sowohl untersucht werden, wie sich Luthers Lehre entwickelte, als auch, welche Traditionen er aufnahm und veränderte. Man kann auch generell nach der Ausbildung bestimmter theologischer Deutungskonzepte fragen, beispielsweise: Wie hat sich die Christologie über die Jahrhunderte bzw. in einem bestimmten Zeitraum entwickelt? Andererseits folgt aus der Feststellung, dass theologische

↗ II.2.7

Deutungskonzepte nicht statisch bleiben, dass diese immer in ihrem theologie-
historischen Kontext begriffen werden müssen. Um Martin Luthers Theologie
um 1517 besser zu verstehen, können nicht Luthers Gedanken von 1530 herangezogen werden. Um Luthers Theologie in ihrer Genese zu untersuchen, wäre es
problematisch, die Sprache und Theologie der altprotestantischen Orthodoxie
auf Luther anzuwenden.

Ein häufiger, aber besonders heikler Fall, eine theologische Argumentation
zu rekonstruieren, besteht darin, dass in theologischen Disputen Autoren häufig
Meinungen oder Thesen anderer Theologen polemisch verkürzt oder verzerrt
wiedergeben. Wo es möglich ist, sind zur Rekonstruktion der theologischen Argumentationen eines Autors deshalb immer Schriften des Autors selbst gegenüber Fremddarstellungen vorzuziehen. Gerade bei als Häretikern verurteilten
Theologen liegen diese oft nur in Teilen vor – v. a. in Antike und Mittelalter.
Die häufig polemischen Angaben müssen dabei kritisch hinterfragt werden; sie
sind aber nicht per se wertlos. Sie geben Rückschlüsse auf die Perspektive eines
↗ II.2.9   Werkes.

Q Ein Beispiel hierfür ist die feierliche Verurteilung des böhmischen Theologen Jan Hus durch das Konstanzer Konzil am 6. Juli 1415: Die Vorwürfe,
auf deren Grundlage Hus durch das Konzil verurteilt wurde, basieren zwar
auf einer Zusammenstellung ‚häretischer‘ Aussagen aus seinem Schrifttum
und können daher sowohl für die Frage, wie man in Konstanz die Theologie
des Hus verstand, als auch für die Frage, wie mittelalterliche Häresieprozesse
vonstattengingen, aufschlussreich sein. Um eine Vorstellung von der Theologie des böhmischen Gelehrten selbst zu erhalten, eignen sich die Konzils-
dokumente jedoch nur sehr bedingt, da sie seine Lehre auf Grundlage von
einzelnen, aus dem Zusammenhang gerissenen Sätzen präsentieren – mit
dem klaren Ziel, deren häretischen Charakter zu erweisen. Wer sich daher
dafür interessiert, was Hus tatsächlich lehrte, wird nicht umhinkommen,
seine Schriften selbst zu lesen, etwa den Traktat *De ecclesia* („Über die Kirche“) von 1413 oder auch seine im gleichen Jahr veröffentlichte Postille.

Obwohl Kirchengeschichte somit auch theologische Deutungskonzepte systematisieren kann, ist der entscheidende Unterschied zur Systematischen Theologie, dass die Kirchengeschichte dabei den *historischen Kontext* auf doppelte
Weise im Blick behalten muss: Kirchengeschichte rekonstruiert deskriptiv, erstens, in welchen Kontexten, unter welchen Bedingungen und in welchen Kommunikationszusammenhängen theologische Entwürfe und Konzepte entwickelt
wurden und, zweitens, wie diese Entwürfe und Konzepte wiederum auf die
Kontexte einwirkten bzw. welche Auswirkungen sie in diesen Kontexten und
Kommunikationszusammenhängen hatten. Dadurch nimmt Kirchengeschichte
ernst, dass jede Wirklichkeitsdeutung und jede Theologie in konkreten räumli-
↗ II.2.3   chen und zeitlichen Orten ‚geerdet‘ ist.

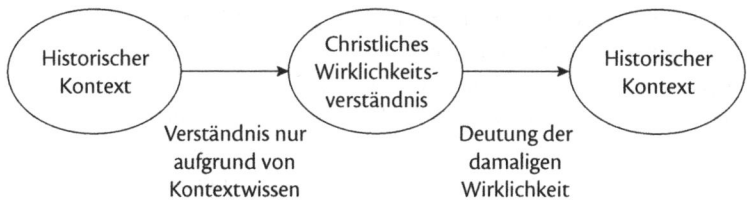

◉ Kirchenhistorische Arbeit hat einen inhaltlichen Fokus auf den christlichen Glauben und seine Ausdrucksgestalten in der Vergangenheit. Sie nimmt dabei ernst, dass viele ihrer Quellen aus einem *christlichen Wirklichkeitsverständnis* heraus verfasst sind. Denn für zahlreiche Autoren und Autorinnen, deren Texte die Kirchengeschichte untersucht, sind *theologische Deutungskonzepte* existenzbegründend und leitend für ihre jeweilige Wahrnehmung der Wirklichkeit. Ein wichtiges Ziel kirchenhistorischer Quellenanalyse ist demnach, ihre Quellen in Bezug auf theologische Deutungskonzepte hin zu interpretieren. Zur Orientierung helfen rekonstruierte Systematisierungen, sodass einzelne Texte vor dem Hintergrund eines theologischen Gesamtentwurfes verstanden werden können. Allerdings dürfen theologische Fragestellungen nicht absolut, d. h. entkontextualisiert, betrachtet werden, sondern sind – im Gegenteil – im Zusammenhang ihres historischen Kontextes zu analysieren.

II.3 Auswertung

Erst durch die Rückbeziehung der Ergebnisse der Quellenanalyse auf die Fragestellung ergibt sich so etwas wie ein Bild eines kirchenhistorischen Sachverhalts. Dieser bündelnde Rückbezug lässt sich als „Auswertung" bezeichnen – gemeint ist damit ein Doppeltes: Sowohl die Auswertung der Analyseergebnisse als auch die Auswertung der Quelle insgesamt.

Für eine erste Orientierung haben wir die Quellenerschließung mit einem Kriminalfall verglichen. In einem Krimi steht gewöhnlich am Anfang die Tat – in der kirchenhistorischen Arbeit Quelle und Fragestellung – und am Ende die Lösung, indem der Täter, sein Motiv und Vorgehen aufgeklärt werden. Die Arbeit der Kommissarin bzw. des Kommissars ist somit kein Informationssammeln als Selbstzweck oder Spiel, sondern verfolgt das Ziel, den Täter mit stichhaltigen Indizien zu überführen. Auch die Quellenanalyse erfolgt nicht als Selbstzweck. Es geht nicht darum, möglichst viele Informationen wie für eine Kuriositätensammlung zusammenzutragen. Stattdessen zielt die Quellenanalyse darauf ab, eine Fragestellung zu beantworten, indem sie stichhaltig, d. h. basierend auf Quellenstudium und -kontextualisierung, ein kirchenhistorisches Ereignis, eine theologiegeschichtliche Entwicklung etc. rekonstruiert. Bei ereignisgeschichtlichen Fragestellungen kann dies sogar ähnlich wie beim Kriminalfall klingen:

↗ II.2

Wer hat wann und wo was, warum und wie getan? Wie im Kriminalfall besteht das Rekonstruieren dabei nicht nur aus dem Zusammenfügen von Informationen (z. B. die verschiedenen W-Fragen, vgl. S. 29), sondern auch aus der Interpretation des Zusammengefügten: Welche Schlussfolgerung ziehe ich etwa daraus, dass eine bestimmte theologische Aussage in einem bestimmten zeitlichen Kontext ausgesprochen wurde? Hier ist jedoch auch die Grenze des Bildes vom Kriminalfall erreicht. Während im Kriminalfall die Fragestellung, wer ist der Täter, zu einer Lösung führt, bleibt das Ergebnis einer kirchenhistorischen Fragestellung als Rekonstruktion eine Annäherung und eine Interpretation. Kirchenhistorikerinnen und Kirchenhistoriker stellen somit Thesen über Quellen bzw. allgemein über Vergangenes auf. Diese Thesen müssen anhand von Quellen begründet werden. Da die Lösung jedoch außerhalb unserer Reichweite – nämlich in der Vergangenheit – liegt, können zu einer Fragestellung mehrere Thesen begründet nebeneinander existieren.

Das wichtigste Kriterium bei der Auswertung ist, danach zu fragen, was die bisher erarbeiteten Kenntnisse für die Fragestellung eigentlich austragen. Diese Frage und dieses Vorgehen gehören nicht nur in den Bereich des Fazits. Sie schon während der einzelnen Aspekte der Quellenerschließung zu stellen verhindert, dass man sich in nebensächlichen Details verliert. Sie am Ende der Untersuchung noch einmal erneut zu stellen, sorgt dafür, dass aus Kenntnissen kirchenhistorische Er-kenntnis wird: Wenn Kirchengeschichte eine kritische und konstruktive Wissenschaft ist, dann verdankt sie ihren konstruktiven Charakter wesentlich der Tatsache, dass sie ihre Quellen nicht nur analysiert, sondern auch auswertet. Die Auswertung stellt die Ergebnisse der Analyse ins Licht der Fragestellung, von der die Arbeit ausgegangen war. Sie lässt sich also als der Versuch bezeichnen, eine Antwort auf die Fragestellung zu formulieren – die natürlich, wie alle kirchenhistorischen Thesen, lediglich eine Wahrscheinlichkeitsaussage sein kann und deswegen vorläufig ist. Die Analyse einer oder mehrerer Quellen liefert Detailkenntnisse. Die Auswertung konstruiert aus diesen Details das Bild eines kirchenhistorischen Sachverhaltes, sei dieser nun ein theologisches Gedankensystem oder ein Bündel militärhistorischer Ereignisse. Die so von der Auswertung erstellte Re-Konstruktion des Sachverhalts ist nicht identisch mit dem Sachverhalt selbst – sie ist der Versuch, das, was aufgrund der Analyse bestimmter Quellen über ihn bekannt ist, zu formulieren. Jede Auswertung ist darum prinzipiell überholbar. Das bedeutet jedoch gerade nicht, auf sie zu verzichten! Denn ohne den Versuch, die Teile zu einem Ganzen zusammenzufügen, verkommt das kirchenhistorische Arbeiten zur Ansammlung zwar vielleicht interessanter, aber letztlich belangloser Informationen. Erst, wer sich der Aufgabe stellt, ein Bild zu rekonstruieren, arbeitet im vollen Sinne des Wortes kirchenhistorisch.

Dass es sich bei der Auswertung um eine Rekonstruktion mit Wahrscheinlichkeitscharakter handelt, bedeutet jedoch keinesfalls, dass sie beliebig vor-

↗ III.2

↗ I.1.2
↗ I.1.3

gehen kann! Auch für diesen Teil der kirchenhistorischen Arbeit lassen sich Kriterien formulieren: Eine Auswertung muss sich an ihrer Quellenbasis messen lassen – und daran, ob der Erkenntnisgang, den sie dokumentiert, plausibel ist und nachvollziehbar dargelegt wird. Anachronistische oder teleologische Fehlschlüsse dagegen werfen ein schlechtes Licht auf die kirchengeschichtliche Arbeit, in deren Auswertung sie begegnen.

Zwei Gefahren: Anachronismus und Teleologie

Wir beginnen mit den beiden großen Versuchungen kirchenhistorischer Arbeit, Anachronismus und Teleologie. Anhand dieser beiden kann gezeigt werden, was in der Auswertung vermieden werden sollte.

Ein *Anachronismus* liegt vor, wenn eine Zeit mit den Maßstäben einer anderen Zeit gemessen wird. Problematisch ist es, wenn moderne Begriffe und Denkmuster in unangemessener Weise auf frühere Zeiten projiziert und angewendet werden.

Q Ein klassischer anachronistischer Fehler ist etwa die Rückprojektion der Trennung von Staat und Kirche und somit von Politik und Religion auf die Zeit vor dem 19. Jahrhundert. Diese Trennung spiegelt unsere säkularisierte Zeit wider, war früheren Zeiten jedoch gänzlich fern.

Ein weiteres Beispiel für einen Anachronismus findet sich in der Übertragung des Begriffs Pfarrfrau auf Katharina von Bora, Katharina Schütz-Zell oder weitere Frauen von Reformatoren bzw. reformatorisch gesinnten Pfarrern. Denn mit dem Begriff werden häufig spätere Entwicklungen auf frühere Zeiten z. T. unbewusst übertragen. Den Begriff und das Bild der Pfarrfrau gab es während der Reformation noch nicht, beides formte sich erst. Katharina Schütz-Zell z. B. bezeichnete sich selbst als „Kirchenmutter" und Katharina von Bora wurde auch als „Mönchshure" tituliert.

Anstatt also anachronistisch Kategorien der Gegenwart auf Quellen der Vergangenheit anzuwenden, empfiehlt es sich, aus den Quellen selbst heraus Kategorien zu erarbeiten. Dabei ist jedoch unbedingt zu beachten, dass auch diese Kategorien eine Rekonstruktion darstellen und deswegen grundsätzlich überholbar sind!

✐ In der Fachliteratur werden auch häufig Methoden anderer Fächer (z. B. Soziologie) in der Kirchengeschichte angewandt. Diese können frische Perspektiven auf Quellen bieten. Vorsicht ist allerdings angezeigt, wenn solche Methoden und Systematisierungen Quellen übergestülpt werden.

Ein *teleologischer Fehlschluss* ist die Annahme, die spätere historische und theologische Entwicklung sei zwangsläufig gewesen. In diesem Falle betrachtet man eine Quelle vom Ende her (*Teleologie*, von τέλος/telos: „Ziel") statt in ihrem

Kontext. Die Grundannahme ist dabei, dass das Resultat einer historischen Entwicklung von vorneherein feststand. Der gesamte historische Kontext einer Quelle – und letztlich die Quelle selbst – verkommt damit zur „Vorgeschichte" von etwas Späterem. Da viele Kirchengeschichtswerke selbst teleologisch aufgebaut sind, ist dieses Verständnis in der Forschungsgeschichte häufig anzutreffen. Dabei werden jedoch Perspektive und Tendenz der Quelle mit dem ereignisgeschichtlich Vorgegebenen gleichgesetzt bzw. verwechselt.

↗ II.2.5

Q Ein Beispiel für diesen teleologischen Fehlschluss ist etwa, die sogenannte ‚Konstantinische Wende' als notwendige Entwicklung zu behaupten. Demzufolge würde Konstantins Religionspolitik immer nur von dem Punkt her in den Blick genommen, dass das Römische Reich im Verlauf des 4. und 5. Jahrhunderts zunehmend christlich transformiert wurde. Dies folgt zwar einem Narrativ, das sich in vielen antiken Kirchengeschichtswerken wiederfindet. Es ist jedoch eine spezifische Interpretation von bzw. eine Retrospektive auf Konstantins Religionspolitik. Weder Konstantin selbst noch seine Zeitgenossen konnten wissen, dass das Römische Reich ein Jahrhundert später christlich geprägt werden würde.

Ein weiterer bekannter teleologischer Fehlschluss ist, das späte Mittelalter als eine Zeit pflichtvergessener und habgieriger Kleriker und von ihnen unterdrückter, ausgebeuteter und religiös unterversorgter Laien zu portraitieren, die zwangsweise zum Befreiungsschlag der Reformation führen musste.

Ein Beispiel aus der neuesten Kirchengeschichte ist das Narrativ, dass die Weimarer Republik von vorneherein zum Scheitern verurteilt war und mehr oder minder zwangsläufig auf die Nazi-Diktatur zulaufen musste.

Anhand dieser Beispiele kann die besondere Gefahr, die anachronistischen wie teleologischen Fehlschlüssen innewohnt, gezeigt werden. Diese Fehlschlüsse transportieren häufig scheinbar eindeutige Narrative (bspw. finsteres Mittelalter versus gute Reformation oder Kirche als Institution, die die Gesellschaft manipulieren und dominieren will).

∅ In diesem Kontext stehen Kirchenhistorikerinnen und Kirchenhistoriker vor der Herausforderung, einerseits Aussagen über kirchenhistorische Begebenheiten präzise auf den Punkt zu bringen, andererseits jedoch auch ihrer Komplexität und Mehrdimensionalität gerecht zu werden – klaren schwarz-weiß-Aussagen, wie man sie in populärwissenschaftlichen Werken, aber auch in der Fachliteratur findet, sollte deshalb tendenziell mit Skepsis begegnet werden.

Anachronismen und teleologische Fehlschlüsse entsprechen oft (modernen) Weltsichten (bspw. einer Idealisierung der Reformation) und Vorannahmen (bspw. eine negative Sicht auf Kirche als Institution). Darum ist es wichtig, dass Historikerinnen und Historiker ihre Vorannahmen und Einstellungen (in Hinsicht auf die Themen der Quelle) reflektieren.

↗ II.1.5

Drei Qualitätsmerkmale: Bindung an die Quelle, Nachvollziehbarkeit des Erkenntnisgangs, Plausibilität des Ergebnisses

Die Auswertung hat eine fundamentale Basis, die Quelle selbst! Das Kriterium der *Bindung an die Quelle* besteht sowohl in positiver wie in negativer Hinsicht: In *negativer* Hinsicht bedeutet es, dass Aussagen zu vermeiden sind, die sich nicht an der Quelle der Untersuchung festmachen lassen. Es ist besser, die Grenzen der eigenen Arbeit ehrlich zuzugeben, als sich auf das Glatteis von Mutmaßungen und Spekulationen zu begeben! Zu weitreichende Schlüsse gehören zu den häufigsten Fehlern auch erfahrener Kirchenhistoriker. Beispiele für Spekulationen sind etwa Argumente *ex silentio* (also aufgrund der Nicht-Nennung), Fragen nach hypothetischen Entwicklungen (was wäre gewesen, wenn ...) und Überlegungen zum Innenleben von Personen (,Psychologisierungen'). In *positiver* Hinsicht baut die Auswertung auf die Analyse einer oder mehrerer Quellen auf. Sie fragt danach, was diese Analyse für die Fragestellung austrägt, von der aus die Quelle in den Blick genommen wurde. Eine gute Auswertung bringt die Quelle immer wieder zur Geltung: Sie bezieht sich sowohl explizit als auch implizit auf die Quelle, die sie interpretiert – und sie bezieht dabei konsequent das ein, was die Analyse an Kenntnissen über die Quelle zutage gefördert hat. Eine gute Auswertung bringt miteinander ins Gespräch, was sich an Informationen zu Überlieferung, Entstehung, historischem und inhaltlichem Kontext und kommunikativen Bezügen ergeben hat. Weil sie dies unter der Perspektive tut, ein Gesamtbild rekonstruieren zu wollen, ist die Auswertung ein bisschen wie das Puzzeln: Wie die einzelnen Puzzleteile werden auch die Ergebnisse der Quellenerschließung zusammengefügt, um ein Gesamtbild zu ergeben. Im Bild des Puzzelns hat kirchengeschichtliches Arbeiten jedoch mit der Schwierigkeit zu kämpfen, dass nie alle Teile eines Puzzles vorhanden sind – bei manchen Fragestellungen stehen sogar nur sehr wenige Puzzleteile zur Verfügung. Auch sind nicht alle Verbindungen von Puzzleteilen eindeutig. Erkenntnislücken und unklare Stellen müssen also – soweit anhand von Quellen möglich – rekonstruiert werden. Auch nachdem durch das Sammeln und Kombinieren das Gesamtbild des Puzzles rekonstruiert werden konnte, ist die Arbeit noch nicht beendet. Jetzt geht es darum, das zusammengefügte Gesamtbild als Ganzes (oder einen Teil davon) zu deuten.

Aber, um im Bild des Puzzles zu bleiben, wie nicht jedes Puzzleteil an jedes andere auf jede Art und Weise angeschlossen werden kann, können auch die Ergebnisse der Quellenarbeit nicht einfach irgendwie kombiniert werden. Als weitere Kriterien einer guten Auswertung lassen sich darum die *Nachvollziehbarkeit des Erkenntnisgangs* und die *Plausibilität des Ergebnisses* benennen. Die Rekonstruktion eines kirchengeschichtlichen Sachverhalts, die im Zuge der Auswertung entsteht, ist den allgemeinen wissenschaftlichen Regeln unterworfen. Sie muss sich ihrer Voraussetzungen bewusst sein, sie muss methodisch verfah-

↗ I.1 ren und sie muss ihre Ergebnisse so formulieren, dass diese allgemein nachvollziehbar sind. Jeder Versuch, einen kirchengeschichtlichen Sachverhalt zu rekonstruieren und zu interpretieren, muss deutlich machen, von welcher Fragestellung er ausgeht, auf welches Material er sich stützt und welche Beobachtungen aus der Analyse dieses Materials zu welchen Schlussfolgerungen führen. Wenn die Quelle und ihre Analyse auch ganz andere Schlüsse zulassen, dann ist präzise zu begründen, warum diese gegenüber der eigenen Rekonstruktion und Deutung weniger überzeugend erscheinen.

Das Ziel jeder Auswertung ist also, so weitreichende Thesen wie möglich auf Grundlage der Quelle und unter Berücksichtigung wissenschaftlicher Methoden aufzustellen. Dabei ist es wichtig, jede These, insbesondere die eigenen, kritisch zu prüfen: Plausibilität des Ergebnisses ergibt sich aus der Bindung an die Quelle und der Nachvollziehbarkeit des Erkenntnisgangs. Am Ende sollte ein stimmiges Gesamtbild stehen, das die Quelle in ihrem Kontext verständlich macht.

📝 In Seminararbeiten werden eher Thesen der Fachliteratur diskutiert als eigene Thesen aufgestellt. Wichtig ist dabei, die Thesen der Fachliteratur nicht einfach zu reproduzieren, sondern kritisch zu hinterfragen, mit anderen Thesen ins Gespräch zu bringen und letztendlich auf Grundlage der eigenen ↗ III.3 Quellenarbeit zu bewerten.

Es kann also festgehalten werden: Die Erschließung der Quelle unter Berücksichtigung des theologischen und historischen Kontextes im Lichte der Fragestellung führt zur Auswertung der Quelle, die eine Rekonstruktion bietet. Die Erkenntnis kann in einer oder mehreren Thesen formuliert werden, die nachvollziehbar und plausibel sein müssen.

📝 Im Anhang finden Sie zwei verschiedene Beispiele für eine erste Herange- ↗ IV hensweise an die Erschließung einer Quelle.

⊘ Kirchenhistorisches Arbeiten verfolgt – ausgehend von der Trias aus Fragen, Quellen und Vorwissen – einen Zweck: Es sollen Fragen über Vergangenes, sofern dies durch Quellen zugänglich ist, beantwortet und damit unser Wissen erweitert werden. Zu diesem Zweck müssen die Ergebnisse der Quellenanalyse ausgewertet werden. Die Auswertung ist eine Rekonstruktion, die an die Quellen gebunden, deren Erkenntnisweg nachvollziehbar dargestellt und deren Ergebnisse im Zusammenhang des Kontextes einer Quelle plausibel sein muss. Dagegen gilt es zu vermeiden, die Quellen zu stark durch den Blick anderer Zeiten, insbesondere der Gegenwart, zu interpretieren.

Teil III: Die kirchengeschichtliche Seminararbeit

Der letzte Teil dieses Buches wendet sich der Seminararbeit[1] zu, die *einen* Anwendungsfall kirchenhistorischer Methodik darstellt. Andere Anwendungsfälle sind z. B. Referate, Vorträge, Essays oder Dissertationen. Ohne das methodische Vorwissen kann eine kirchenhistorische Seminararbeit nicht verfasst werden. ↗ II Daher knüpft der erste Abschnitt an den zweiten Teil des Buches an, ruft ihn kurz in Erinnerung und konkretisiert ihn mit Blick auf die Seminararbeit. Wie lässt sich eigentlich eine kirchengeschichtliche Fragestellung darstellen? – dies ist eine Frage, die im Zusammenhang mit Seminararbeiten immer wieder auftaucht und die im zweiten Abschnitt aufgegriffen wird. Neben der Methodik und der Art der Darstellung ist die Seminararbeit von formalen Kriterien geprägt, die einzuhalten sind. Auf die wichtigsten Aspekte geht der dritte Abschnitt ein.

III.1 Quellen, Literatur und die Begrenzung des Themas

Die Grundelemente historischer Arbeit aus Vorwissen, Fragen und Quellen ↗ II.2.1 spielen auch bei der Erstellung der kirchengeschichtlichen Seminararbeit die entscheidende Rolle und stehen damit am Beginn dieses Teils zur kirchengeschichtlichen Seminararbeit. Auch beim Abfassen der Seminararbeit greifen diese Aspekte von Vorwissen, Fragen und Quellen ineinander, beeinflussen sich gegenseitig und machen es notwendig, sich zwischen diesen genannten Grundelementen historischen Arbeitens immer wieder hin und her zu bewegen.

Mit der Frage nach der Seminararbeit ist unmittelbar die *Frage nach dem Thema* dieser Arbeit verbunden. In der Regel beziehen sich die Seminararbeiten auf die Inhalte des Seminars, das besucht wurde. Durch das Seminar wurde Vorwissen erweitert und der Umgang mit Quellen vermittelt. Dieses Vorwissen ermöglicht es, ein Thema für die Hausarbeit zu formulieren. Die Leitfrage bei der Themensuche sollte sein: Worüber möchte ich etwas wissen? Das eigene Interesse ist dabei handlungsleitend. Zusätzlich ist es jedoch ratsam, mit der Dozentin bzw. dem Dozenten des Seminars über das Thema ins Gespräch zu kommen. In diesem Gespräch kann bereits eine erste Konkretisierung des Themas stattfinden, indem das Thema eingegrenzt wird auf eine bestimmte Zeit, auf

---

[1] Wir sprechen im Folgenden stets von „Seminararbeit", ohne zwischen Pro- und Hauptseminararbeit zu unterscheiden. Die allgemeinen Hinweise, die in diesem Kapitel gegeben werden, gelten für beide Arten von Seminararbeiten. Der Unterschied zwischen ihnen besteht in der Regel lediglich in dem höheren Anspruch, der an die Hauptseminararbeit gestellt wird.

einen spezifischen geographischen Raum, auf entsprechende Akteure oder theologisch-thematische Schwerpunkte.

Mit der Festlegung des Themas beginnt die Erweiterung des Vorwissens zu diesem Thema. Die Suche nach geeigneter *Literatur zum Thema* ist der nächste Schritt. Neben dem digitalen Katalog der jeweiligen Universitäts- oder Hochschulbibliothek sollten in die Literaturrecherche unbedingt der *Karlsruher Virtuelle Katalog* (KVK) mit seinen vielfältigen Recherchemöglichkeiten und der für die Theologie spezifische Katalog *Index Theologicus – International Bibliography of Theology* (IxTheo), der von der Universitätsbibliothek Tübingen betrieben wird, einbezogen werden. Bei der Literaturrecherche ist darauf zu achten, angemessene Suchbegriffe zu wählen, die weder zu eng und spezifisch noch zu weit sind. Die Recherche sollte beim Allgemeinen, wie Handbüchern und Überblicksdarstellungen, beginnen und dann erst zum Speziellen führen. Die Suche nach der spezifischen Fachliteratur ist zum Teil erst nach der ersten Quellenlektüre möglich und sinnvoll. Die gefundene Literatur muss einheitlich und eindeutig notiert werden. Literaturverwaltungsprogramme, die über die Universitäts- und Hochschulbibliotheken zur freien Nutzung angeboten werden, unterstützen dabei und bieten sogar die Möglichkeit für Notizen und Exzerpte.

Es muss darauf geachtet werden, dass die grundlegende Literatur über die Recherche erfasst wird. Dazu kann unter Umständen auch mal ein Titel gehören, der schon länger auf dem Markt ist. Welche Werke zur grundlegenden Literatur zu rechnen sind, kann festgestellt werden, wenn diese von verschiedenen Autoren immer wieder benutzt und zitiert werden oder in Forschungsüberblicken genannt werden. Diese grundlegende Literatur zum Thema sollte unbedingt zur Kenntnis genommen werden. Die Lektüre der gefundenen Fachliteratur führt ebenso zu weiteren Literaturhinweisen. Es lohnt sich, die in den Fußnoten erwähnte Literatur wahrzunehmen und die Literaturverzeichnisse gründlich durchzusehen. Bei der Lektüre ist darauf zu achten, dass Forschungsmeinungen aus der Fachliteratur immer an einer zweiten Meinung überprüft werden. Schließlich verweisen auch Lexikonartikel (z. B. *Theologische Realenzyklopädie*, *Religion in Geschichte und Gegenwart*, *Lexikon für Theologie und Kirche*) auf die wichtigsten Veröffentlichungen zum Thema.

Beiträge, die im *Internet* zugänglich sind, entsprechen in der Regel nicht den Ansprüchen an fachwissenschaftliche Literatur, wobei es dabei auch Ausnahmen gibt. Diese Ausnahmen gelten für alle Beiträge, die in analogen *und* digitalen Veröffentlichungen bzw. den sich immer weiter verbreitenden open-access-Publikationen der Universitätsbibliotheken erscheinen. Ein Grund dafür, dass Internetbeiträge nicht für wissenschaftliche Arbeiten genutzt werden können, ist, dass diese nicht namentlich gekennzeichnet sind. Ein weiterer Grund, der es verbietet, selbst namentlich verantwortete Internetbeiträge zu nutzen, besteht in der fehlenden fachlichen Prüfung dieser Beiträge. Während im Internet jeder veröffentlichen kann, was er will, egal ob es der Wahrheit entspricht oder nicht bzw. die Methodik wissenschaftlichen Arbeitens überhaupt eingehalten wurde, ist dies in den fachwissenschaftlich verantworteten Publikationen nicht der Fall, denn fachwissenschaftliche Beiträge sind in der Regel einem Verfahren der kollegialen fachlichen Begutachtung unterworfen. Natürlich können den an diesem Begutachtungsprozess Beteiligten auch Fehler unterlaufen, doch dann gibt es immer noch die Möglichkeit, Rezensionen einzusehen. Fazit: Internetbeiträge, die nicht zweifelsfrei einem fachwissenschaftlichen Begutachtungsverfahren unterworfen wurden, können nicht für die eigene wissenschaftliche Arbeit genutzt werden.

Bei der Lektüre ist es notwendig, sich *Notizen* anzufertigen. Zwingend sollten diese Notizen die eindeutige und einheitliche Literaturangabe sowie die Angabe der korrekten Seitenzahlen enthalten, um relevante Gedanken aus der Fachliteratur schnell wiederzufinden. Es wurde bereits darauf hingewiesen, dass Sie hierbei auch mit Literaturverwaltungsprogrammen arbeiten können. Von grundsätzlichen Arbeitsschritten, wie dem Notieren von Seitenzahlen, befreien aber auch diese Programme nicht. Ebenso ist es notwendig, dass die importierten Literaturangaben überprüft werden, denn nicht immer funktioniert die Zuordnung zweifelsfrei und von der notwendigen Vereinheitlichung von z. B. Reihen-, Orts- und Verlagsangaben ist man dennoch nicht befreit.

Die Lektüre dient nicht nur dazu, das Vorwissen zu erweitern, sondern hat weitere Funktionen: Sie hilft dabei, wenn notwendig, das Thema weiter einzugrenzen, und sie verweist auf mögliche *Quellen*. Da jeder historischen Seminararbeit mindestens eine Quelle zugrunde liegen muss, ist die Suche nach relevanten Quellen zum Thema ein wesentlicher Arbeitsschritt bei der Erstellung der Seminararbeit. Die entsprechende Fachliteratur enthält Hinweise auf mögliche Quellen zum Thema. Neben dem Literaturverzeichnis findet sich in der Fachliteratur ein Quellenverzeichnis und auch Abkürzungsverzeichnisse können auf verwendete Quellenreihen oder Quelleneditionen verweisen. Die bereits erwähnten Lexikonartikel führen ebenfalls Quellen auf. In der Regel wird in den Seminaren auf die zentralen Quellenreihen und -editionen zum Thema verwiesen, diese sollten in die Quellensuche mit einbezogen werden. Die Zahl der Quelleneditionen ist für zweitausend Jahre Kirchengeschichte kaum zu überblicken, daher kann hier auf einzelne Quelleneditionen nicht eingegangen werden. Grundsätzlich können Quelleneditionen nach Verfassern, nach Themen oder Epochen gegliedert sein. Über die Datenbanken zur Literaturrecherche ist selbstverständlich auch die Suche nach gedruckten Quelleneditionen möglich. Mittlerweile sind auch zahlreiche Quelleneditionen im Internet verfügbar. Hier gilt jedoch der Grundsatz, dass nur die Quelleneditionen verwendet werden können, die den wissenschaftlichen Standards entsprechen.

Quellen können auch in Archiven und Museen gesucht und gefunden werden. Bei der historischen Methode der *oral history* kommt der Historikerin und dem Historiker selbst die Aufgabe zu, mittels Interview die Quellen zu erzeugen.

Ist eine Quelle oder sind mehrere passende Quellen zum Thema gefunden worden, beginnt die Phase der *Quellenlektüre und -erschließung*. Bevor weiter nach spezieller Fachliteratur zur Quelle gesucht wird, steht die selbstständige Quellenarbeit im Fokus, wie sie im Teil II dieses Buches beschrieben worden ist. Notizen von Fragen, die geklärt werden müssen, sind auch in dieser Arbeitsphase wieder unablässig und führen schließlich zu weiterer Literaturarbeit. *Im Rahmen dieser ersten selbstständigen Arbeit an der Quelle ist die Fragestellung zu entwickeln.* Es ist noch einmal darauf hinzuweisen, dass die Fragestellung einerseits mit der Quelle oder den Quellen beantwortbar sein muss und andererseits die Fragestellung zum Thema passen muss. Während des Arbeitsprozesses ist es mitunter notwendig, sowohl die Fragestellung als auch das Thema anzupassen, d. h. die Begrenzung des Themas erfolgt auch durch die Auswahl der Quelle und die damit im Zusammenhang stehende Formulierung der Fragestellung.

Der hier beschriebene Prozess ausgehend vom Thema und der Suche nach Fachliteratur (Vorwissen), zur Quellensuche (Quelle) und schließlich zur Entwicklung einer angemessenen Fragestellung (Frage) kann grundsätzlich auch an einer anderen Stelle beginnen. Gelegentlich bildet eine vorhandene oder zufällig gefundene Quelle den Ausgangspunkt einer Seminararbeit, zu dem die anderen Grundelemente des historischen Arbeitens hinzutreten müssen. Ebenso kann eine konkrete Fragestellung den Beginn der Seminararbeit bilden. Doch hier ist zu beachten, dass damit die Quellensuche sehr aufwendig wird, weil Quellen gefunden werden müssen, die für die Fragestellung aussagekräftig sind.

Beim kirchenhistorischen Arbeiten greifen Quellenerschließung und -auswertung immer ineinander. Die Auswertung ist die wissenschaftliche Einordnung und Begründung der Ergebnisse der Quellenerschließung. Diese Auswertung muss die Fragestellung im Blick haben. Denn die Fragestellung durchzieht die Seminararbeit und wird an Ende der Arbeit nachvollziehbar beantwortet. Die Beantwortung der Frage kann in eine These oder mehrere Thesen münden, die jedoch wieder im Zusammenhang der Quellenerschließung stehen muss.

Ging es bisher darum, wie das Thema, die Fragestellung, die Quellen und die Fachliteratur, gefunden werden, soll nun der Frage nach der Gliederung der kirchengeschichtlichen Seminararbeit nachgegangen werden.

III.2 Zur inhaltlichen Gestaltung einer Seminararbeit

III.2.1 Gliederung der Seminararbeit

Es gilt grundsätzlich, dass die Fragestellung einer kirchengeschichtlichen Arbeit bestimmt, wie diese Arbeit aufgebaut ist. Dennoch lassen sich einige allgemeine Gepflogenheiten festhalten: Auch eine kirchengeschichtliche Seminararbeit beginnt mit einer Einleitung, hat einen Hauptteil und endet mit einem Schluss.

Die *Einleitung* hat die Aufgabe, Thema und Fragestellung der Arbeit zu benennen, die Quellengrundlage der Arbeit vorzustellen und die Quellenauswahl gegebenenfalls zu begründen. Möglich ist es, auf das Thema hinzuführen – beispielsweise durch die Herstellung aktueller Bezüge oder dadurch, die besondere Bedeutung in Erinnerung zu rufen. Eine solche Hinführung darf allerdings keinesfalls zu einer eigenen Abhandlung geraten: Es ist auf äußerste Kürze zu achten! Wichtiger ist es, dass aus der Einleitung neben Thema, Fragestellung und Quellengrundlage auch noch der Aufbau der Arbeit hervorgeht.

Der *Schlussteil* bietet eine zusammenfassende Rekapitulation des Erkenntnisweges der Arbeit. Dazu liegt es nahe, noch einmal Thema und Fragestellung in Erinnerung zu rufen und sodann die Erkenntnisse der Erschließung und Auswertung der Quellengrundlage pointiert auf die Fragestellung hin zuzuspitzen. Der Schlussteil lässt sich als der Versuch einer vorläufigen Antwort auf die in der Einleitung gestellten Frage verstehen. Er fasst den Erkenntnisgang der Arbeit zusammen, bringt aber keine neuen Gesichtspunkte ein. Möglich ist es, dass der Schluss in einen Ausblick mündet: Hier wäre der Ort, auf die Gegenwartsbedeutung der Arbeit zu reflektieren. Auch offene Fragen, die sich aus dem Quellenstudium ergeben haben, die aber im Rahmen dieser Arbeit nicht bearbeitet werden konnten, können hier genannt werden. Wie schon für die Einleitung gilt auch für den Schluss: In der Kürze liegt die Würze! Die Konzentration aufs Wesentliche ist im Zweifelsfall wichtiger als die Entfaltung kreativer Ideen. Wichtig ist es, dass Einleitung und Schlussteil gut zusammenpassen. In vielen Fällen empfiehlt es sich deswegen, für diese beiden Teile zunächst nur Notizen und Konzepte anzulegen und sie dann im Anschluss an den Hauptteil gemeinsam auszuformulieren.

Zwischen Einleitung und Schlussteil befindet sich der *Hauptteil* der kirchenhistorischen Seminararbeit. Er ist das Herzstück der Arbeit – hier werden Erschließung und Auswertung der Quellengrundlage dargestellt. Wichtig ist: Die Gliederung des Hauptteils ist nicht automatisch mit der in Teil II dargestellten Reihenfolge der Quellenerschließung identisch und hebt sich damit von den Seminararbeiten in den Fächern Altes und Neues Testament ab, die in der Regel eine Abfolge von Methodenschritten darstellen. Denn die Quellenerschließung hat deutlich gemacht, dass nicht immer alle W-Fragen geklärt werden können bzw. deren Klärung nicht für jede Fragestellung von Relevanz ist. Dennoch muss der Hauptteil der kirchenhistorischen Seminararbeit alle relevanten Ergebnisse der Quellenerschließung enthalten und begründen. Dabei ist es beispielsweise nicht unbedingt nötig, dass die Arbeit einen Gliederungspunkt mit der Überschrift „Datierung" enthält – in nahezu allen Fällen muss eine kirchenhistorische Seminararbeit aber Informationen zur Datierung der Quellen bieten. Ähnlich verhält es sich mit allen anderen Aspekten der Quellenerschließung.

Der Hauptteil einer kirchengeschichtlichen Arbeit muss alle Ergebnisse der Quellenerschließung aufweisen, die für das Verständnis von Thema, Quelle und

Fragestellung relevant sind. Es kann für die Gliederung des Hauptteils hilfreich sein, sich die thematischen Aspekte, auf die in diesem Teil der Seminararbeit eingegangen wird, auf kleine Karteikarten oder Zettel zu notieren. Damit ist es möglich, bevor mit der Niederschrift des Hauptteils begonnen wird, die Gliederung flexibel zu handhaben und diese in eine plausible innere Logik zu bringen. Dabei ist zu überlegen, welche Information der jeweilige Gliederungspunkt voraussetzt. Bei der Darstellung des historischen Kontextes ist immer darauf zu achten, dass die Fragestellung und die thematische Begrenzung im Blick bleiben.

Q Für eine Seminararbeit zu Martin Luthers *Sermon von Ablass und Gnade* (1518) ist es nicht notwendig, die Biographie Luthers von seiner Geburt bis zu seinem Tod in allen Details ausführlich darzustellen. Hier ist es ausreichend, sich auf Luthers Zeit seit seinem Klostereintritt bis zur Entstehung der Quelle zu konzentrieren. Dabei müssen auch nicht alle biographischen Aspekte berücksichtigt werden, sondern nur die für die Thematik relevanten Fragen und Entwicklungen. Gleiches gilt für den historischen Kontext, der auf bestimmte Gesichtspunkte reduziert werden muss und nicht in Spätmittelalter und Reformation an sich besteht. Welche konkreten Gesichtspunkte aufgegriffen werden müssen, ist mittels Vorwissen und Literatur sowie anhand der Fragestellung zu begrenzen. In diesem Fall sind die spätmittelalterliche Theologie des Ablasses, die Ablasspraxis der Zeit und die Bußauffassung zentral, nicht aber beispielsweise Luthers Haltung zur Bilderfrage. Für die Abfassung der Arbeit ist es also notwendig, das erworbene Wissen auf das Thema und die Fragestellung der Arbeit zu begrenzen.

III.2.2 Darstellungsformen der Ergebnisse im Hauptteil

Es gibt unterschiedliche Möglichkeiten, die Ergebnisse der Quellenerschließung im Hauptteil darzustellen.

Vor allem im Bereich der Alten Kirchengeschichte begegnet für Seminararbeiten auch die textbezogene Darstellungsform des ‚Historischen Kommentars'. Der Hauptteil der Arbeit beginnt mit einem Gliederungspunkt, der die Angaben zu Überlieferung, Entstehung, Kategorisierung sowie Aufbau und Struktur zusammenfasst. Es folgt eine am Text entlanggehende detaillierte historische und theologische Kommentierung der Quelle. Anhand einzelner exemplarischer und zentraler Wörter, Sätze oder Phrasen werden die Erkenntnisse aus der sprachlichen und inhaltlichen Analyse detailliert vorgestellt und auf die Perspektive des Autors oder der Quelle hin zugespitzt. Bei der Auswahl der zentralen Wörter, Sätze oder Phrasen sind wiederum die Fragestellung und das Thema im Blick zu behalten. Wörter, die mit dem Thema und der Fragestellung nicht im Zusammenhang stehen, müssen auch nicht sprachlich und inhaltlich analysiert werden.

Wenn der Gegenstand der Arbeit die Analyse eines einzelnen Quellentextes ist, dann bietet es sich häufig an, dass die Darstellung dem Gedankengang dieses Quellentextes folgt, wieder unter Beachtung von Themen- und Fragestellung. Untersucht die Arbeit ein Thema anhand mehrerer Quellentexte, kann ihr Hauptteil entweder jeden dieser Quellentexte einzeln darstellen und anschließend vergleichen – oder der Hauptteil der Arbeit ist thematisch aufgebaut. In letzterem Fall würden die Ergebnisse der Quellenerschließung und -auswertung nach Sachgesichtspunkten, also thematisch gebündelt dargestellt. Bei einem Quellenvergleich ist darauf zu achten, dass sowohl Unterschiede als auch Gemeinsamkeiten benannt werden.

Eine weitere Möglichkeit der inhaltlichen Darbietung des Hauptteils einer kirchenhistorischen Seminararbeit ist es, chronologisch vorzugehen, also mit der Darstellung der ältesten Quelle zu beginnen und sich zeitlich nach und nach zur jüngsten Quelle vorzuarbeiten. Damit erfolgt eine chronologische Rekonstruktion eines Ereignisses oder Themas. Auch eine personen- oder ereignisbezogene Gliederung des Hauptteils der Arbeit ist möglich.

Zu beachten ist, dass sich nicht jede Darstellungsform für jede Quelle oder Fragestellung eignet. Unabhängig davon, welche Form der Darstellung der Quellenerschließung im Hauptteil gewählt wird, müssen immer die Fragestellung und der Kontext im Blick behalten werden. Auch hier gilt es wieder, die Grundelemente historischer Arbeit – Quelle, Fragestellung und Vorwissen – ↗ II.2.1 miteinander zu verzahnen. Nur ist mittlerweile aus dem Vorwissen der historische Kontext geworden, in den die Quelle entsprechend der Fragestellung eingebettet werden muss.

III.2.3 Anforderungen an eine Seminararbeit

Der Schwerpunkt einer kirchengeschichtlichen Seminararbeit sollte auf der selbstständigen Arbeit an Quellen liegen. Diese basiert auf der in den Abschnitten II.2.2–20 dargestellten Quellenerschließung. Anhand von vier Punkten lassen sich die Anforderungen an eine Seminararbeit (und mögliche Fehler) zeigen:

a) Kritische Quellenerschließung statt bloßer Nacherzählung,
b) Kontextualisierung mit Details statt Oberflächlichkeit,
c) Durchdringung von Kontext und Quelle statt bloßer lexikalischer Exkurse,
d) Formulierung eigener Thesen statt Reproduzieren von Fachliteratur.

Eine Seminararbeit soll eine Quelle (a) kritisch erschließen und (b) in ihrem Kontext analysieren. Wenn ersteres (a) fehlt, erzählt die Seminararbeit nur die Quelle nach. Eine solche beschreibende Paraphrase der zentralen Inhalte der Quelle gehört zum wissenschaftlichen Arbeiten – allerdings nur als ein Arbeitsschritt und mit einem bewertenden Blick: Was sind die zentralen Aussagen der Quelle? Wie verhalten sich die Aussagen der Quelle zueinander? Die Aussagen der Quelle müssen nicht nur beschrieben, sondern auch hinterfragt werden: Was bedeutet das Geschilderte eigentlich? Was bezweckt die Quelle damit? Warum formuliert die Quelle dies so, wie sie es tut? Die beschreibende Paraphrase stellt die für die Fragestellung relevanten Inhalte der Quelle auf einer Metaebene dar, quasi aus der Vogelperspektive und nutzt dafür auch begriffliche ↗ II.3 Kategorien, wobei zu beachten ist, dass diese Kategorien nicht anachronistisch gebraucht werden.

✎ Um eine Quelle nicht nur nachzuerzählen, sondern zu erschließen, müssen Sie sich Fragen an die Quelle überlegen. Überprüfen Sie während Ihrer Schreibarbeit immer wieder, ob Sie diese Fragen in Ihrer Seminararbeit beantworten bzw. ob das, was Sie schreiben, zur Beantwortung der Fragen beiträgt oder nicht.

Neben dem kritischen Hinterfragen des Quellentextes gehört auch die (b) Kon-
↗ II.2.7 textualisierung zur wissenschaftlichen Hausarbeit dazu. Fehlt diese, ist die Ar-
–10 beit zu oberflächlich. Ihre Aussagen sind im schlimmsten Fall ohne historischen Bezug. Für eine gute Kontextualisierung der Quelle bedarf es des Heranziehens von Fachliteratur und gegebenenfalls weiterer Quellen sowie des Blicks für die Details. Bei der Kontextualisierung müssen Sie immer Ihre Ausgangsfrage ein-
↗ II.1.1 beziehen. Die Rahmenbedingungen historischen Denkens und Handelns bieten zudem verschiedene Aspekte der Kontextualisierung an, die entsprechend der Fragestellung beachtet werden müssen. Für die Darstellung der medialen Wirkung der reformatorischen Publizistik beispielsweise ist der historische Kontext der Entdeckung des Seeweges nach Amerika nicht relevant, die Entwicklung des Buchdrucks mit beweglichen Lettern gilt es jedoch zu beachten.

✎ Bei vielen kirchengeschichtlichen Themen übersteigt die Zahl der Fachliteratur und Quellen bei Weitem das, was für eine Seminararbeit bearbeitet werden kann. Wichtig ist demnach eine begründete Auswahl! Versuchen Sie also exemplarisch vorzugehen und behalten Sie immer Ihre Ausgangsfrage im Auge. Außerdem geht Qualität vor Quantität. Besser ist es, Sie vergleichen detailliert und reflektiert wenige Quellen, als dass Sie viele nur oberflächlich streifen.

Zuletzt müssen (c) die Quellenerschließung (a) und die Kontextualisierung (b) miteinander verbunden werden. Eine gute Arbeit bezieht das Kontextwissen und die Ergebnisse der Quellenerschließung aufeinander. Dabei wird die Fachliteratur argumentativ bewertet. Quellen stehen nicht nur nebeneinander, sondern werden verglichen bzw. ins Gespräch miteinander gebracht. Ein klassischer Fehler ist es, lange Kapitel bzw. Exkurse z. B. zur Biographie des Autors oder dem kirchenhistorischen Kontext der Quelle zu schreiben, in denen auf den Quellentext kein Bezug genommen wird. Darum sollten Sie immer wieder prüfen: Was hat das Kontextwissen mit Ihrem Quellentext und Ihrer Fragestellung zu tun? Welchen Nutzen für Ihre Quellenerschließung hat es, diese oder jene Fachliteratur bzw. weitere Quelle zu lesen?

📝 Die Kapitel zur Datierung, zum Autor, zur Gattung oder zum historischen ↗ II.2.2
Kontext haben keinen Selbstzweck, sondern sollen der Quellenerschließung ↗ II.2.3
dienen. Außerdem sollte Ihre Quellenerschließung den größten Teil Ihrer Ar- ↗ II.2.4
beit ausmachen.

Ziel Ihrer Arbeit sollte es deshalb sein, (d) aus dem Gespräch mit der Quelle
und der Fachliteratur eigene Thesen zu formulieren. Zur Formulierung (eigener) Thesen kann folgendes Gedankenspiel hilfreich sein: Überlegen Sie sich,
dass Sie ein Kurzreferat (5 min.) über Ihre Seminararbeit halten müssen. Welche Aussagen und Thesen erscheinen Ihnen am wichtigsten? Wie begründen Sie
diese? Es ist legitim, dass Sie am Ende Ihrer Arbeit bestimmten Thesen der Fachliteratur zustimmen. Wichtig ist nur, dass Sie diese Thesen nicht unreflektiert
übernehmen und Ihre Entscheidung begründen können.

📝 Auch wenn Sie vermutlich die Fachliteratur für Ihr Thema nicht vollständig
bearbeiten können: Versuchen Sie immer Fachliteratur mit unterschiedlichen Meinungen zu rezipieren. Nehmen Sie zur Fachliteratur begründet Stellung und trauen Sie sich, eigene Thesen zu vertreten.

Thesen sind kurze Behauptungen, die aus der Quellenerschließung und begrün-
deten Auswertung folgen. Thesen sind knapp abzufassen und werden häufig zugespitzt formuliert, um zur Diskussion anzuregen. Eine These kann auch ein
Detail in einen größeren Zusammenhang mit dem Ganzen setzen oder die Ergebnisse systematisieren. Steht die These am Ende der Seminararbeit, ist darauf zu achten, dass die Seminararbeit selbst die argumentative Begründung für
die Schlussthese bietet. Es ist natürlich auch möglich, die Fragestellung an die
Quelle als These zu formulieren, dann ist als Ergebnis der Hausarbeit die These
begründet zu verifizieren oder zu falsifizieren. Auch in diesem Fall liefert die
Quellenerschließung und -auswertung die argumentative Begründung für die
Bejahung oder Verneinung der These. Für den Diskurs sind Thesen attraktiv, sie
haben aber den Nachteil, dass sehr differenzierte Urteile in dieser Form nicht
optimal dargestellt werden können.

III.2.4 Verzeichnisse und Anhang

Nach Einleitung, Hauptteil und Schluss gehören auch noch die *Verzeichnisse* zur
Hausarbeit. Ein Quellen- und Literaturverzeichnis ist unabdingbar. Je nachdem
wie viele Quellen genutzt wurden, kann das Quellenverzeichnis mit dem Literaturverzeichnis zusammengefasst werden. Aber die Quellen sollten von der
Literatur getrennt aufgeführt werden. Quelleneditionen, die Sie benutzen, gehören natürlich ins Quellenverzeichnis. Während das Literaturverzeichnis alphabetisch nach Autor bzw. Herausgeber sortiert ist, ist die Strukturierung des
Quellenverzeichnisses abhängig von den benutzten Quellen und muss jeweils
überlegt werden. Eine chronologische Sortierung der Quellen kann ebenso

sinnvoll sein, wie die nach der Relevanz der Quellen für die Fragestellung oder alphabetisch nach den Autoren. Neben dem Quellen- und Literaturverzeichnis kann es notwendig sein, weitere Verzeichnisse zu erstellen (Abkürzungsverzeichnis, Abbildungsverzeichnis). Selbstverständlich gehört auch ein Inhaltsverzeichnis zur Hausarbeit. Üblicherweise folgt dieses auf das Deckblatt.

Liegt der Hausarbeit eine ungedruckte oder schwer zugängliche Quelle zugrunde, sollte diese im *Anhang* zur Verfügung gestellt werden. Auch andere inhaltlich relevante Materialien können in den Anhang aufgenommen werden.

Mit dem Verweis auf die Verzeichnisse wurden bereits formale Fragen einer Seminararbeit angesprochen, die neben dem Inhalt und der Art und Weise seiner Darstellung die Qualität einer wissenschaftlichen Hausarbeit ausmachen.

III.3 Zur formalen Gestaltung einer Seminararbeit

Wissenschaftliche Hausarbeiten sind Unikate – Quelle, Thema und Fragestellung unterscheiden sich. Genauso haben Dozentinnen und Dozenten jeweils ihre eigenen Schwerpunkte und formalen Vorlieben. Dadurch ist es schwierig, in wenigen Stichpunkten bzw. einer Art Checkliste alle relevanten Qualitätsstandards darzustellen.

Seminararbeiten sind Prüfungsleistungen, mit denen Sie Ihre Fähigkeit, wissenschaftlich korrekt und sauber zu arbeiten, erweisen sollen. Insofern ist die korrekte Anwendung von Formalia elementarer Bestandteil einer Seminararbeit. Zu den wichtigsten Formalia gehören:

- Zitieren,
- Bibliographieren,
- Orthographie und Grammatik,
- stilistisch angemessene Sprache und
- Fragen der Prüfungsordnung.

Für zahlreiche formale Fragen kann auf den Duden *Die deutsche Rechtschreibung* verwiesen werden. Die aufgeführten Richtlinien zur Rechtschreibung, Zeichensetzung und Formlehre in alphabetischer Reihenfolge, die Richtlinien für den Schriftsatz und die Hinweise für das Maschinenschreiben sind selbstverständlich anzuwenden und können dort nachgeschlagen werden.

Autorin bzw. Autor des Textes sind Sie selbst. Direkte Zitate oder indirekte Zitate (Paraphrasen) sollten im Haupttext bewusst eingesetzt werden. Dies betrifft sowohl die Quellen als auch die Fachliteratur. Niemals ersetzt ein Zitat der Quelle die Argumentation und Zitate aus der Fachliteratur sind weder Wahrheitsbeweise noch Belege besonderer Wissenschaftlichkeit der Arbeit. Wird dennoch einmal auf fremde Gedanken (ob aus Quellen oder Fachliteratur) zurückgegriffen, müssen diese durch Zitatangaben in Fußnoten gekennzeichnet werden. Zu unterscheiden sind direkte und indirekte Zitate.

Direkte Zitate werden mit doppelten Anführungszeichen gekennzeichnet und sind immer in der Originalsprache und der Originalorthographie des zitierten Textes widerzugeben. Ein Zitat im Zitat wird mit einfachen Anführungszeichen gekennzeichnet. Auslassungen innerhalb des Zitates werden durch drei Punkte in einer eckigen Klammer [...] gekennzeichnet, jedoch darf der Sinn des Zitates dadurch nicht verändert werden. Knappe Erläuterungen zu einem Zitat, werden ebenfalls in Klammern gesetzt und mit den eigenen Initialen oder der Abkürzung „d. Vf./d. Vfn." versehen. Werden längere Zitate in den eigenen Satz eingebaut, muss die grammatische Konstruktion kongruent bleiben. Entsprechende Anpassungen, die notwendig sind, werden durch eckige Klammern markiert. Lateinische und griechische Zitate stehen nicht in Anführungszeichen; lateinische werden kursiviert (Bsp. *gratia Dei*), griechische stehen in recte (χάρις).

Ein- bis Dreiwortzitate sind in der Regel unsinnig, es sei denn es handelt sich um Fachtermini, die gelegentlich ebenfalls in Anführungszeichen gesetzt werden.

Jedes Zitat muss durch eine Fußnote markiert werden, in der genau und einheitlich auf die Fundstelle der Quelle oder Fachliteratur verwiesen wird. Es gibt zahlreiche *Zitationsformate*. Sie sollten die Zitationsformate der jeweiligen Fachkultur kennen und anwenden können. Wichtige Kriterien sind jedoch: Einheitlichkeit (ein Zitationsformat wird durchgängig genutzt), Vollständigkeit (alle relevanten Aspekte sind angegeben), Nachvollziehbarkeit (jede Zitatangabe ist eindeutig und einfach identifizierbar). Diese Zitationsregeln gelten sowohl für die Literatur- als auch für die Quellenangaben. In den Fußnoten können Kurztitel verwendet werden, im Literaturverzeichnis ist die vollständige Literaturangabe aufzuführen. Zur genauen Angabe der Fundstelle des Zitates gehört auch die korrekte Seiten- oder Spaltenangabe. Gibt es eine Zeilenzählung, sollte auch diese mit angegeben werden. Werden mehrere Seiten zitiert, ist die Verwendung von „ff." zu ungenau, vielmehr ist der exakte Umfang der verwendeten Seiten anzugeben. Es gibt Texte, die nicht nach der üblichen äußeren Zitation widergegeben werden, sondern nach der inneren Zitation. Die innere Zitation ist unabhängig von der Textausgabe. Das markanteste Beispiel ist die Bibel, hier wird mit der inneren Zitation das Buch, das Kapitel und der Vers angegeben: Spr 6,6 statt Lutherbibel, S. 635. Die innere Zitation wird häufig bei Werken von Autoren der christlichen Antike genutzt. Die in der Fachliteratur verwendete Zitationsweise sollten Sie als Orientierung nutzen.

✐ Bei Angaben von Quellen wird nicht nur Autorenname, Werktitel und Buch, Kapitel bzw. Unterkapitel angegeben (Bsp. Eusebius, *Historia ecclesiastica* 1,1,1), sondern (eventuell) auch die Edition bzw. Ausgabe, aus der Sie den Text entnehmen samt Seiten- und Zeilenangabe aus der Edition (Bsp. Eusebius, *Historica ecclesiatica* 1,1,1 [Die Griechischen Christlichen Schriftsteller der ersten Jahrhunderte = GCS 9,1, 6,1–9 Schwartz/Mommsen])! Das ist besonders dann relevant, wenn mehrere Editionen bzw. Ausgaben der einen Quelle genutzt werden.

Werden unbewusst oder bewusst fremde Gedanken als eigene ausgegeben, d. h. längere Passagen zitiert oder paraphrasiert, jedoch ohne Zitatangaben, spricht man von einem *Plagiat*. Dies ist ein besonders schwerer Verstoß gegen die Praxis guter wissenschaftlicher Arbeit. Ein Plagiat zieht nicht nur ein Nicht-Bestehen der Prüfungsleistung nach sich, sondern möglicherweise auch ein disziplinarrechtliches Vorgehen durch die Universität.

Durch Fußnotenzeichen, eine hochgestellte Zahl, werden im Haupttext die Textstellen kenntlich gemacht, auf die verwiesen wird. Hierfür ist die Fußnotenfunktion des Textverarbeitungsprogrammes zu nutzen. Die Fußnotenziffer folgt unmittelbar auf den Begriff, auf den sie sich bezieht. Bei einem vollständigen Satz steht das Fußnotenzeichen nach dem den Satz beendenden Satzzeichen. Bei einem direkten Zitat folgt es unmittelbar auf die Ausführungszeichen. Fußnoten und auch Literaturangaben werden orthographisch als Satz behandelt, d. h. sie beginnen mit Großschreibung und enden mit einem Satzzeichen.

Die verwendete Literatur (und nur diese) wird im Literaturverzeichnis angegeben. Dies nennt man *bibliographieren*. Das Literaturverzeichnis ist häufig unterteilt in Quellen (hierzu zählen Editionen und Übersetzungen), Hilfsmittel (Lexika, Grammatiken etc.) und Fachliteratur. Auch hier gelten die Kriterien der Einheitlichkeit, Vollständigkeit und Nachvollziehbarkeit unabhängig davon, welches Format der Zitation und Bibliographie Sie verwenden. Allerdings gibt es Zitationsformate für die Kurztitel, die zwar die obengenannten Kriterien erfüllen, deren Informationsgehalt jedoch gering ist, z. B. die Version „Müller (2021), 5".

Für eine wissenschaftliche Hausarbeit wird nicht nur ein orthographisch und grammatisch korrektes Deutsch vorausgesetzt, sondern auch ein gehobener, wissenschaftlicher *Sprachstil*. Umgangssprache sollten Sie vermeiden, Fachausdrücke sollten präzise verwendet und eventuell definiert werden. Die Genauigkeit ihrer Sprache korreliert mit der inhaltlichen Aussagekraft ihrer Arbeit, missverständliche und generalisierende Ausdrücke schmälern diese hingegen. Zum wissenschaftlichen Sprachstil gehören jedoch keine Schachtelsätze, auch wenn die Fachliteratur häufig diesen Anschein erweckt. Reduzieren Sie Ihre Sätze besser auf einen Nebensatz. Zum Sprachstil gehört auch die korrekte Verwendung der Zeitformen. Ihnen muss klar sein, in welchen Fällen Sie das Präsens, Präteritum und den Konjunktiv verwenden. Auch hier gilt wieder das Prinzip der Einheitlichkeit. Lassen Sie Ihre Arbeit von einer Person Korrektur lesen, die den wissenschaftlichen Sprachstil kennt.

Zuletzt: Seminararbeiten bieten Ihnen die Gelegenheit, sich mit einem Thema Ihres Interesses vertieft zu beschäftigen, und damit die Chance, neue Erkenntnisse zu gewinnen. Wir wünschen Ihnen spannende Entdeckungen!

Teil IV: Anhang

Exemplarische Quellenarbeit zum 17. Jahrhundert

Die Quelle, die im Folgenden vorgestellt werden soll, stammt aus dem Andachtsbuch Geistliches Weiber=Aqua=Vit.

[Aemilie Juliane von Schwarzburg-Rudolstadt:] Geistliches | Weiber=Aqua=Vit/ | Das ist/ | Christliche Lieder | und | Gebete/ | Vor/bey und nach Erlangung | Göttlichen | Ehe=Segens/ | Wie auch | Bey andern darbey sich begeben|den Fällen zu gebrauchen/ | Aus Landes=Mütterlichen | Hertzen/ | Mund und | Hand | Jhren Landes=Kindern zu er|wünschter/kräftiger Erbauung aus | GOttes H. Wort zubereitet | und mit getheilet. | Rudolstadt/Mit Fleischerischen Schriften/ | Jm Jahre Christi 1683. [VD17 3:004903W, Digitalisat.]

Der Titel und auch die Quelle sind diplomatisch getreu wiedergegeben, d. h. es wird entsprechend der Vorlage buchstabengenau transkribiert. Ebenso wird im Fall des Titelblattes die graphische Gestaltung exakt wiedergegeben. Auch die verwendeten Transkriptionsregeln werden in der Einleitung einer Edition beschrieben. Die Virgeln (/) sind in der Vorlage enthalten und übernehmen in Texten der Frühen Neuzeit die Funktion von Satzzeichen. Die senkrechten Striche (|) markieren jeweils den Zeilenumbruch und wurden zusätzlich eingefügt. Die Bezeichnung der Zeilenumbrüche in Titelangaben wird verwendet, um einzelne Drucke voneinander unterscheiden zu können. Wurde eine Schrift in der Frühen Neuzeit nachgedruckt, dann glichen sich diese Drucke nicht. Erste Abweichungen bietet meist schon das Titelblatt, aber auch die weitere Textaufteilung kann durch die Verwendung anderer Schrifttypen variieren. Anhand der unterschiedlichen Druckgestaltung kann die Anzahl der noch vorhandenen unterschiedlichen Drucke rekonstruiert werden. Die Abweichungen werden hierbei für die Identifikation einzelner Drucke genutzt. Die Drucke der Frühen Neuzeit erhalten in Deutschland bzw. im deutschen Sprachraum eine Kennziffer, die eine Art Personalausweis darstellt und nach Jahrhunderten geordnet ist. So existiert jeweils ein Verzeichnis der Drucke für das 16., 17. und 18. Jahrhundert (VD16, VD17, VD18). Jeder Zeichencode (VD-Nummer) ist einem Druck zugewiesen. Drucke mit identischem Zeichencode liegen demnach in mehreren Exemplaren vor. Existieren verschiedene VD-Nummern zu einem Titel eines Autors, dann existieren davon verschiedene (Nach-)Drucke, wir würden heute von Auflagen sprechen. Die VD-Nummern ermöglichen Rückschlüsse über die Verbreitung und Häufigkeit von Drucken, d. h. über ihren Verbreitungsgrad. Über den Karlsruher Virtuellen Katalog (KVK) können die Verzeichnisse der

Drucke des 16. bis 18. Jahrhunderts jeweils durchsucht werden. Von der vorliegenden Quelle existiert ein weiterer Druck mit der VD17-Nummer VD17 23:280002C. Bereits die Titelblätter weichen voneinander ab.

Der *Autor bzw. die Autorin* wird auf dem Titelblatt nicht genannt. Da die Autorin jedoch ermittelt wurde, erscheint die Autorinnenangabe in eckiger Klammer. Ausgangspunkt für die Zuweisung sind die Formulierung „Aus Landes=Mütterlichen Hertzen / Mund und Hand" sowie die Angabe von Druckort und Jahr des Druckes. Als Landesmutter wird jeweils die regierende Herrscherin bezeichnet. Da als Druckort Rudolstadt angegeben ist, muss entsprechend nach der Landesmutter für Rudolstadt im Jahr 1683 gesucht werden. Hier sind nun Kenntnisse über historische Geographie notwendig. Rudolstadt gehörte im 17. Jahrhundert zur Grafschaft Schwarzburg-Rudolstadt und die Landesmutter zu diesem Zeitpunkt war die Gräfin Aemilie Juliane von Schwarzburg-Rudolstadt (1637–1706). Weitere biographische Informationen zur Autorin müssen über die Fachliteratur erarbeitet werden. Über die bibliographischen Angaben des VD17-Kataloges ist ersichtlich, dass zwei Exemplare eine Widmung bzw. ein Exlibris aufweisen, die auf 1684 bzw. auf den 8. Februar 1684 datiert sind. Dies legt nahe, dass der Druck der Quelle wohl eher in der zweiten Jahreshälfte oder im letzten Quartal des Jahres 1683 erschienen ist. Eine Aussage über die Entstehung der einzelnen Texte des Buches ist damit noch nicht getroffen. Lediglich das Jahr des Druckes kann benannt werden.

Bereits über das Titelblatt, das in jedem Fall genau beachtet werden muss, lassen sich zentrale Informationen hier zur *Entstehungssituation* (Autorin, Zeit, Ort) erhalten. Der Titel gibt außerdem einen Hinweis auf die *Gattung*: es ist eine Sammlung geistlicher Lieder und Gebete, für einen speziellen Zweck, nämlich: *Vor/bey und nach Erlangung Göttlichen Ehe=Segens / Wie auch Bey andern darbey sich begebenden Fällen zu gebrauchen.* Die Quelle kann als Andachts- und Erbauungsbuch für Schwangere, Gebärende und Wöchnerinnen bezeichnet werden, das sowohl Lieder als auch Gebete enthält. Das Titelblatt nennt außerdem noch den Zweck dieser Quelle, der auf Erbauung ausgerichtet ist und diese Erbauung gründet sich auf Gottes Wort. Damit ist bereits eine der Autoritäten bzw. Traditionen (*geistige Prägung*) genannt, auf die die Verfasserin sich bezieht. Weitere Hinweise auf die geistige Prägung sind über die biographischen Informationen zu erhalten, aber auch durch die Analyse der einzelnen Lieder und Gebete. Zusätzlich nennt der Titel noch die direkten Adressaten: die Landeskinder. Als indirekte Adressaten sind alle Christenmenschen anzusehen (*Perspektive der Autorin*).

Zum vorgestellten Titelblatt gehört ein Titelbild, das als Radierung oder Stich ausgeführt ist. Dieses Bild nimmt einen Teil des Titels, Ort und Jahr auf. Dargestellt ist im Mittelpunkt eine Szene in der im Tempel ein Priester, ein Kind und ein Paar zu sehen sind. Im Vordergrund kniet betend eine Frau. Einen Deutungshinweis für die bildlichen Szenen bietet die Inschrift 1 Sam 1, 11. 27. Es geht um die kinderlose Hanna. Im Gebet bittet sie Gott um einen Sohn, der Gott geweiht werden soll, so Gott ihr Gebet erhöre und um die Erfüllung der mit der Bitte verbundenen Verpflichtung – der Übergabe Samuels an den Priester Eli bzw. in den Dienst Gottes. Das Titelbild greift als Tradition wiederum die Bibel auf. An das Titelbild als Teil der Quelle könnte die Frage nach dessen Funktion für das Andachtsbuch gestellt werden. Vor dem Hintergrund der knappen Beschreibung kann das Titelbild als Interpretationsschlüssel für das gesamte Andachtsbuch angesehen werden. Kinder sind eine Gabe Gottes, um die Gott gebeten werden muss und sie sind in den Dienst Gottes zu stellen. Basis für diesen Gottesdienst sind die Taufe und die christliche Erziehung der Kinder. In aller Knappheit ist hier die Erschließung des Titelbildes unter Beachtung von Bild und Text auf der Basis einer Frage an die Quelle sowie die Beantwortung der Frage in Form einer These formuliert.

Abb. 3: Titelbild Geistliches Weiber-Aqua-Vit (1683).

Der Fokus richtet sich nun auf zwei thematisch miteinander verbundene Texte, ein Lied und ein Gebet (S. 44–48). Verknüpft sind die Texte miteinander durch Stichwortverbindungen in den Überschriften.

Einer Wehe=Mutter oder Kind=Frauen ihr täglich Lied.
Im Thon:
Aus tiefer Noth schrey ich zu u.

Ich habe / mein GOtt / keine Ruh /
Wenn ich mein Amt bedencke /
Eh / als ich lauffe zu dir zu /
Und mich dir eigen schencke /
Mit dem Bedinge / daß du mich /
Mit Leib und Seele schließt in dich /
Und lenckst nach deinen Hertzen.

Hier bin ich / HERR / ach lehre mich
Zu thun nach deinen Willen /
Mein gantzes Ich neigt sich durch dich /
Was du wilt / zu erfüllen:
Behüts für aller Zauberey /
Und gib / daß es beständig sey
Voll Glauben und Vertrauen.

| Ich übergeb mich deiner Huld /
Mit Tugenden mich ziere /
Mit Liebe / Mässigkeit / Gedult
Durch deinen Geist mich führe:
Daß ich auf GOTTES Hülf beruh /
Und meinen Dienst stets fleissig thu
Bey Armen / als bey Reichen.

So werde denn mein Amt allhie
Vollbracht in JEsus Nahmen /
Mit Singen / Beten / spat und früh /
In und mit GOTT seys Amen /
Der HErr verleihe Kraft und Stärck
Und segne meiner Hände=Werck /
So will ich ewig dancken.

Ein täglich Gebet der Wehmutter / oder Kind=Frauen.

Weil / allerliebster Gott / | nach deinen heiligen Willen / ich in ein höchst verantwort-
lich Amt gesetzet / so übergebe ich mich dir mit Leib und Seel zu gnädiger Regierung / Hülf / und Schutz / schaff in mir / GOTT / ein reines Hertz / und gib mir einen
neuen gewissen Geist / bewahre meine Seele und errette mich / laß mich nicht zu schan-
den werden / den ich traue auf dich / lehre mich iederzeit thun nach deinem Wohlgefal-
len / meine Pflicht wol bedencken / durch deine Gnade in meinem Amt / bey Reichen
und Ar|men nichts versehen / die Weiber mit ihren Leibes=Früchten / durch andächti-
ges Gebet dir stetigs vortragen / und ihnen duch Christi Vorbitte zu deinen Heil. Ehren
gnädige Hülffe und glückliche Entbindung erbitten. Nun ich hoffe auf dich und spreche:
du bist mein GOTT. Sey nur nicht ferne von mir / sondern eile / in meinen Beruf mir ja
stets zu helffen / biß du mich aus meinem irrdischen Haus / welches / so ich dich hertz-
lich fürchten / und nach deinen Wohlgefallen leben | werde / du mir schon aus Gnaden
bauen wirst / in das ewige Freuden=Haus durch CHristum aufnimmest / da ich dir denn

vollkommen dancken / und mit allen H. Engeln das heilige Heilig / Heilig / Heilig singen werde / Amen / in JESU Nahmen / Amen.

Untersucht werden soll das Amtsverständnis, das die Autorin von der ‚Wehe=Mutter' bzw. ‚Kind=Frau' hat bzw. an diese stellt (*Fragestellung*).

Die *Überlieferung* ist bereits angesprochen worden, das Andachtsbuch liegt in zwei verschiedenen Drucken vor. Ob zusätzlich ein Manuskript bzw. der Autograph überliefert ist, müsste mit Hilfe von Archivalien bzw. der Fachliteratur überprüft werden. Die Drucke liegen im Oktavformat als Drucke des 17. Jahrhunderts vor, eine kritische Edition existiert nicht. Echtheitsprüfung und Redaktionskritik sind in diesem Fall nicht möglich bzw. für die Fragestellung nicht nötig.

Die *Entstehungssituation* ist bereits beschrieben worden.

Die Quelle gehört zu den Sachquellen und hier natürlich zu den schriftlichen Quellen, speziell dem Buch. Die Zuordnung zu einer *Gattung* ist bereits erfolgt. Der *Kommunikationszusammenhang* besteht in der Anknüpfung an die Erbauungs- und Andachtsliteratur des 17. Jahrhunderts. Weitere Gattungen die dieses Buch beinhaltet, sind: Lied, Gebet, Bibelverse, Agende. *Geprägte Sprachformen* müssen an den beiden Texten herausgearbeitet werden. Das ‚Amen' als Gebetsschluss gehört u. a. dazu, ebenso Bibelverse oder Liedverse, die in den täglichen Frömmigkeitsübungen ihren Platz hatten und in den alltäglichen Sprachgebrauch Eingang fanden.

Zum *Aufbau und der Struktur* der beiden Texte lassen sich folgende Beobachtungen machen. Das Lied beruht auf einer bekannten Melodie der Reformationszeit und folgt damit einem vorgegebenen Versschema. Die Autorin nutzt die Kontrafakturmethode, ein von ihr häufig verwendetes Verfahren. Die vier Strophen folgen der Struktur Hinwendung zu Gott (1), dem Hingeben in Gottes Willen (2–3) sowie der Antwort der Beterin – Verständnis des Amtes als Gottesdienst (4). Das Gebet beginnt mit einer Anrede Gottes, benennt den Grund der Hinwendung zu Gott und das Gebetsanliegen, es folgt eine Versicherung der Hilfe Gottes, die Anrufung Gottes sowie die Äußerung der Heilshoffnung, die im himmlischen Lob Gottes mündet. Das Gebet schließt mit ‚Amen'.

Bei der *sprachlichen Analyse* sollte die Begriffsbedeutung der Wörter ‚Wehe=Mutter', ‚Kind=Frau', ‚Zauberey', ‚Beruf', ‚Freuden=Haus' im Gegenüber zum ‚irdischen Haus' analysiert werden. Neben der Klärung der Semantik muss das Verständnis dieser Begriffe und deren Verortung im historischen Kontext des 17. Jahrhunderts über die Fachliteratur erarbeitet werden.

Als *geistige Prägungen* werden in den beiden Quellen die Tradition der Bibel, insbesondere der Psalmen deutlich sowie das geistliche Liedgut seit dem 16. Jahrhundert. Über die Fachliteratur muss die Frömmigkeit der Gräfin Aemilie Juliane von Schwarzburg-Rudolstadt erarbeitet werden, aber auch Wissen zur häuslichen Frömmigkeit der breiten Bevölkerung. Dazu gehörten u. a. regelmäßige tägliche Hausandachten mit Liedern und Gebeten sowie die Kenntnis biblischer Texte und die Grundkenntnis christlicher Glaubensinhalte, die in eine fromme Glaubenspraxis mündeten. Zur Tradition gehörte jedoch auch der Aberglaube (vgl. ‚Zauberey' in Str. 2). Im engen Zusammenhang mit der geistigen Prägung steht hier die *Analyse der theologischen Deutungskonzepte*, die hier das Gottesbild, das Verständnis der Rechtfertigung sowie zentral für die Fragestellung die christliche Berufsauffassung betrifft. Auch die Perspektive der Autorin ist damit eng verbunden. Die direkten Adressaten sind die ‚Wehe=Mütter' und ‚Kind=Frauen' aber auch die auf dem Titelblatt erwähnten ‚Landeskinder'. Die indirekten Adressaten sind alle Leserinnen und Leser dieses Buches. Die Intention der Autorin fällt mit der Beantwortung der Fragestellung zusammen: Der Landesmutter geht es darum, dass die Hebammen ihren Beruf als Gottesdienst auffassen und entsprechend danach handeln. Die ‚Wehe=Mutter' ist von Gott in ihr Amt eingesetzt und hat den Gebärenden mit Leib- und Seelsorge beizustehen. Für ihr Amt ist die Hebamme täglich auf die Hilfe Gottes angewiesen und entsprechend hat sie ihren Beruf im Namen Gottes zu beginnen. Vertraut die ‚Wehe=Mutter' so auf Gott und lebt nach seinem Willen, hofft sie darauf, durch Gottes Gnade das ewige Leben zu erlangen. Letztlich zielt die Autorin damit auf eine Verchristlichung des Berufs der Hebamme. Dies dient möglicherweise auch zur Abwehr von Aberglauben, der hier als ‚Zauberey' bezeichnet wird bzw. zum Schutz der Hebamme vor dem Vorwurf abergläubische Praktiken anzuwenden, dem die ‚Wehe=Mütter' häufig ausgesetzt waren.

Exemplarische Quellenarbeit zum 20. Jahrhundert

Die im Folgenden vorzustellende Quelle findet sich in einer durch Robert Stupperich verantworteten kommentierten Briefsammlung:

Briefe Karl Holls an Adolf Schlatter (1897–1925), hg. v. Stupperich, Robert, ZThK 64 (1967), 169–240: Nr. 40 (224–226).

Charlottenburg, Mommsenstraße 13, 17.11.18

Lieber Freund!

Immer ging ich damit um, Ihnen wieder einmal zu schreiben, aber ich wollte dann wieder abwarten, bis die äußere Lage wieder klarer geworden wäre. Nun ist sie ja in vielem erschreckend klar geworden und zugleich gibt mir Ihre Predigt [Anmerkung: Schlatters Predigt am allgemeinen Landesbettag (20.10.1918), 1918] einen willkommenen Anlaß, die Übereinstimmung zwischen unseren letzten Gedanken zu begrüßen. Die Revolution, die wir hier vor 8 Tagen erlebt haben, hat mir die Ursachen unserer Niederlage grausam deutlich vor Augen geführt. Es waren durchweg junge Leute, keiner über 20, Leute die lachen und Witze machen konnten in diesem bitterernsten Augenblick, die die Revolution machten. Aber [225] daß vor diesen Leuten das scheinbar so feste Staatsgefüge im ersten Anprall zusammenbrach, war doch ein ganz übles Zeichen. Es muß in der preußischen Art des Geschehens doch sehr viel Lüge stecken, wenn kein nennenswerter

Widerstand dagegen sich regte. Denn die Schießereien an der Bibliothek und am Marstall waren, wie man jetzt mit ziemlicher Sicherheit sagen kann, von den zweifelhaften Burschen unter den Aufrührern selbst gemacht. Und auch die preußische Monarchie hat sich doch als sehr morsch erwiesen. Ich habe immer auf den Augenblick gewartet, wo der Kaiser erklärte: Nein, weiter laß ich mich nicht berauben; lieber mit Ehren fallen, meinetwegen vor dem Feind. Aber er unterschrieb immer wieder wie ein gehorsamer Diener, bis er schließlich wie ein Verbrecher ins Ausland flüchten mußte. Danach kann, glaube ich, von einer Wiederkehr der Hohenzollern keine Rede mehr sein. Aber was soll dann werden? Mir ist das Wichtigste, daß nun wenigstens die deutsche Einheit erhalten bleibt. Bestehen wir als zusammengefaßtes Volk weiter, dann können wir uns auch wieder erheben. Andernfalls verlumpen wir vollends. Und wo wird die Kirche bleiben? Ich habe immer das landesherrliche Kirchenregiment sehr schwer ertragen und die Staatskirche als eine Fessel empfunden. Ich würde deshalb die Trennung von Staat und Kirche nur willkommen heißen, wenn wir nur wirkliche Gemeinden hätten. Aber ich fürchte, wenn wir dann die zählen, die mit Ernst Christen sein wollen, und ihnen zu den schweren Staatssteuern auch noch hohe Kirchensteuern aufbürden müssen, dann wird nur ein Gideonshäuflein übrig bleiben. Auch das wäre noch nicht das größte Unglück, aber kann das Häuflein sich dann den Luxus einer Universitätsbildung seiner Pfarrer gestatten? Und das Verhältnis zu den Theologen des Auslands! Dort gibt es für mich ganz ernsthafte Gewissensfragen. Kann man um der christlichen Ehre willen mit ihnen ohne weiteres anknüpfen? Es reden jetzt viele davon, wie doch immer Christen des Auslands uns auf betendem Herzen getragen hätten. Aber warum haben die sich nicht geregt, als England seine Hungerblockade gegen uns eröffnete, warum haben sie Amerika nicht ins Gewissen geredet? Andere nehmen es leichter, da einfach ins alte Verhältnis zu treten. Ich bringe es nicht fertig. Versäumen wir nicht etwas, wenn wir ihnen ihr Versagen nachsehen? Fast möchte ich sagen, es wird mir leichter mit Engländern wieder anzufangen. Ich habe während des Kriegs die Engländer immer bewundert, mit welcher Entschlossenheit sie immer das für sie Notwendige durchgeführt haben, und ich konnte nie vergessen, wie viel ich englischen Theologen verdanke: Robertson, Kingsley, Carlyle haben mir zu viel gegeben. Aber doch. Geht es ohne eine unchristliche Selbstdemütigung? Shakespeare ist sonst mein erklärter Liebling. Er steht mir [226] unvergleichlich höher als Goethe, der bei mir bloß einen großen Achtungserfolg davongetragen hat. Aber auch Shakespeare kann ich jetzt schwer lesen; gerade sein Größtes, seine Kunst, den Engländer in seinem Stolz, seinem Humor, seiner Rücksichtslosigkeit greifbar deutlich vorzustellen, wirkt jetzt auf mich schmerzlich. Man müßte sich zuerst mit den Engländern offen aussprechen, aber man würde gewiß sofort bei ihnen auf den Glauben stoßen, daß ihnen selbstverständlich das gebührt, was bei einem anderen Volk imperialistischer Übermut heißt. Wilson hat es ja so harmlos gesagt, daß der kommende Friede zwar die Schwachen beschützen, aber die gerechten Ansprüche der Starken anerkennen solle. Und doch, können und dürfen wir in der Vereinzelung bleiben? Zeigt der Krieg nicht auch, daß Gott die Engländer und Amerikaner besser für sein Reich gebrauchen kann und will als uns? Dürfen wir uns dann von ihnen absondern?

Wie stehen Sie zu all diesen Fragen? Das möchte ich gerne hören.

Herzliche Grüße, auch von meiner Frau

Ihr K. Holl

Da es sich um eine *Edition* handelt, ist zunächst auf die Einleitung des Herausgebers zu achten, die im vorliegenden Fall mit „Vorbemerkungen" überschrieben ist (S. 169–172). Der Münsteraner Kirchenhistoriker Stupperich bietet hier zunächst eine Gesamtcharakteristik des Verhältnisses zwischen Karl Holl und Adolf Schlatter anhand der wichtigsten Themen und Eigenheiten ihres Briefwechsels (S. 169–171). Vorerst wichtiger sind die editorischen Hinweise auf S. 171 f., da sie wichtige Informationen zum *Überlieferungsprozess* der Quelle enthalten. Demnach gibt die Edition die Autographen aus Holls und Schlatters Feder. Damit entfällt, wie bei Quellen aus der neueren und neuesten Kirchengeschichte häufig, die Notwendigkeit einer textkritischen Untersuchung. Weniger erfreulich ist Stupperichs Hinweis, dass er den Text der Briefe „mit Ausnahme einiger die Familien Holl und Schlatter betreffenden Nachrichten und einiger Äußerungen über noch lebende Gelehrte" vollständig wiedergebe (S. 171): Wo dies im Druck durch „..." angezeigt wird, müsste eine kirchenhistorische Untersuchung des betreffenden Briefes den Vergleich mit dem Autograph vornehmen, um den vollständigen Text der Quelle zu gewinnen. – Die hier vorzustellende Quelle ist allerdings von solchen Auslassungen verschont geblieben, sodass keine archivalischen Recherchen notwendig sind.

Typisch für Briefquellen der jüngeren Kirchengeschichte ist es, dass die Fragen nach *Autor, Adressat* und *Datum* sowie *Entstehungsort* recht schnell zu beantworten sind: Autor der Quelle ist der Berliner Kirchenhistoriker Karl Holl (1866–1926), Adressat ist der zu diesem Zeitpunkt in Tübingen wirkende Neutestamentler und Altkirchenhistoriker Adolf Schlatter (1852–1938), die Quelle ist von Holl selbst auf den 17. November 1918 datiert. Er gibt an, sie in seiner Berliner Wohnung in der Mommsenstraße 13 im Stadtteil Charlottenburg verfasst zu haben. Es besteht kein Anlass, an diesen Angaben zu zweifeln. Aus der Kombination von Autor, Adressat und Entstehungsdatum sowie -ort speist sich folgende *Fragestellung*: Wie geht ein angesehener Theologe in einem Brief an einen anderen angesehenen Theologen mit der auf die Niederlage des Deutschen Reiches im Ersten Weltkrieg folgenden Revolution um? Es ist anzunehmen, dass die Quelle Aufschluss über Holls persönliche Haltung zu dieser Frage geben kann, weil es sich der *Gattung* nach um einen Privatbrief zwischen zwei einander vertrauten Personen (s. u.) handelt, der nicht zur Veröffentlichung bestimmt ist. Besondere Rücksichten auf negative Auswirkungen seiner Ausführungen braucht Holl also nicht zu nehmen.

Dass die Quelle zu dieser Frage Antworten liefern könnte, liegt auch angesichts des allgemeinhistorischen *Vorwissens* nahe: Berlin, von wo aus Holl seinen Brief schreibt, ist einer der „Hotspots" der sogenannten „Novemberrevolution". Am 9. November 1918 hatte der sozialdemokratische Reichstagsabgeordnete Philipp Scheidemann die Republik ausgerufen, nachdem Reichskanzler Max von Baden eigenmächtig die Abdankung von Kaiser Wilhelm II. bekanntgegeben und die Regierungsgeschäfte an den SPD-Vorsitzenden Friedrich Ebert übertragen hatte. Am 11. November beendete der Waffenstillstand von Compiègne die Kampfhandlungen. Im Reich selbst waren seit der Meuterei der Hochseeflotte Ende Oktober allerdings schon Arbeiter- und Soldatenräte nach sowjetischem Vorbild entstanden. Ebert gelang es, diese am 10. November auf seinen Kurs der Einberufung einer Nationalversammlung einzuschwören, welche 1919 allerdings angesichts der tumultuarischen Zustände nicht in Berlin zusammentreten konnte, sondern nach Weimar ausweichen musste.

Um festzustellen, wie Holl diese *Entstehungssituation* beurteilt, soll zunächst ein Blick auf *Aufbau und Struktur* der Quelle geworfen werden. Nach dem Eingangsgruß „Lieber Freund!", der angesichts des Altersunterschiedes zwischen Holl und Schlatter auf ein hohes Maß an Vertrautheit schließen lässt (dass die Anrede ansonsten beim „Sie" bleibt, ist für diese Zeit üblich), bezieht sich Holl sofort auf die gegenwärtige Situation in Berlin selbst (S. 224/225). Sodann blickt er auf die Zukunft der Monarchie (S. 225), um mit der Frage „Und wo wird die Kirche bleiben?" (S. 225 Mitte) seine Gedanken zum Ende des landesherrlichen Kirchenregiments und dessen Folgen in Worte zu fassen. Mit dem Ausruf „Und das Verhältnis zu den Theologen des Auslands!" (S. 225) leitet Holl Überlegungen vor allem zu den Beziehungen zwischen deutschen und angelsächsischen Theologen ein (S. 225/226). Abschließend bittet er Schlatter darum, ihm seine Gedanken „zu all diesen Fragen" (S. 226) mitzuteilen. Der Brief schließt mit „Herzliche[n] Grüße[n], auch von meiner Frau" (S. 226), was ein erneuter Hinweis auf die persönliche Vertrautheit zwischen Autor und Adressat ist: Ebenso, wie die übliche Anrede an einen älteren Kollegen zu dieser Zeit nicht „lieber Freund", sondern „(Hoch-)Verehrter / sehr geehrter Herr Professor / Kollege" war, schließen Briefe in der Regel „mit vorzüglicher Hochachtung", „hochachtungsvoll" oder „mit freundlichen Grüßen". Mit Blick auf die *Fragestellung* ergibt sich aus dem Aufbau der Quelle also: Die Revolution und ihre Folgen für die kirchliche und politische Ordnung sowie für das Verhältnis zur angelsächsischen Theologie sind das herrschende Thema dieses Briefes.

Sprachlich fällt auf, dass Holl durchgängig negative und dramatisch zugespitzte Begriffe gebraucht: Die Lage ist „erschreckend klar" (S. 224), die Ursachen der Kriegsniederlage seien ihm „grausam deutlich vor Augen geführt" worden (S. 224) und die Situation ist ein „bitterernste[r] Augenblick" (S. 224). Die Ereignisse in Berlin sind für ihn der Zusammenbruch der öffentlichen Ordnung. Die Geschwindigkeit, mit der dies vonstattenging, ist für Holl „ein ganz übles Zeichen" (S. 225) und offenbart, dass „in der preußischen Art des Geschehens doch sehr viel Lüge stecken" müsse (S. 225). Die an den bewaffneten Auseinandersetzungen Beteiligten sind „zweifelhafte […] Burschen" und „Aufrührer" (S. 225); in der Situation der Kriegsniederlage wirkt der von ihm sonst bewunderte britische Humor auf Holl „schmerzlich" (S. 226) und es ergeben sich „ganz ernsthafte Gewissensfragen" (S. 225) im Blick auf das zukünftige Verhältnis zu den angelsächsischen Theologen. Das Verhalten Wilhelms II. charakterisiert Holl ebenfalls negativ, wenn er ihm vorwirft: „Er unterschrieb immer wie ein gehorsamer Diener, bis er schließlich wie ein Verbrecher ins Ausland flüchten mußte"

(S. 225). In die Zukunft blickt Holl mit Sorge: Sollte die Revolution zu dauerhaften Spaltungen im Volk führe, „verlumpen wir vollends" (S. 225). Holl befürchtet, dass „nur ein Gideonshäuflein" an ernsten Christen übrigbleiben werde, das sich „den Luxus einer Universitätsbildung seiner Pfarrer" (S. 225) nicht leisten werde können. Die Untersuchung auf *Traditionen und Autoritäten* zeigt, dass Holl dabei auf Ri 7,1–8 zurückgreift: Vom Heer, das Gideon gegen die Midianiter führt, bleiben am Ende nur 300 Krieger, die tatsächlich mit ihm in die Schlacht ziehen. Mit der im gleichen Zusammenhang gebrauchten Formulierung derer, „die mit Ernst Christen sein wollen" (S. 225), greift Holl auf eine dem lutherischen Pietismus seit Philipp Jacob Spener (1635–1705) geläufige Unterscheidung zwischen bloßen Namenschristen und ernsthaften Christen zurück, die es zu sammeln gelte. Letztlich geht die Formulierung dem Wortlaut nach indes auf Martin Luther (1483–1546) zurück, der in seiner Schrift „Deutsche Messe" von 1526 vorschlug, neben dem allgemeinen Hauptgottesdienst eine nur nach namentlicher Einschreibung besuchbare Versammlung derjenigen „die mit Ernst Christen sein wollen und das Evangelium mit der Tat und dem Munde bekennen" zu etablieren.

Zum *Vorwissen* gehört, dass die meisten evangelischen Theologen und Kirchenleute den Zusammenbruch der Monarchie in Deutschland nicht befürworteten. Die *Fragestellung*, wie Holl in einem Brief an den ihm vertrauten Kollegen Schlatter direkt aus einem der Zentren der Novemberrevolution diese Vorgänge beurteilt, lässt sich angesichts der aus der bisherigen sprachlichen Analyse gewonnenen Erkenntnisse vorläufig so beantworten: Auch Holl wertet die Novemberrevolution negativ. Ihre Protagonisten sind „üble Burschen" und „Aufrührer". Im Vordergrund steht dabei allerdings Holls Erschrecken über das geringe Maß an Widerstand, welches die Vertreter der alten monarchischen Ordnung diesem Aufruhr entgegensetzen. Ihm zur Seite gesellt sich eine angstvolle Ratlosigkeit hinsichtlich der Zukunft der Kirche und des Verhältnisses zu den angelsächsischen Theologen.

Um diesen ersten Eindruck zu vertiefen, wäre in einer weiteren Analyse der Quelle auf die Hinweise, die Holl auf seinen *intellektuellen Horizont* und seine *geistige Prägung* gibt, zu blicken: Er habe „immer das landesherrliche Kirchenregiment sehr schwer ertragen und die Staatskirche als eine Fessel empfunden" (S. 225) und bekennt, dass er englischen Theologen inhaltlich „viel … verdanke" (S. 225, namentlich genannt werden Robertson, Kingsley und Carlyle – für eine intensivere Analyse wären alle drei zu identifizieren –, aber auch William Shakespeare). Daraus ergäbe sich die *weiterführende Frage*, warum ein Theologe, der das bisher in Deutschland herrschende protestantische kirchliche System ablehnte und der intellektuelle Impulse aus dem angelsächsischen Kulturraum positiv aufnahm, dennoch die Veränderungen des Novembers 1918 so negativ beurteilte, wie es die bisherige Analyse gezeigt hat. Hierzu würde es erforderlich sein, die Quelle sorgfältig in die *Kommunikationszusammenhänge* einzubetten, innerhalb derer sich Holl bewegte. Dazu gehört neben dem Rest seiner Korrespondenz mit Schlatter insbesondere Holls unmittelbares Umfeld an der theologischen Fakultät der Berliner Universität, aber auch an der Akademie der Wissenschaften und überhaupt das Berliner Bildungsbürgertum, zu dem Holl als Lehrstuhlinhaber gehörte. Weite Teile dieses Milieus identifizierten sich mit der deutschen Kriegspolitik, wie beispielsweise der als „Manifest der 93" bekanntgewordene Aufruf „An die Kulturwelt!" vom September 1914 zeigt, der den deutschen Einmarsch ins neutrale Belgien gegen internationale Vorwürfe verteidigte. Auch Holls akademischer Ziehvater Adolf von Harnack (1851–1930) gehörte trotz seines Bemühens um eine Verständigung zwischen Deutschland und England zu den Unterzeichnern dieses Textes. Harnack hatte auch die Kriegsrede Wilhelms II. am 6. August 1914 maßgeblich beeinflusst. Wenngleich das Verhältnis zwischen Holl und Harnack sich Anfang des 20. Jahrhunderts abkühlte, wäre zu prüfen, inwieweit Holl in Bezug auf die Beurteilung der deutschen Kriegspolitik mit ihm übereinstimmte.

Zum *theologischen* Profil bzw. zu den *Deutungskonzepten*, die Holl in dieser Quelle vertrat, gehört insbesondere die Wertung geschichtlicher Ereignisse – im konkreten Falle des Kriegsausgangs und der Novemberrevolution – als Instrumente göttlichen Handelns. Dies zeigt sich besonders deutlich gegen Ende des Briefes, wenn Holl die Frage formuliert „Zeigt der Krieg nicht auch, daß Gott die Engländer und Amerikaner besser für sein Reich gebrauchen kann und will als uns?" (S. 226). Dem wäre theologie- und philosophiehistorisch genauer nachzugehen. Vor dem Hintergrund der *Fragestellung* legt diese Beobachtung jedenfalls die Annahme nahe, dass Holls Beurteilung der Novemberrevolution nicht nur von seinen politischen Vorlieben, sondern auch von dieser theologischen Überzeugung geprägt ist. Diese Dimension könnte dabei helfen, die starke existentielle Betroffenheit, die aus Holls Sprache klar hervortritt, einzuordnen.

Nachweis der in den Beispielen genannten Quellen

Angegeben ist jeweils, sofern vorhanden, eine wissenschaftliche kritische Edition und eine einfach zugängliche Textausgabe bzw. Übersetzung.

II.2.1
Roger Aubrey Baskerville Mynors (Hg.), C. Plini [!] Caecili [!] Secundi epistularum libri X (Scriptorum Classicorum Bibliotheca Oxoniensis [= SCBO]), Oxford ²1966, 338–340. Briefwechsel Plinius – Trajan, in: Adolf Martin Ritter (Hg.), Kirchen- und Theologiegeschichte in Quellen (= KTGQ). Bd. I: Alte Kirche, Göttingen ¹²2019, Nr. 10, 17–19.

II.2.2
Symbolum Quicumque sive Athanasianum, in: Uta Heil/Christoph Scheerer (Hg.), Die Entwicklungen in den Nachfolgestaaten des Römischen Reiches bis zum Symbolum Quicumque (Athanasius Werke 3,2), Berlin 2022, § 118.

II.2.3
Karsthans. Thomas Murners „Hans Karst" und seine Wirkung in sechs Texten der Reformationszeit: ‚Karsthans' (1521). ‚Gesprech biechlin neüw Karsthans' (1521). ‚Göttliche Mühle' (1521). Thomas Murner: ‚Von dem großen Lutherischen Narren' (1522, Auszug). ‚Nouella' (ca. 1521). Herausgegeben, übersetzt und kommentiert von Thomas Neukirchen, Heidelberg 2011.

Beda Venerabilis, Historia Ecclesiastica Gentis Anglorum: in: Bertram Colgrave/Roger Aubrey Baskerville Mynors (Hg.), Bede's Ecclesiastical History of the English People (Oxford Medieval Texts), Oxford 1969, 1–576.

II.2.4
Martin Luther, Nun freut euch lieben Christen g'mein (1523), in: Luthers geistliche Lieder und Kirchengesänge. Vollständige Neuedition in Ergänzung zu Band 35 der Weimarer Ausgabe, bearb. v. Markus Jenny (Archiv zur Weimarer Ausgabe [= AWA] 4), Köln/Wien 1985, 56–58. 154–159. Martin Luther, Geistliche Lieder. Nach dem Bapstschen Gesangbuch 1545. Herausgegeben und kommentiert von Johannes Schilling (Große Texte der Christenheit 7), Leipzig 2019, 76–78. 205–207.

II.2.5
Augustinus Hipponensis, De civitate Dei, in: Bernhard Dombart/Alfons Kalb (Hg.), 14,1. Sancti Aurelii Augustini De Civitate dei (2 Bde.; Corpus Christianorum Series Latina [= CCSL] 47–48), Turnhout 1955. Wilhelm Thimme (Übers.), Vom Gottesstaat: Buch 1 bis 10, Buch 11 bis 22 = (De civitate dei) (dtv 34393), München ²2011.

Ulrich Zwingli, Ußlegen und gründ der schlußreden oder artickeln (1523), in: Huldreich Zwinglis sämtliche Werke, Bd. II (Corpus Reformatorum [= CR] 89), Leipzig 1908, 14–457. Huldrych Zwingli, Schriften II, hg. v. Thomas Brunnschweiler/Samuel Lutz, Zürich 1995.

Thomas von Aquin, Kommentar zum ersten Buch der Sentenzen. Fragen zum Prolog, in: Bruno Niederbacher/Gerhard Leibold (Hg.), Theologie als Wissenschaft im Mittelalter. Texte, Übersetzungen, Kommentare, Münster 2006, 235–267.

II.2.6
Rat der EKD, Wort des Rates der EKD zur Deutschlandfrage (12.10.1949), in: Kirchliches Jahrbuch 1949, 46 f. Martin Greschat/Hans-Walter Krumwiede (Hg.), Kirchen- und Theologiegeschichte in Quellen (= KTGQ). Bd. V: Das Zeitalter der Weltkriege und Revolutionen, Neukirchen-Vluyn 1999, Nr. 81.

Das Nicaeno-Constantinopolitanum, in: Die Bekenntnisschriften der Evangelisch-Lutherischen Kirche. Vollständige Neuedition (= BSELK), hg. v. Irene Dingel im Auftrag der Evangelischen Kirche in Deutschland, Göttingen 2014, 49 f.

Chalcedonense, in: Heinrich Denzinger/Peter Hünermann (Hg.), Kompendium der Glaubensbekenntnisse und kirchlichen Lehrentscheidungen. = Enchiridion symbolorum definitionum et declarationum de rebus fidei et morum (= DH), Freiburg [45]2017, *300–303, 129–132.

Karl Holl, Der Modernismus (1908), in: ders., Gesammelte Aufsätze zur Kirchengeschichte. Band III: Der Westen, Tübingen 1928, 437–459.

Martin Luther, Eine kurze Form, das Paternoster zu verstehen und zu beten (1519), in: D. Martin Luthers Werke. Kritische Gesamtausgabe (Weimarer Ausgabe [= WA]). Band 6, Weimar 1988, 9–19.

Martin Luther, Kleiner und Großer Katechismus (1529), in: D. Martin Luthers Werke. Kritische Gesamtausgabe (Weimarer Ausgabe [= WA]). Band 30/I, Weimar 1910, 123–425. Die Bekenntnisschriften der Evangelisch-Lutherischen Kirche. Vollständige Neuedition (= BSELK), hg. v. Irene Dingel im Auftrag der Evangelischen Kirche in Deutschland, Göttingen 2014, 839–1162.

Martin Luther, Vater unser im Himmelreich, in: Luthers geistliche Lieder und Kirchengesänge. Vollständige Neuedition in Ergänzung zu Band 35 der Weimarer Ausgabe, bearb. v. Markus Jenny (Archiv zur Weimarer Ausgabe [= AWA] 4), Köln/Wien 1985, 114–116. 295–298. Martin Luther, Geistliche Lieder. Nach dem Bapstschen Gesangbuch 1545. Herausgegeben und kommentiert von Johannes Schilling (Große Texte der Christenheit 7), Leipzig 2019, 50–52. 165–170.

II.2.7

Augustinus, Ad Simplicianum, in: Almut Mutzenbecher (Hg.), Sancti Aurelii Augustini Opera 13,1 (Corpus Christianorum Series Latina [= CCSL] 44), Turnhout 1970. Thomas Gerhard Ring (Hg.), Aurelius Augustinus Schriften gegen die Pelagianer. An Simplicianus zwei Bücher über verschiedene Fragen (Sankt Augustinus – Der Lehrer der Gnade [= ALG] Prolegomena 3), Würzburg 1991.

Augustinus, Contra duas epistulas Pelagianorum, in: Karl Urba/Josef Zycha, Sancti Aurelii Augustini Opera sectio 8 pars 1 (Corpus Scriptorum Ecclesiasticorum Latinorum [= CSEL] 60), 423–570. Adolar Zumkeller et al. (Hg.), Aurelius Augustinus Schriften gegen die Pelagianer. Ehe und Begierlichkeit, Natur und Ursprung der Seele, Gegen zwei pelagianische Briefe (Sankt Augustinus – Der Lehrer der Gnade [= ALG] 3), Würzburg 1977, 283–408.

Martin Luther, Widmungsbrief an Johannes von Staupitz zu den Resolutiones disputationum de indulgentiarum virtute (30. Mai 1518), in: D. Martin Luthers Werke. Kritische Gesamtausgabe (Weimarer Ausgabe [= WA]), Band 1, Weimar 1883, 525–527. Johannes Schilling (Hg.), Martin Luther. Lateinisch-Deutsche Studienausgabe (= LDStA). Bd. 2: Christusglaube und Rechtfertigung, Leipzig 2006, 17–24. Volker Leppin (Hg.), Kirchen- und Theologiegeschichte in Quellen (= KTGQ). Bd. III: Die Kirche im Zeitalter der Reformation, Neukirchen-Vluyn [7]2021, Nr. 5a, 17 f.

Eusebius Caesariensis, Historia ecclesiastica, in: Eduard Schwarz/Theodor Mommsen (Hg.), Die Kirchengeschichte (3 Bd.; Die Griechischen Christlichen Schriftsteller der ersten Jahrhunderte [= GCS] 9,1–3: Eusebius Werke 2,1–3), Leipzig 1903–1909 [Nachdruck als GCS NF 6,1–3, Berlin 1999].

Karl Barth, Der Römerbrief (Zweite Fassung) 1922, Zürich [18]2012.

Die Barmer „Theologische Erklärung zur gegenwärtigen Lage der Deutschen Evangelischen Kirche" (Mai 1934), in: Martin Greschat/Hans-Walter Krumwiede (Hg.), Kirchen- und Theologiegeschichte in Quellen (= KTGQ). Bd. V: Das Zeitalter der Revolutionen und Weltkriege, Neukirchen-Vluyn 1999, Nr. 49, 109–111.

Der Heidelberger Katechismus, in: Die Bekenntnisschriften der reformierten Kirche. In authentischen Texten mit geschichtlicher Einleitung und Register, hg. v. E. F. K. Müller, Leipzig 1903 (ND Waltrup 1999), 682–719. Volker Leppin (Hg.), Kirchen- und Theologiegeschichte in Quellen (= KTGQ). Bd. III: Die Kirche im Zeitalter der Reformation, Neukirchen-Vluyn [7]2021, Nr. 49, 241–244.

Ambrosius Mediolanensis, De fide (ad Gratianum), in: Otto Faller (Hg.), Sancti Ambrosii Opera 8: De fide ad Gratianum (Corpus Scriptorum Ecclesiasticorum

Latinorum [= CSEL] 78), Wien 1962. Christoph Markschies (Hg.), Ambrosius von Mailand: De fide ad Gratianum (3 Bände; Fontes Christiani [= FC] 47,1–3), Turnhout 2005.

II.2.8

[Simon Blich,] Verderbe und schad||de der Lande und leuthen am gut ley=||be ehre und der selen seligkeit auß Lu=||thrischen vnnd seins anhangs / lehre zu-gewandt / durch Simo=||nem Apt zu Begawe mit einhelliger seiner Bruder vor-willigūg || hirinnen Christlich angetzeit vnd außgedruckt. || Corin. xi. || Pseu-do apostoli sunt operarij subdoli transfiguran||tes se in apostolos Christi. Et nō mirum. Jpse enim || Satanas transfigurat se in angelum lucis. Non est || ergo magnū si ministri eius transfigurentur velut mi||nistri iustitiae. Quorum finis erit scᵭm opera eorum. || Roma. vl. [= Röm 16, d. Vfn.] || Rogo aūt vos fratres / vt obseruetis eos qui dissension||es et offendicula preter doctriuam quam vos di-di=||cistis faciunt / et declinate ab illis / Huiusmodi enim Christo domino nostro non seruiunt sed / suo ventri. || Et per dulces sermones / et benedictiones sedu-cunt || corda innocentium. || ⁋ Gedruckt zu Leipßgk durch Wolffgang Stoeckel || .1524. || Leipzig: Wolfgang Stöckel 1524. VD16 B 5731.

[Ursula Weida,] Wyder das vnchristlich schreyben vn[d] || Lesterbůch / des Apts Simon zů Pegaw vnnd seyner || Brůder. Durch Vrsula Weydin Schösserin zů || Eyssenbergk / Eyn gegrůndt Christlich || schrifft Gotlich wort vnnd Ehe=||lich leben belangende. || [Blume] || Johelis. 2. || ⁋ Es sol geschehen in den letzten tagen spricht Gott / Jchwil || außgiessen von meynen Geyst auff alles fleysch / vnnd || ewre Jungling sollen gesicht sehen / Vnnd ewre || Tochter sollen weyssagen / Vnd auff meyn || knechte / vnnd auff meyne meyde will || ich in den selbigen tagenn vonn || meynem Geyst außgiessen / || vnnd sie sollen weys=||sagenn. || Anno Domini: Tausent funffhundert vnd || Vter vnd Zweyntzgk. || [HS] || [Zwickau: Johann Schönsperger d. J.] 1524. VD16 W 1445.

Henricus P. V. H. (Pseud.), Antwurt wider das unchristlich || Lesterbuch Ursula Weydyn der Schosserin tzu || Eyßēbergk Auch vom glauben vnnd || Tauff Eyn gegrundt Schrifft || Goettlichs wort Belangen||de Durch Henricum || P. V. H. || I Timoth ij. || Mulier in Silentio Discat: cū omni Subiectione / Docere au||tem mulieri non per mitto: neque dominari in virum / sed esse in || Silentio. Adam enim primus formatus est deide Eua et Adā || non est seductus: mulier autem seducta in praeuaricatione fuit / || Paulus ibidem iij. || Mulieres similiter pudicas: non detrahentes: Sobrias: fide||les in omnibus / || I Corinth. xiiij. || Mulieres in Ecclesijs taceant / Non enim permittitur eis lo=||qui Sed subditas esse: sicut et lex dicit Si quid autem volunt || discere: domi viros suos interrogent: Turpe est enim mulieri || loqui in ecclesia / || [Am Ende: Gedruckt tzu Leypzick durch Jacobum Than=||ner M D vnd XXiiij] || Leipzig: Jakob Thanner 1524. VD16 A 3009.

Augustinus, Epistula 194 (= Brief an den Presbyter Sixtus in Rom), in: Gold-bacher (Hg.); Sancti Aurelii Augustini opera Sectio 2: Epistulae; pars 4: ep. CLXXXV–CCLXX (Corpus Scriptorum Ecclesiasticorum Latinorum [= CSEL] 57), Wien 1911, 176–214.

Münchner Laienbrief an Bischof Hans Meisner Ostern 1943, in: Landeskirchli-ches Archiv Stuttgart, D1/108.

Joachim Feller Sonnet, in: LUCTUOSA DESIDERIA Quibus VIRUM JUVENEM DOCTISSIMUM PARITER AC PIETISSIMUM, DN. MARTINUM BORNIUM, Bel-gradia-Pomeranum, SS. Theol. Studiosum hactenus perindustrium, in ipso stu-diorum atque aetatis flore d. IV. Augusti Anni hujus M DC LXXXIX. in CHRIS-TO beate defunctum, Ipso exequiarum die, qui Augusti erat VII, prosequebantur Quidam Patroni, Praeceptores atque Amici. Leipzig: Christoph Günther [1689]. Luctuosa desideria. Wiedergefundene Gedenkschriften auf den Leipziger pietis-tischen Studenten Martin Born [1666–1689]. Mit Gedichten von Joachim Feller, August Hermann Francke und anderen. Hg. v. Reinhard Breymayer. Teil I: Luc-tuosa desideria und Vetterliche und Freund-verbundene Letzte Pflicht. Text, Tü-bingen 2008, 24 f. Veronika Albrecht-Birkner u. a. (Hg.), Pietismus. Eine Antho-logie von Quellen des 17. und 18. Jahrhunderts, Leipzig 2017, 19–21.

II.2.9
Emil Brunner, Natur und Gnade. Zum Gespräch mit Karl Barth, Tübingen 1934 (^{2}1935).

Karl Barth, Nein! Antwort an Emil Brunner (Theologische Existenz heute 14), München 1934.

Chronik des Konstanzer Konzils 1414–1418 von Ulrich Richental. Historisch-kritische Edition, 3 Bände, hg. v. Th. M. Bruck (Konstanzer Geschichts- und Rechtsquellen 49/1–3), Ostfildern 2020.

Augustinus, Confessiones, in: Luc Verheijen (Hg.), Confessionvm libri XIII (Corpus Christianorum Series Latina [= CCSL] 27), Turnhout 1981. Norbert Fischer/Wilhelm Thimme (Hg.), Aurelius Augustinus. Bekenntnisse – Confes-siones. Lateinisch-deutsch (Sammlung Tusculum), Düsseldorf 2004.

Eusebius Caesariensis, Vita Constantinii, in: Friedhelm Winkelmann (Hg.), Über das Leben des Kaisers Konstantin (Die Griechischen Christlichen Schrift-steller der ersten Jahrhunderte [= GCS] 7,1: Eusebius Werke 1,1), Berlin ^{2}1991. Horst Schneider (Hg.), Über das Leben Konstantins (Fontes Christiani [= FC 83]; mit Einleitung von Bruno Bleckmann), Turnhout 2007.

II.2.10
[Verurteilung des Jan Hus:] Concilium Constantiense/Konzil von Konstanz, Sessio XV/15. Sitzung, 6. Juli 1415, in: Josef Wohlmuth (Hg.), Dekrete der ökumenischen Konzilien, Band 2: Konzilien des Mittelalters vom ersten Laterankonzil (1123) bis zum fünften Laterankonzil (1512–1517), Paderborn u. a. 2000 = Conciliorum Oecumenicorum Decreta (= COD), Bologna ³1973, 421–431.

[Jan Hus, De ecclesia] Mistr Jan Hus Tractatus de Ecclesia, hg. v. Thomson, Samuel Harison, Prag 1958. Armin Kohnle/Thomas Krzenck (Hg.), Johannes Hus Deutsch, Leipzig 2017, 351–572.

III.2.1
Martin Luther, Ein Sermon von Ablass und Gnade (1518), in: D. Martin Luthers Werke. Kritische Gesamtausgabe (Weimarer Ausgabe [= WA]), Band 1, Weimar 1883, 239–246. Dietrich Korsch (Hg.), Martin Luther. Deutsch-Deutsche Studienausgabe (= DDStA). Band 1: Glaube und Leben, Leipzig 2012, 1–11.

Nachweis der Abbildungen

Abbildung 1: Croÿ-Teppich, Peter Heymans (um 1554), Universität Greifswald und Pommersches Landesmuseum Greifswald, Foto: Grzegorz Solecki.

Abbildung 2: Ausschnitt aus dem Flügelaltar (Wochentagsseite) der Kirche St. Wolfgang in Schneeberg, Lucas Cranach (1532–1539), Foto: André Karwat, (CC BY-SA 2.5).

Abbildung 3: Titelbild zu Aemilie Juliane von Schwarzburg-Rudolstadts Geistlichem Weiber-Aqua-Vit (1683), Herzog August Bibliothek Wolfenbüttel, http://diglib.hab.de/drucke/tl-62/start.htm, (CC BY-SA).

Personenregister

Bei Kaisern und Päpsten sind die Regierungszeiten, bei allen anderen Personen die Lebensdaten angegeben. Personenangaben als Teil bibliographischer Angaben sind nicht verzeichnet.